全国智慧企业建设
创新案例精选（2023）

中国企业联合会智慧企业工作委员会 / 编著

企业管理出版社
ENTERPRISE MANAGEMENT PUBLISHING HOUSE

图书在版编目（CIP）数据

全国智慧企业建设创新案例精选．2023 / 中国企业联合会智慧企业工作委员会编著．-- 北京：企业管理出版社，2024.8. -- ISBN 978-7-5164-3084-2

Ⅰ．F272.7

中国国家版本馆CIP数据核字第2024LL1692号

书　　名：	全国智慧企业建设创新案例精选（2023）
书　　号：	ISBN 978-7-5164-3084-2
作　　者：	中国企业联合会智慧企业工作委员会
责任编辑：	徐金凤　黄爽
出版发行：	企业管理出版社
经　　销：	新华书店
地　　址：	北京市海淀区紫竹院南路17号　　邮　编：100048
网　　址：	http://www.emph.cn　　电子信箱：emph001@163.com
电　　话：	编辑部（010）68701638　　发行部（010）68414644
印　　刷：	北京亿友数字印刷有限公司
版　　次：	2024年8月第1版
印　　次：	2024年8月第1次印刷
开　　本：	787mm×1092mm　1/16
印　　张：	14.75
字　　数：	278千字
定　　价：	228.00元

版权所有　翻印必究　·　印装有误　负责调换

编委会

主　任：朱宏任　中国企业联合会、中国企业家协会党委书记、常务副会长兼秘书长
副主任：史向辉　中国企业联合会、中国企业家协会党委委员、常务副秘书长
委　员：张文彬　中国企业联合会智慧企业工作委员会
　　　　张　桢　中国信息通信研究院产业与规划研究所
　　　　赖少明　英大传媒投资集团有限公司
　　　　李　嘉　英大传媒投资集团有限公司
　　　　贾　晨　南京新工投资集团有限责任公司
　　　　俞从正　申能（集团）有限公司
　　　　徐　辉　江铃汽车股份有限公司
　　　　梁玉磊　中国石油天然气股份有限公司塔里木油田分公司
　　　　张　钺　昌河飞机工业（集团）有限责任公司
　　　　罗　庆　大庆油田有限责任公司第二采油厂
　　　　刘　军　湖南交科天颐科技有限公司
　　　　裘俊浩　上海展通国际物流有限公司
　　　　华　晶　广西广投燃气有限公司
　　　　陈　悍　中国石油集团渤海钻探工程有限公司第二录井分公司
　　　　李俊杰　四川九洲电器集团有限责任公司
　　　　丁　力　北京城建集团有限责任公司
　　　　熊　伟　汉中市天然气投资发展有限公司
　　　　瞿　涛　宁波钢铁有限公司
　　　　李高志　大唐华银电力股份有限公司
　　　　王　帝　大连洁净能源集团有限公司
　　　　方立婷　北方导航控制技术股份有限公司

编写组

组　　长：张文彬　中国企业联合会智慧企业工作委员会秘书长
副组长：张　桢　中国信息通信研究院产业与规划研究所副所长
成　　员：贾敬宇　中国信息通信研究院产业与规划研究所副总工程师
　　　　　王小月　中国信息通信研究院产业与规划研究所战略研究部主任工程师
　　　　　胡玉婷　中国信息通信研究院产业与规划研究所战略研究部
　　　　　周　蕊　中国企业联合会企业创新工作部处长
　　　　　杜巧男　中国企业联合会企业创新工作部副处长
　　　　　常　杉　中国企业联合会企业创新工作部副处长
　　　　　张　倩　中国企业联合会企业创新工作部
　　　　　崔　奇　中国企业联合会企业创新工作部
　　　　　林晓寒　中国企业联合会企业创新工作部
　　　　　张艺潆　中国企业联合会智慧企业工作委员会秘书处
　　　　　吕宏胜　中国企业联合会智慧企业工作委员会秘书处

序

在 2024 年的全国两会上，人工智能（AI）再度成为"热词"。政府工作报告不但三次提到"人工智能"，更是首次提出"人工智能+"行动，提出要"深化大数据、人工智能等研发应用，开展'人工智能+'行动，打造具有国际竞争力的数字产业集群"。前不久，国务院国资委专门召开中央企业人工智能专题推进会，要求中央企业主动拥抱人工智能带来的深刻变革，把加快发展新一代人工智能摆在更加突出的位置，带头促进人工智能赋能传统产业，加快构建数据驱动、人机协同、跨界融合、共创分享的智能经济形态。这表明人工智能已经成为国家战略，国家将强化人工智能的顶层设计，加快形成以人工智能为引擎的新质生产力。

一是聚焦人工智能新机遇，着力转型升级。党的十八大以来，习近平总书记在不同场合多次谈及人工智能的重要性与人工智能的发展路径，专门强调"加快发展新一代人工智能是我们赢得全球科技竞争主动权的重要战略抓手，是推动我国科技跨越发展、产业优化升级、生产力整体跃升的重要战略资源"。政府工作报告中提出的"人工智能+"对企业而言意味着无限机遇、无限可能。"人工智能+制造业"将使制造业企业改变生产模式和经济形态，提高生产效率，降低生产成本，实现个性化定制，提升产业国际竞争力；"人工智能+交通"将为有物流、运输需求的企业打开智慧交通新世界，提供更加敏捷、高效、绿色、安全的出行环境；"人工智能+教育"将为企业培养高素质人才打造全新模式，有效提升教育质量，大大提高培训效率。人工智能与大模型的深度融合势必为广大企业提供加快转型升级的全新机遇。

二是聚焦人工智能新方向，着力再造优势。新一代人工智能是科技革命和产业变革的核心引擎，而大模型是人工智能的技术方向，通用大模型、基础大模型更是各类行业模型和人工智能应用的技术先导，是发挥超级功能的硬核技术，决定着企业乃至国家数字经济发展的未来和安全。目前，国内大模型产业百花齐放，随着大模型及产品相继发布并持续迭代，行业应用正取得更多成果。但与国际顶尖的认知智能大模型相比，在综合实力、平台能力等方面仍存在差距。企业唯有正视差距，充分利用我国独特优势，才能争取在大模型硬核技术上实现自主突破。尽管在核心芯片和底层技术的若干领域还与先进企业存在着不小的差距，但我国拥有门类齐全的产业体系、丰富的应用市场、巨大的科技资源，只要把国家战略科技力量和企业及社会科技力量结合起来，坚持不懈，就可能在应用创新的一些领域率先形成突破。企业要充分发挥中国式道路的独特优势，政府和市场共同发力，统筹推进数据、算法和算力协同发展，不仅在行业模型、应用场景开发上，更要在基础大模型、通用大模型开发方面，瞄准世界先进水平，持续投入、协同攻关，力争早日在核心技术方面取得自主突破，培育并形成我国在全球新一轮通用人工智能大模型领域的新优势。

三是聚焦人工智能新特点，着力融合发展。近年来，我国人工智能领域的技术创新成果开始逐步从实验室研究走向产业实践，"人工智能+"的产业化进程不断加快，在制造业、能源、交通、医疗、农业、生活服务等领域得到了较好应用，实现了许多以前难以想象的创新和改进。中国信息通信研究院和赛迪研究院公布的数据显示，2023年我国人工智能核心产业规模达5784亿元，增速13.9%。我国生成式人工智能的企业采用率已达15%，市场规模约为14.4万亿元。据不完全统计，截至2023年10月，我国累计发布200余个人工智能大模型，科研院所和企业成为开发主力军。人工智能的蓬勃发展正在全面赋能各行各业，为企业与个人的发展带来新机遇。2024年3月13日，李强总理在北京调研指出，人工智能是发展新质生产力的重要引擎。要抓住数据、算法、算力等关键环节攻坚突破，多路径布局前沿技术，努力实现弯道超车、换道超车。对广大制造企业来说，要充分认识到应用场景的战略价值和意义，以应用场景为载体，与人工智能服务企业深度合作，协同创新，加快迭代培育出适应行业特性的应用大模型，拓展企业发展新空间，努力实现人工智能科技与产业的深度融合。

四是聚焦人工智能新模式，着力协同奋进。人工智能技术和大模型构建需要政、产、学、研、用、金多方协同努力。当前，包括广东省在内的多个地方政府不仅出台了人工智能发展相关规划和支持政策，成立了相关机构，而且着力营造鼓励创新、包容失败的体制机制环境。这使得一批有实力的企业敢于冒险、勇于创新。面对严峻挑战，企业只有不断利用制度优势推动人工智能创新形成新的体制机制，充分发挥企业创新主体作用，以政府引导和市场机制来组织创新资源，发挥政、产、学、研、用、金的协同力量，打造人工智能技术完整创新链；同时，要充分发挥行业协会、社会组织的桥梁纽带作用，有效连接供给侧和需求侧，加快培育人工智能相关新产业，尽快形成人工智能大模型创新发展的良好生态。

另外，企业还要清醒地认识到，人工智能大模型的发展还处于探索进步阶段，技术进步和迭代速度都很快，距离大规模商业化应用还有一段路要走，在这个过程中企业将面临许多意想不到的困难和挑战，比如数据安全、隐私保护、伦理规范等。因此，作为企业，一方面，要紧跟发展趋势，将人工智能技术创新应用作为战略性行动予以确立，在关键领域进行战略性、前瞻性投入和布局；另一方面，要用好已有的平台和沟通交流渠道，遵循科学规律和价值创造导向，不冒进，不跟风，循序渐进，务实创新，努力形成创新投入与创新回报的良性循环，携手共进。

中国企业联合会自2018年组建智慧企业工作委员会以来，在潘云鹤院士的领导下，我们从课题研究、标准研制、案例遴选、经验推广、标杆企业学习交流、在线大讲堂、服务政府等方面做了一些工作，引导企业加快数字化、网络化、智能化转型，得到了各级政府部门的肯定与广大企业的热烈欢迎和积极参与。《全国智慧企业建设创新案例精选（2023）》汇集了中国企业联合会智慧企业工作委员会近些年的主要研究报告和"2023年（第五届）全国智慧企业建设创新案例"入选的部分案例，希望为广大企业推进数字化、网络化、智能化转型，赋能高质量发展提供借鉴参考。

是为序！

中国企业联合会、中国企业家协会
党委书记、常务副会长兼秘书长　朱宏任
2024年3月

目 录

研究报告篇

智慧企业指引 .... （3）
智慧企业建设参考架构 .... （15）
智慧企业发展报告（2023）——企业数智化转型向纵深发展 ...... （34）

实践案例篇

大型铸锻件洁净钢平台质量数据分析系统应用
.... 中国第一重型机械股份公司（55）
基于工业互联网的工程机械智能化数字化转型
.... 中联重科股份有限公司（61）
产品创造的数字化协同平台建设
.... 北汽福田汽车股份有限公司（68）
面向能源行业的人工智能中台
.... 申能（集团）有限公司（73）
现代大型制造业企业计量管理数字化转型
.... 潍柴控股集团有限公司（81）
基于数字化管控平台的生产运营管理
.... 宁波钢铁有限公司（87）
基于数字驱动的直升机装备智能工厂建设
.... 昌河飞机工业（集团）有限责任公司（94）

白酒工业互联网平台应用
....安徽古井贡酒股份有限公司（101）
基于智慧供应链的医药流通共享协同平台建设
....南京医药股份有限公司（106）
油田生产指挥调度业务的数字化转型
................................中国石油天然气股份有限公司塔里木油田分公司（110）
面向军工企业能力现代化的自循环数据资源体系构建
....四川九洲电器集团有限责任公司（116）
实现汽车后市场全时运营服务的运营平台建设
....江铃汽车股份有限公司（122）
能源碳效数智化服务平台建设
....国家电网有限公司客户服务中心（128）
基于生成式 AI 的电力"四全媒体"智慧数据库建设
....英大传媒投资集团有限公司（131）
基于油气生产物联网系统的智慧油田构建
....大庆油田有限责任公司第二采油厂（136）
基于数字赋能的数智制造能力提升
....北方导航控制技术股份有限公司（142）
智慧企业大数据管理平台赋能上市公司提质增效
....大唐华银电力股份有限公司（149）
智能滑块生产车间建设
....南京工艺装备制造有限公司（155）
共性固体制剂智能制造车间建设
....金陵药业股份有限公司（161）
中小城市燃气企业智慧燃气系统建设及应用
....汉中市天然气投资发展有限公司（166）
数智化供热系统建设
....大连洁净能源集团有限公司（172）
基于互联网＋的智慧燃气生产管控一体化平台建设
....广西广投燃气有限公司（179）
智慧供应链赋能备件管理提升
....上海展通国际物流有限公司（185）

数字化助力国际工程供应链精细化管理
　　.. 北京城建集团有限责任公司（191）
基于 AR 技术的钻探现场数字化与智能化建设
　　............................ 中国石油集团渤海钻探工程有限公司第二录井分公司（200）
数字化转型背景下的交通工程项目建设管理
　　.. 湖南交科天颐科技有限公司（207）

研究报告篇

智慧企业指引

> **引言**
>
> 2018年年初，中国企业联合会设立专门课题组，联合国能大渡河流域水电开发有限公司、华为技术有限公司、海尔集团公司、中国航空工业集团公司西安飞行自动控制研究所等企业，以及清华大学、浙江大学、金蝶软件等高等院校和服务机构，组织编写了《智慧企业指引（2018）》，供广大企业参考借鉴，引导广大企业积极把握数字化、网络化、智能化发展机遇，加快推进企业转型升级，促进企业高质量发展。

智慧企业（Intelligent Enterprise），也称智能企业，是新一代人工智能技术深度融入企业而形成的新型企业范式，是智能社会、智能经济、智慧城市的重要组成部分和主要推动力量。本指引在总结提炼部分领先企业创新实践的基础上，研究提出了智慧企业的内涵、特征、框架、运行特点和建设方法，重点突出了把新一代人工智能技术应用到企业各环节、各要素，实现智能协同的整体性，以引导企业通过系统性变革创新抓住智能化发展机遇，实现企业转型升级和高质量发展。

一、智慧企业建设背景

（一）新一代人工智能技术实现战略性突破，为智慧企业建设奠定了技术基础

进入21世纪以来，以数字化、网络化、智能化为特征的新一轮信息化浪潮蓬勃兴起，推动两化深度融合向纵深发展。新一代人工智能相关学科发展、理论建模、技术创新、软硬件升级等整体推进，正在引发链式突破，大数据智能、人机混合增强智能、群体智能、跨媒体智能等新一代人工智能技术取得战略性突破，呈现出深度学习、跨界融合、人机协同、群智开放、自主操控等智能新特征，推动经济社会各领域从数字化、网络化向智能化加速跃升，为智慧企业建设提供了技术条件。

（二）智能经济形态显现，为智慧企业建设指明方向

近年来，新一代人工智能开始在产业升级、产品开发、服务创新等方面发挥技术优势，加快与一、二、三产业深度融合，推动产业变革，形成数据驱动、人机协同、跨界融合、共创分享的智能经济形态。智能经济将全方位推动时代转型，深刻改变人们的生产生活方式，带来生产力质的飞跃，引发生产关系重大变革，重构工业革命以来形成的社会形态、产业结构和经济发展方式。企业要主动顺应发展大势，改变传统发展理念，把数据资源作为新生产要素和新生产力，着力推进企业智慧化转型。近年来，能源、军工、装备制造、家电、零售、金融等行业加快推进智能化、智慧化转型，一批企业提出并积极探索智慧企业建设，取得了显著成效。

（三）国家加快部署智能化、智慧化转型，为智慧企业建设提供了有利条件

党的十八大以来，国家先后出台"中国制造2025""互联网+""国家信息化发展战略纲要"等重要文件，加快推进制造强国和网络强国建设。党的十九大进一步提出建设数字中国和智慧社会，推动互联网、大数据、人工智能和实体经济深度融合。2017年7月，国务院正式印发《新一代人工智能发展规划》，明确提出"以加快人工智能与经济、社会、国防深度融合为主线，以提升新一代人工智能科技创新能力为主攻方向，发展智能经济，建设智能社会"。2018年10月31日，中共中央政治局就人工智能发展现状和趋势举行第九次集体学习。习近平总书记强调，要深入把握新一代人工智能发展的特点，加强人工智能和产业发展融合，为高质量发展提供新动能。国家部署有效推动了经济社会智慧化转型。近年来，智慧城市、智慧政务、智慧交通、智慧社区、智慧医疗、智慧消费等蓬勃发展，互联网+、工业互联网、智能制造快速推进，为智慧企业建设提供了良好的条件。

二、智慧企业的内涵和基本特征

（一）智慧企业的内涵

总体来看，智慧企业是信息化、工业化和管理现代化互动创新形成的新一代企业范式。

在信息化建设方面，智慧企业强调数字化重塑，通过广泛应用先进的感知技术、传输技术、存储技术和大数据处理技术，消除信息孤岛和数据碎片，实现企业全要素大数据的量化感知、互联互通和集成应用。

在工业化应用方面，智慧企业强调新一代信息技术、新一代人工智能技术与工业领域的深度融合，企业总体呈现人工智能形态，在研发、生产、制造、服务等全价值链环节广泛应用先进的计算机技术、系统分析技术和人工智能技术，使企业实现系统联动、机器智能和智慧应用。

在管理现代化方面，智慧企业将改变人和机器的关系，实现人和机器在企业运行中互为主客体，强调人机交互协同，重塑企业组织结构、业务模式、管理机制和员工队伍，形成风险识别自动化、决策管理智能化、纠偏升级自主化的智慧运行状态。

（二）智慧企业的基本特征

智慧企业本质上是在数字经济时代为客户、员工、合作伙伴创造价值，实现可持续发展的一种全新发展模式，呈现以下基本特征：

数据赋能。数据赋能是智慧企业的本质特征。智慧企业实现数据在自动化设备、信息化系统与人之间的自由有序流动，并通过"数据—知识—智慧"的跃迁实现数据资源为企业赋能，为设备运行、经营管理等提供科学决策和精准执行。

人机协同。人机协同是智慧企业的主要运行特征。智能机器进一步解放人的体力和部分脑力，更加"聪明"的机器能够自主配合环境变化和人的工作。人将与各类智能机器系统在认知学习、分析决策、知识交流、自主执行等方面实现深度交互迭代，以共同提升企业整体智慧能力。

最优配置。最优配置是智慧企业运行的主要目标。通过数字化、智能化技术的广泛应用，企业将全面、准确掌握内外部的大数据信息，并通过智慧化的分析、决策、执行体系，对企业资源配置进行持续动态调优，从而更高效、更精准地满足客户需求，构建企业竞争新优势。

自主演进。自主演进是智慧企业追求的最高目标。通过大数据驱动的持续学习、纠错和演进迭代，实现企业智慧能力的持续提升，从而帮助企业随着内外部环境变化和目标调整而自主寻优，动态调整业务、组织和资源配置，实现企业持续成长。

三、智慧企业的整体框架和运行特点

（一）智慧企业的整体框架

智慧企业整体框架可以从能力维、业务维和空间维三个维度来阐释，如图1所示。

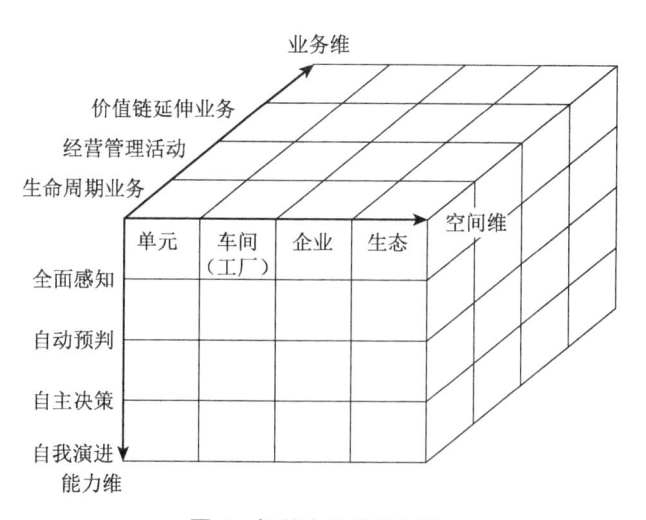

图 1 智慧企业整体框架

1. 能力维

能力维是衡量企业智慧能力水平的维度，包括全面感知、自动预判、自主决策和自我演进四个渐次递升的阶段。全面感知形成智慧企业的大数据基础。自动预判是在全面感知的基础上，构建企业大数据中心和模型知识库，通过各类软件和信息系统实现对企业生产经营管理全过程的实时分析。自主决策是通过人机交互的企业智慧脑做出科学决策，并通过自动执行系统完成决策指令的精准执行。自我演进是智慧能力的最高等级，也是智慧企业建设的最终目标，标志着企业作为一个复杂组织体能够根据内外部环境变化自调整、自优化、自适应和自成长。

2. 业务维

业务是企业为利益相关方创造价值的活动。企业的业务活动可分为生命周期业务、经营管理活动和价值链延伸业务。生命周期业务是围绕产品的设计、生产、物流、销售、服务等一系列相互关联的价值创造活动，不同行业的生命周期业务构成不同。经营管理活动是企业面向市场竞争开展的各类经营与管理活动，包括战略管理、集团管控、资源配置、经营分析、职能管理、风险控制等。价值链延伸业务是企业向产业链上下游延伸过程中开展的各类业务活动。

3. 空间维

空间维是企业业务活动的载体，是智慧场景应用的空间呈现。空间维可以划分为单元、车间（工厂）、企业和生态四个逐渐扩展的层级。

单元是企业从事生产或管理的最小组织，具有不可分割性，是智慧企业的基本构成，包括智慧设备、智慧组件、智慧生产单元、智慧作业单元、智慧管理单元等。

车间（工厂）是面向某一产品或半成品的完整生产系统，由若干生产单元或作业单元组成，主要面向车间（工厂）级的生产组织、物料配送、设备运行监测、产品质量控制、能源资源调配等生产活动，构建智慧化应用场景，实现不同智慧单元协同高效运转。

企业级面向企业整体经营管理活动。通过构建智慧决策中心，实现对经营管理活动的实时监测、科学分析决策和精准执行，驱动各智慧单元与智慧车间（工厂）高效运转，从而最优化调配企业资源，更快、更准、更高效地适应市场竞争。

生态是企业通过上下游和利益相关方构成的共生开放系统。通过产业间的智慧协同服务平台，构建企业上下游和利益相关者共创共享价值的机制，实现生态系统各方的共生共赢。生态级的智慧化场景应用是智能社会、智慧产业、智慧社区、智慧政务等的有机组成部分。

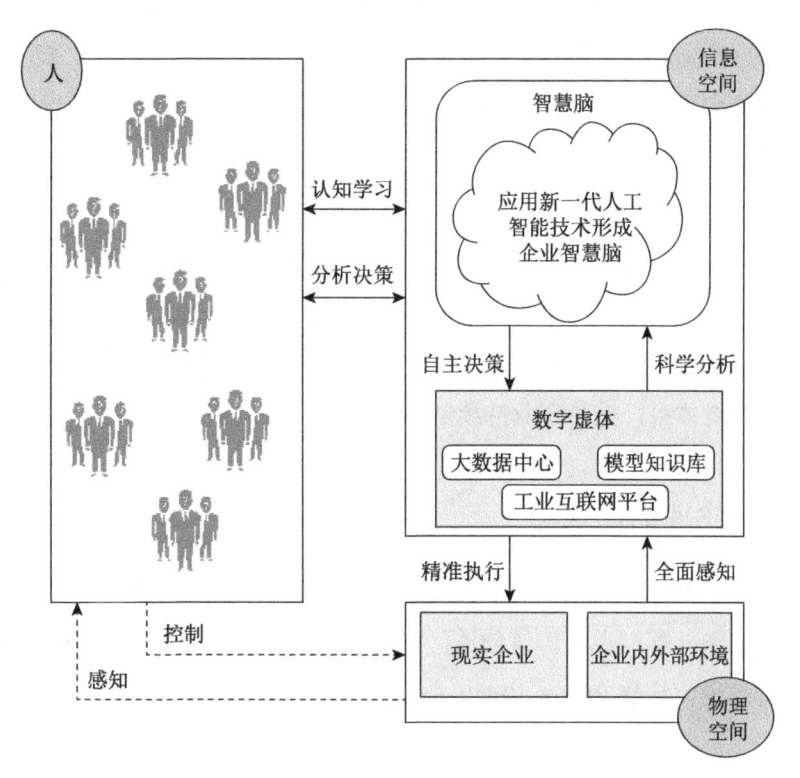

（二）智慧企业的运行特点

智慧企业的运行特点如图2所示。

图2　智慧企业的运行特点

1.完成"数据—知识—智慧"跃迁，实现数据赋能

企业通过全面感知和智能互联不断获取内外部异构数据、历史数据、环境数据等，通过云平台汇聚到企业大数据中心。物理空间的各类隐性数据第一次跃迁为信息空间的显性数据。通过工业互联网平台和各类工业软件，企业将产品、工艺、设备、生产、管理等要素、过程实现数字化表达，形成数字虚体，企业大数据跃迁为有价值的知识信息。通过机器学习、算法模型、认知学习等新一代人工智能技术的应用，形成企业智慧脑，实现知识信息向智慧能力的跃迁。首先，智慧脑采用跨媒体大数据综合感知技术全面实时监控企业运行状况，及时做好预警，并通过认知学习系统交互式深入分析问题，快速定位问题部位与成因；其次，通过内置算法模型库充分利用企业大知识给出可选解决方案；最后，结合仿真推演技术评估预测应用不同解决方案的影响，支持综合不同层级的群体智慧融入人的干预，为企业各个层级的业务活动提供决策支持，实现企业全价值链核心业务的智慧应用。

2.形成人机物融合环境下的"感知—分析—决策—执行"循环，实现智慧运行

智慧企业的运行跨越人—信息空间—物理空间，构建起"感知—分析—决策—执行"循环。全面感知主要发生在物理空间；通过信息空间的大数据中心、模型知识库等对实时数据进行全面洞察分析，提出对企业有价值的知识信息和决策方案；自主决策主要在企业智慧脑中通过人机交互实现；精准执行指令由企业的各类智能设备或自动控制系统自主完成。

3.形成人机互动的知识学习体系，实现企业持续创新

智慧脑的形成是智慧企业与传统企业的本质区别。人与智慧脑交互开展分析决策、认知学习和知识创造，并通过"数据—知识—智慧"的迭代演进和"感知—分析—决策—执行"循环优化，持续进行经验分享、知识积累和学习优化，构建起人机互动的知识共享和知识创造体系，推动企业持续创新。

四、智慧企业的建设

智慧企业建设是新一代人工智能技术驱动的企业系统性变革创新。智慧企业建设的出发点是客户需求，落脚点是价值创造，核心是围绕各层级实现智慧场景应用，方法是遵循过程管理理论，构建 PDCA [Plan（计划）、Do（执行）、Check（检查）、Act（处理）] 循环。

（一）指导原则

1. 数据驱动原则

数据是驱动智慧企业运营的关键要素。智慧企业必须打破信息孤岛，实现内外部大数据的汇聚和洞察分析。一切从数据中来，到数据中去。

2. 价值创造原则

智慧企业建设的根本目的是创造价值。面对高动态、高复杂、多变化的竞争环境，企业要通过智慧化转型提升其应变能力。

3. 系统推进原则

智慧企业建设是一项系统工程。不仅要通过新一代信息通信技术、人工智能技术等的应用部署，形成先进生产力，而且要同步实施管理变革和人的赋能，构建先进生产关系，从而确保智慧化转型的整体效能。

4. 以人为本原则

智慧企业建设要遵循"为了人、依靠人"的原则。"为了人"就是要以满足人们对美好生活的需求作为根本遵循，从中发现智慧化发展的新机会、新市场。"依靠人"就是要在智慧企业建设中更加重视人的因素，正确处理人与机器的关系，让员工在企业智慧化转型中更有获得感。

5. 风险防控原则

智慧企业建设的过程就是变革创新的过程，存在各种潜在风险。企业要在建设过程中有效识别和防范包括信息安全风险、网络风险、工控安全风险、新技术应用风险、变革风险等在内的各类潜在风险。

（二）建设方法

智慧企业建设应遵循过程管理方法。以客户需求为输入，以企业战略为指导，通过确定目标、规划设计、系统实施、评估评价、持续改进五个阶段构建螺旋上升的循环，如图3所示。

1. 确定目标

基于客户需求和发展战略，企业结合行业对标分析，设定智慧企业建设目标。目标可包含远期目标、中期目标和短期目标。

2. 规划设计

通过各类定量分析和定性分析手段，对企业现状进行深入调研和分析，客观评价企业智慧能力现状，从而明确现状与目标之间的差距。在此基础上开展智慧企业建设的整体规划，从企业全局角度对智慧企业的体系架构和建设内容进行全面规划。规划应涵盖技术实现架构、业务蓝图、管理变革和人员变革等方面内容，并以此制订可实施的建设方案和实施计划。

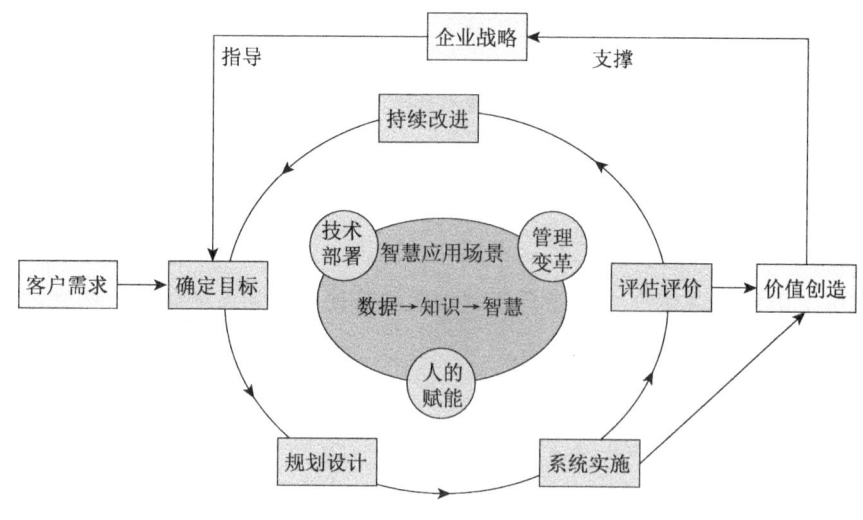

图 3　智慧企业的建设方法

3. 系统实施

遵循系统变革思想，围绕业务场景应用，协同推进技术部署、管理变革和人的赋能，完成智慧应用场景建设，实现价值创造，从而有效支撑企业战略。建设过程中要注重各类风险防控。

4. 评估评价

企业完成一个周期的智慧化建设后，要开展定性与定量相结合的智慧能力评估和价值创造成效评价，为下一阶段智慧企业建设提供有效输入。

5. 持续改进

智慧企业建设是一个持续推进的长期过程。上一阶段的智慧企业建设目标达成之后，其评估评价结果应作为下一阶段建设的输入，并根据内外部环境变化确立新的目标，进入新的建设循环。如此反复迭代、螺旋上升，不断提升企业智慧能力，推动企业持续成长。

（三）关键建设要素

智慧企业建设是一项系统工程，要同步开展技术部署、管理变革和人的赋能，如图4所示。

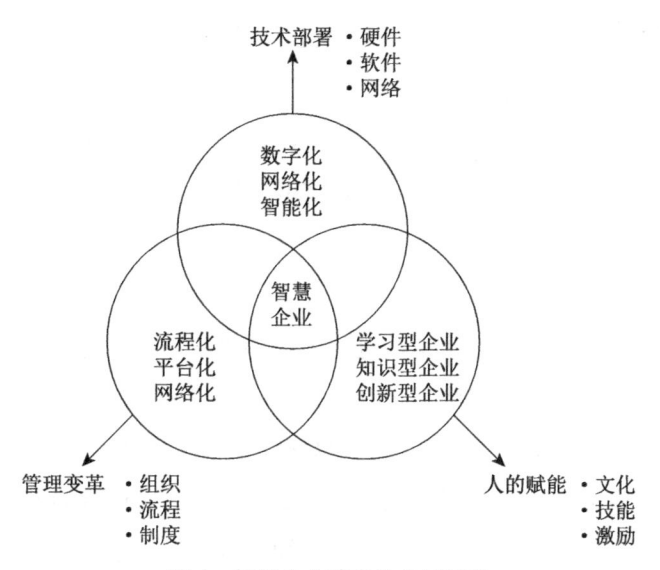

图 4　智慧企业建设的关键要素

1. 技术部署

智慧企业技术架构可由感知与网络层、数据与知识层、智慧应用层和智慧决策层组成，共同构成企业智慧中枢，如图 5 所示。

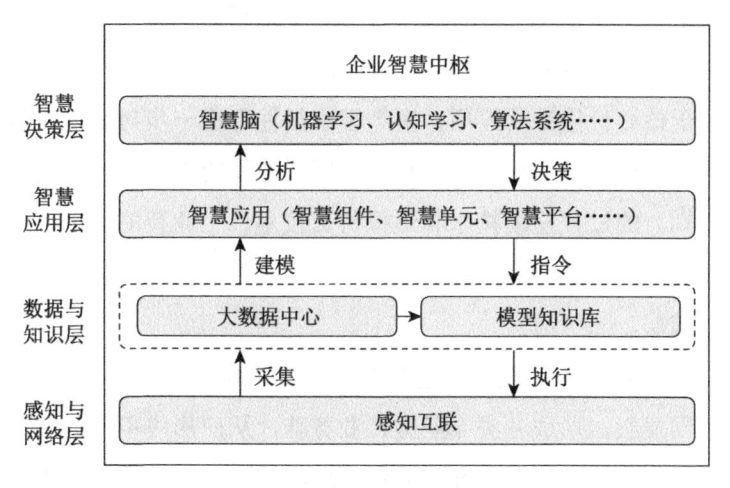

图 5　智慧企业技术架构

（1）感知与网络层。

感知层通过摄像头、射频识别（RFID）、红外感应器、全球定位系统、激光扫描器等信息采集与传感设备，以及工业互联网平台，按约定的协议实现物、网连接，与企业物理实体进行信息交换和通信，以完成智能化识别、定位、跟踪、监控和管理，

11

实现对信息、数据的感知与获取。网络层在云计算技术的支持下，借助企业网、物联网和互联网，将从企业内外部感知的信息传输到企业的云端，实现云管理。感知层与网络层涉及的关键技术包括智能传感器、智能仪表、智能终端、智能机器人、智能控制器及控制系统设备等硬件技术和安全可靠的物联网、工业网、智能装备接入和云平台建设等软件技术。

（2）数据与知识层。

数据与知识是智慧企业在信息空间进行的数字表达和虚拟建模，为智慧应用和决策奠定基础。企业不断汇聚内外多源异构时变数据，通过结构化数据与非结构化数据的统一存储管理构建企业大数据，并通过持续的数据治理为智慧化的场景应用提供逻辑统一的数据视图。基于企业大数据进行知识抽取与知识发现，通过沉淀专家智慧与群体智慧构建企业知识系统，并通过知识服务技术进行知识传播、共享与创新，实现知识资源的传承和复用，为智慧化应用提供知识支撑。数据与知识层涉及的关键技术包括大数据汇聚与管理、大知识加工与服务等。

（3）智慧应用层。

智慧应用是构建各类业务活动智慧化场景的过程，可以在企业不同层级实现。智慧应用包括智慧组件、智慧单元、智慧平台等。智慧组件是智慧应用平台的基础构成，其基于企业业务流程融入过程知识和基础资源库，实现结构化流程、工具、模型的统一及知识复用。基于核心价值链的应用，多个智慧组件可进一步封装为智慧单元和智慧平台应用，最大化提升企业的运行效率。智慧应用层涉及的关键技术包括：企业全价值链（产品全生命周期）的过程建模技术和虚拟仿真技术、工业智能控制软件、资源管理软件、业务智能软件等。

（4）智慧决策层。

智慧决策层的关键技术实现是构建智慧脑。智慧脑可作用于单元、车间（工厂）、企业和生态等不同层级，形成各类专业脑、业务脑，从而形成不同的智慧体。组织体层级的大小不影响智慧脑功能的完整性，但组织层级越大，智慧脑会涵盖更广泛的技术。智慧决策层涉及的关键技术包括：大数据智能、跨媒体智能、群体智能、人机混合增强智能等。

此外，由于智慧企业实现了全要素全环节的互联互通和高度集成，企业生产经营管理过程高度依赖网络和信息系统，由此对企业网络和信息安全带来了新挑战。在智慧企业建设中必须高度重视网络和信息安全防控，包括工控安全、信息安全、网络安全、商业秘密安全等。应从策略、机制、技术、预案等方面入手构建全面的安全防范体系，部署高可靠性的安全防范和预警技术，完善相关制度、流程和预案，提升全员安全意识和防范能力。

2. 管理变革

与传统企业相比，智慧企业将形成新一代信息网络基础设施和大数据、云计算、人工智能等新技术条件。相应的，企业治理、商业模式、组织结构、管理机制等管理要素都要进行调整。

一是构建共创、共享、共治的新型治理体系。随着知识员工的崛起，数据、信息成为企业新生产要素，知识资本的重要性显著提升，企业不仅要让知识员工参与公司治理和管理，还要参与剩余价值分享，探索构建共创、共享、共治的新型企业治理体系。

二是构建用户中心型商业模式。新一代信息技术正在改变企业的价值创造方式，商业模式正在由传统的生产商驱动转向用户需求驱动，生产个性化定制化、产品数据化服务化、用户互动化社群化、渠道线上线下深度融合、资源共享化生态化等特征日益明显，企业要以数据为基础、以用户为中心构建全新的业务和商业模式。

三是构建平台型、网络型组织。开放、无边界、生态化是企业组织形态发展的趋势。在数字化、网络化、智能化技术驱动下，企业传统的金字塔形组织开始转向流程型、平台型和网络型组织，探索基于企业智慧中枢的小团队＋大平台柔性组织。

四是构建自主管理机制。智慧企业将改变传统的集中决策方式，形成人机协同的分散化决策执行机制。资源配置、决策执行、过程管理、激励约束等权力进一步下放，基层单元、一线组织将转型为自主经营、自我激励、自我管理的智慧运作单元，从而最大限度地提升企业响应速度和活力。

3. 人的赋能

人在智慧企业中的角色发生重要改变。智慧企业将进一步解放人的体力和部分脑力，操作、执行等重复性工作将转移到智能机器和信息系统，呈现出数据驱动、人机协同的运行特征。

一是努力实现群体智能。企业要依靠人工智能系统，构建专家库、知识库，将有经验的老员工的最佳实践经验经由行为分析形成群体经验赋能给所有员工，构建起群体知识积累、共享、交流和学习的平台，增强员工参与感和自驱动意识，营造鼓励全员创新的氛围和机制，从而大幅提高企业的组织学习能力和知识化水平。

二是构建赋能型领导方式。智慧企业情境下员工的管理方式将发生重要变化，领导和员工的关系将由领导与被领导转变为平等合作的伙伴关系。领导者要从指挥、控制转变为服务和支持，构建赋能型领导方式，为员工创新创造提供条件和氛围。

三是构建具有新技能的员工队伍。智能机器、智能系统成为智慧企业"新员工"，将占据越来越多的重复类工作岗位。企业要调整岗位类别和员工队伍结构，重塑员工技能，培养具有"数字"意识和"数字"技能的复合技能员工，以适应人机协同的新工作模式。

智慧企业建设参考架构

> **引言**
>
> 2020年，中国企业联合会智慧企业工作委员会联合清华大学工业工程系复杂系统工程研究中心、金航数码科技有限责任公司（航空工业信息技术中心）等单位，借鉴国际通用标准，面向智慧企业建设的顶层设计，研究起草了《智慧企业建设参考架构》，旨在为广大企业进行数字化转型和智慧企业建设顶层规划设计提供架构和实施方法，为广大企业推动数字化转型和智慧企业建设提供参考。

一、智慧企业愿景

（一）迈向智慧企业

工业革命以来科技迅猛发展，人类先后经历了工业化、信息化，正在进入数字化、智能化新时代（见图1），自动化、数字化、网络化和智能化技术系统使人们的生活变得越来越美好，与此同时，也给人类带来前所未有的复杂性挑战。驾驭复杂性正在成为人类进一步发展面临的巨大挑战。企业作为人类经济社会最普遍、最活跃、最敏感的组织，也在科技进步和时代演变过程中逐渐形成了一个复杂组织体，面临动态的内外部环境，企业关注对象从单纯的股东逐步拓展到客户、员工，以及全体利益相关者，追求目标也从单纯的效率和增长升级到协同与创新。然而，从工业化时代产生并延续至今的专业化和职能化分工在提高工作效率的同时也肢解了企业的整体性，使企业的组织管理日益碎片化，这种组织方式在经历了30多年的信息化建设后依然呈现出新一轮的数字式碎片化。今天，数字化、网络化、智能化正在全面重构经济形态、增长方式和组织模式，要求形成基于数据新要素的新经济和新组织，而广泛存在的碎片化正在成为企业实现数字化转型和构建智慧企业的最大挑战，企业亟须寻找一种综合性的方法，构建立足企业全局的新能力与新模式。如何有效利用各类数字化技术和智能系统，汇聚形成企业整体智慧，打造企业应对变化、持续引领的新型竞争力，成为企业生存和持续发展的核心命题。

	工业化时代	信息化时代	数字化时代	智慧化时代
时代主题	效率	增长	协同	创新
关注对象	股东	股东、客户	股东、客户、员工	全体利益相关者
技术特点	电气化	自动化、网络化	赛博空间和物理空间充分集成	知识化、智能化
发展目标	作业效率提升	效率、质量协同	端到端流程变革 跨组织业务协同	客户体验变革 业务模型变革 资源要素能力变革
途径特点	工艺流程改进 工业技术创新发展	业务流程再造 ICT创新发展	业务模式创新 业务流程管理 数字技术创新发展	架构创新与治理 智能技术创新发展

图1 企业发展时代演进

智慧企业代表着企业在经历工业化与信息化深度融合和数字化转型后的高级形态，标志着企业能够适应智能化时代的企业运行要求，完成数字化赋能的整体性业务设计与变革，分布式、自主化的技术演进与全局性的业务创新发展有效结合，原有业务运行机理与模式彻底改变，企业系统的复杂性得到有效治理，自下而上的演进与自顶向下的设计相结合，形成了以数字化的知识为基础的企业新范式。智慧企业不等于数字技术全部武装的企业，而是数字化思维与技术渗透进产品与服务的创新设计、新的资源能力体系构建和新的组织管理形态中去，并不断影响和改变企业所处的产业生态环境。智慧企业建设要彻底破除企业修补式的信息化建设惯性，解决企业碎片化供给和全局优化需求的矛盾，以复杂组织体系工程观点重塑企业全局演进与治理方式，实现企业全价值链要素的精准表达与设计贯通，达到组织、业务、技术和资源的动态优化配置，以及机器智能与人类智能有机结合，实现企业基于群体能力对竞争环境、战略和业务的正确理解、判断、决策和有效的行动，以达成期望的目标和效果。

（二）智慧企业主要特征

在分散的资源、不断变化的技术与市场环境下，智慧企业的显著特征就是实现全局的综合集成、协同运行，并且保持了应对变化的敏捷性及高效的网络化管理模式，企业系统整体呈现在信息域、认知域和行动域的高度协同与一致，企业通过信息感知、认知决策和敏捷行动三个能力域的互动，不断修正误差，达到期望的运行状态，同时也形成自动学习、自主学习的闭环回路，奠定从智能走向智慧的基础。

图2描绘了智慧企业的运行模式概念蓝图，其中信息域是企业的"智慧神经系统"，强调智慧企业对外部市场环境、客户需求及企业内部运行状态的全面动态感知，借助专业模型与通用数据分析、知识挖掘模型实现海量数据向规范化信息及各类专业知识的转变，建立智慧企业全谱系知识体系，并逐步汇聚形成决策知识与模型，支持全面综合的洞察与探测，支持智慧选择与决策。认知域是企业的"智慧大脑"，快速发展的人工智能技术及人工智能与人类智能融合的混合智能技术正在成为企业决策体系中的重要使能因素。智慧企业应借助人工智能技术和人类专家智库之间的有效协同，生成适用于企业不同运行场景的决策方案，提高企业对内外部情况的正确理解、判断与决策能力，提升包含客户、股东、员工和政府、社会在内的企业各类利益相关者的满意度。行动域是企业的"行为系统"，智慧企业在行动域接收认知域的决策信息开展快速精准的调整、适配与运行活动。通过自适应的学习能力，使智慧企业能够随需、动态地进行流程、应用的调整和优化，并不断在运行中固化、沉淀新知识，产生新的实践数据。信息域、认知域和行动域的互动实现了企业"数据—信息—知识—智慧"的能力跃迁，这个过程广泛存在于智慧企业从局部到整体各层面，从而使企业形成高度敏捷的综合协同体系，构建起基于"数据—信息—知识—智慧"闭环演进能力的内生增长模式。

基于以上认识，智慧企业至少应具备以下5个方面的重要特征。

1. 市场环境与客户的深刻洞察与引领

智慧企业应是对外部市场环境、客户特征和需求有全面洞察和深刻理解的企业，基于数字化的全面洞察和理解形成对市场和客户的独特认识，并创新性地开创未知市场，引领客户需求。在先进数字化、智能化技术的帮助下，智慧企业不仅可以深层次挖掘市场机会和客户需求，而且可以创新地解决或重构客户需求。

2. 人机融合认知决策

智慧企业是人工智能与人类智能有机融合的组织。在智慧企业认知决策层面，由人工智能系统完成对复杂情况的信息分析、知识模型拟合与多方案呈现等初步智能处理工作，自动生成大量决策方案由人类智能进行权衡，由人的理解、判断再次驱动人机深层互动推演。在这个过程中，人工智能不断基于认知反馈结果进行深度学习和结果验证，逐步形成具有企业独特性的以人为核心的增强智能系统。

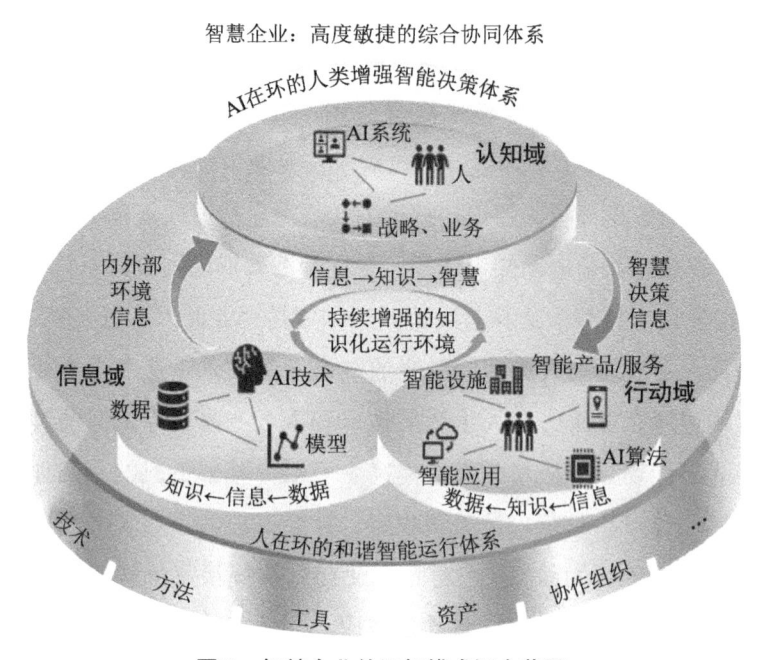

图 2　智慧企业的运行模式概念蓝图

3. 自学习的知识化运行环境

智慧企业具备全域知识化运行环境。在信息域、认知域和行动域，智慧企业均能够建立从数据到信息直至知识的顺畅链路。基于人工智能技术的广泛应用，企业运行体系形成自学习的知识获取能力，并不断将外部环境、客户输入与内部业务场景数据、运行数据相结合，进行多源数据分析综合，形成系统化的企业业务知识与运行知识分析谱系。

4. 要素多样发展与组织高度协同

学科、技术的不断细分与企业运行实践中不同的方法、技术的融合将长期并存，组织资源的分布式发展与综合协作能力的提升也将长期存在。智慧企业在面临更多的多样化与涌现性的同时应能够保持组织要素的充分综合协同，既鼓励自底向上的不断演进创新，同时通过顶层架构设计保证要素发展的正确方向，以及对创新成果的评价验证和有效融合。

5. 价值导向的全要素动态治理

智慧企业能够有效处理发展愿景、现实需要与有效技术供给之间的平衡，以价值为导向对全局要素实现科学客观的评估与精准布局，以整体效能为依据进行持续调优，构建以共识为基础的稳健治理机制。

（三）智慧企业核心能力

企业外部特征是内部能力的综合呈现。企业的智慧来自对业务智能的提取、积累和应用，表现为面向纷繁信息的正确选择、有效建模、高水平决策与有效执行等行为。智慧企业建设中既需要以数字技术突破发展和技术创新应用为重要支撑，又需要强化基于技术应用的全局性设计，在大量数字化与智能化的技术、设备和运行规则等要素的基础上塑造从数据、信息、知识到智慧的加工链条，形成业务智能、整体智慧。其中，具有全局适用性和影响力的关键能力包括：

1. 战略认知、智能运行和技术创新应用的一致性对准与演进能力

智慧企业应是能够受控发展、持续演进的企业。战略认知与决策是企业的大脑和中央控制系统，应保证战略认知有效转化为业务模型设计，并运用最合适的技术实现最具价值和经济性的运行体系，在执行过程中实现端到端过程监控与多层次评估、分析与优化，打造组织战略、业务、技术协调一致的强大执行能力。

2. 局部创新与全局设计的协同能力

智慧企业应是整体创新优化的企业。鼓励自底向上的技术、业务演进创新，同时提供企业全局视图，实现对局部创新的有效性验证和评估，加强全局顶层设计引导下创新成果推广、复制与延伸，构建百川朝海的企业协同演进能力。

3. 组织系统数字孪生模型构建、分析与仿真能力

智慧企业应是管理先进的企业。为应对内外部动态变化的复杂环境，能够采用复杂组织体系工程的方法，推进组织系统全要素建模、模型贯通与可视化分析，任何要素设计可以提前发现可能的规则冲突与落实障碍，任何要素变化可以有效发现和评估影响范围，任何运行中的问题可以追溯根源、有效应对，虚拟的知识资产、数字化载体形式的外购资产和物理资产都可以得到有效管理和利用。通过建立组织数字孪生模型体系，实现组织运行和决策的提前仿真与分析，减少实际实施中的风险与代价。

4. 多视角综合下知识模型的智能识别与应用能力

智慧企业应是在面对复杂性时善于决策的企业。具有在持续的决策与管理中积累企业独特的运行知识模型的机制与能力，不断深化对运行状态和问题的理解。在决策中，可以通过大数据、人工智能等技术的支持为企业提供更为全面的解决方案，并综合各种

内外部视角进行多种决策的权衡评估，形成以人脑判断与信息、知识网络计算加工能力相配合的增强性智能决策能力。

5. 以综合效能为牵引的组织要素自主化调节与优化能力

智慧企业应是不断自我变革的企业。在愿景驱动、现实需要和技术有效供给等因素的影响下，能够持续评估和优化企业业务模型，带动业务流程改进与变革，实现组织要素结构的持续优化，促进运行体系各环节迭代式发展与相互适配，在持续变化中建立组织自主创新的核心竞争力。

6. 全域闭环的利益相关者体验管理与产品、服务持续交付能力

智慧企业应是全面感知和不断超越的企业。智慧企业应能够有效跟随利益相关者的接触印记，实现全闭环体验管理与分析，快速提升利益相关者与企业接触全过程的感受。深入跟踪、研究客户使用场景，不断发现其本质需求，促进产品与服务的内容与功能创新，推动应用场景落地。

7. 数据驱动的组织知识图谱构建与运用能力

智慧企业应是持续学习和创新的企业。完成从数据挖掘到知识发现、知识生成、知识应用与知识关联拓展的转变，不断具体化和扩大组织知识图谱，推进基于知识的业务运行与业务改进，从持续积累中有效创新。

8. 不断创新发展的技术协同生态构建能力

智慧企业应是始终保持先进的技术型组织。技术是未来企业发展中最为活跃、最具颠覆性和杠杆效应的变量，始终保持与智能技术、先进产业技术等技术生态的密切联系，促进或参与技术体系各环节发展。掌握技术变革的主动性，是智慧企业保持竞争力，并不断更新未来市场竞争认知深度与远见的重要源泉。

9. 广泛连接、集成和互操作的技术能力

智慧企业应是开放的无边界组织。随着数字技术的深入应用和商业系统的细分发展，企业的地域边界、资源边界、业务边界越来越模糊化或多样化，智慧企业应在业务连接、数字连接、物理连接等多个角度增强要素的开放接入能力，实现企业与外部系统有更为广泛的资源共享、信息集成和业务互操作能力。

10. 风险可控的本质信息安全能力

智慧企业应是能够承诺信息安全的企业。信息安全的内涵不仅涉及数据安全，信息的定义、获取、访问与存储安全，还包含各类接入网络的安全等。信息是数字空间与赛博空间交互的核心，产品和服务的生成过程、交付使用中产生的数据不仅涉及企业自

身，还涉及全产业链节点及客户的重要信息，数据与信息将是智慧企业最重要的核心资产，信息安全是企业生存和发展最重要的安全承诺与风险控制内容。

二、智慧企业建设参考架构

（一）设计理念

智慧企业的设计核心理念是基于复杂组织体架构（Enterprise Architecture，EA）理论方法，建立企业完整、清晰的总体图像，改变信息化时代以来由于企业整体架构缺失而带来的技术和管理碎片化状态，从根本上避免智慧企业建设再次误入业务和技术碎片化的陷阱。通过系统化的顶层正向设计，智慧企业内部能够建立有序的业务逻辑连接，形成从愿景概念到业务逻辑，再到实施部署的分层设计、评估、治理的过程路线。智慧企业每一阶段的设计与执行工作都应有清晰的对准方向和验证评估手段，建立企业作为智慧体的科学演进特性。复杂组织体架构是组织体系工程方法的核心方法，为复杂组织提供了正向设计、整体驾驭的手段，已被国际众多大型企业应用，并形成了相关方法标准和工具体系，例如目前公认的应用最广泛的架构内容体系与开发方法标准——The Open Group 的 TOGAF（开放组体系结构框架）标准等，以这些标准为基础已经形成业务架构分析、IT 架构设计和组织体架构建模等相关领域的一系列最佳实践与方法指南。这些积累是企业遵循科学方法、有序推进数字转型、建设智慧型组织的基础。

设计智慧企业要以战略为引领，采用复杂组织体系工程方法，以架构为核心，推进组织系统的全局治理。图 3 展示了基于复杂组织体系工程理论的智慧企业设计核心理念，主要包括：始终关注组织全局，以使命和愿景作为智慧组织建设的核心出发点，不断创新企业建设的方案空间，吸纳可以融合的管理方法与技术手段，实现正向从全局到局部的设计，落实从局部实施到全局综合的实践验证与修正，建立以目标为核心、企业运营状态为检验标准的分层治理模式。在智慧企业设计中，应逐步推进企业建立组织整体分析、设计、提前仿真验证的方法手段，促进组织系统发挥技术、产品、流程等各类资源整体最优效力。

智慧企业架构设计过程中涉及企业战略、业务、应用、数据、技术等架构的规范化设计和模型化表达，形成组织要素之间的相互映射与综合分析，同时支持企业架构模型治理、模型数据综合分析和企业整体运营的模拟运行。实现变革设计始终能够提前得到可信性验证，局部建设始终能够反馈到整体进行评估判断，运营状态始终能够得到真实、高价值的分析以促进追溯或改进，通过架构的顶层规划指导，为智慧企业稳定、持续建设提供体系化的科学方法保证，开拓和践行复杂组织体系"设计—仿真验证—部署推广成功"的新科学范式。

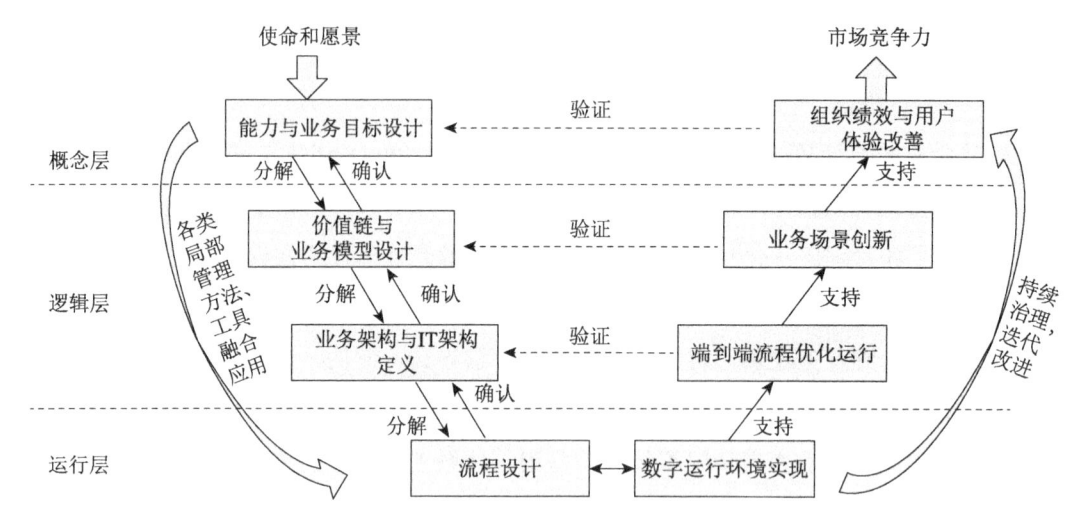

图 3　智慧企业基于复杂组织体系工程理论的设计核心理念

在智慧企业整体设计中应促进企业积极采用已有适用的局部管理工具或先进的领域参考模型进行现状分析与优化设计，通过加强架构治理，保证局部分析可以在企业全局架构、多层次要素一致性分解的背景下进行验证和综合，使这些科学方法发挥更强有力的作用。

（二）参考架构

智慧企业建设参考架构采用复杂组织体系工程方法，为企业提供逐步在各层级、各业务领域全面推进智慧能力建设的内容参考。如图 4 所示，围绕智慧企业运行概念中的信息域、认知域和行动域，遵循复杂组织体架构原理，采用 TOGAF 开发方法，并参考架构建模语言 ARCHIMATE（架构伙伴）中的架构分层框架。智慧企业建设参考架构自顶向下可以分为战略、业务、流程、应用、技术、数据、信息安全和物理八个架构视角，并由统一的架构治理环境保证架构蓝图有序落地实施，提供从企业战略意图描述到各类使能技术应用与部署的分层设计方法，形成可逐步实现的智慧企业描述、分析、管理的数字蓝图和推进项目群。

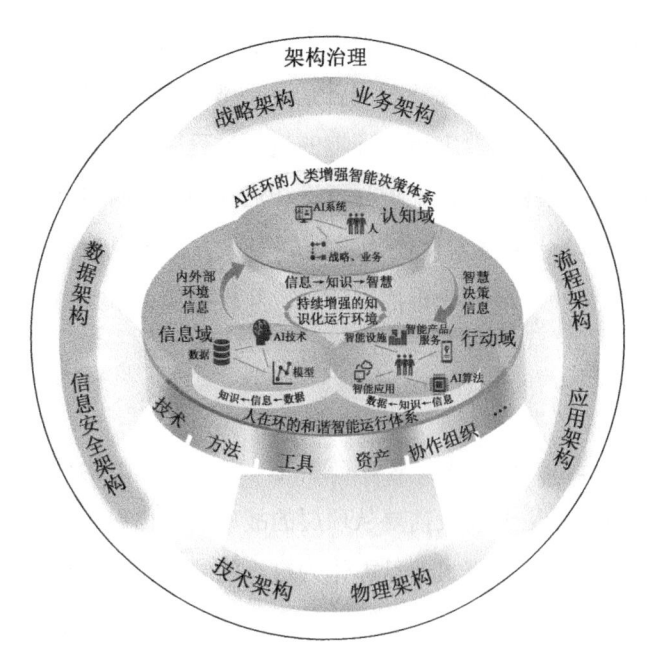

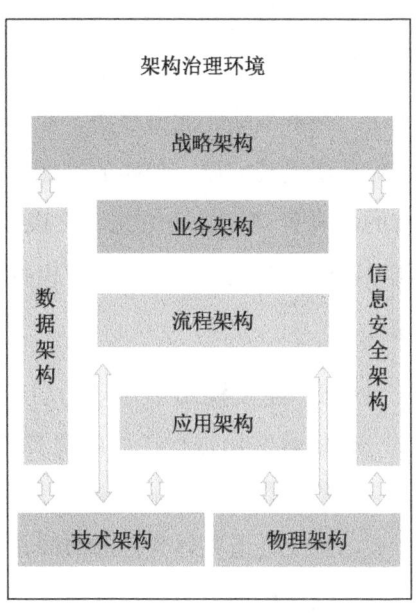

图 4　智慧企业建设参考架构

战略架构和业务架构从战略和业务视角对智慧企业认知域中的战略决策、业务模型选择等内容进行描述，支持智慧企业目标能力体系及配套业务模型的创新设计，并通过业务架构对全局业务构成进行组件化解耦，将组织价值链各环节的能力建设要求直接分解到组织的业务模块中，促进各个业务模块以目标需求为导向，建立组织整体的持续变化和响应能力。流程架构和应用架构分别描述了智慧企业在行动域中的流程和支撑应用的构成及相互关系，流程和应用设计与组织中多维、抽象的目标，以及运行中的要求与现实情况相结合，分解确定业务规则、业务流程和先进的数字化运营支撑环境。数据架构和信息安全架构对智慧企业信息域以数据为核心的识别、积累、加工、传递等内容进行设计与规范，提供从数据到知识的迭代式建设内容。技术架构和物理架构则作为智慧企业信息域与行动域的共同支撑，描述了智慧企业信息域和行动域在技术和物理视角的相应能力建设内容。八个视角的架构设计提供了从企业战略意图描述到各类使能技术应用与部署的分层设计方法。架构治理设计是以已经形成的架构蓝图与组织治理原则为法则，落实组织发展需求的管控，实现组织在建设中战略、业务与技术始终协同一致。

以战略目标为引领的组织发展需求始终贯穿智慧企业建设过程，每个架构层次的设计过程都是组织发展需求的一次转化过程，即每一层设计内容都需要有效支撑上一层的设计结果，也必将对下一层提出明确的需求或约束条件。随着建设的深入，相应的流程优化、场景创新效用将逐步呈现，最终影响组织绩效与用户体验，为组织构建新的竞争优势。

智慧企业建设就是通过不同层次的运行结果分析，以及对上一层设计结果的验证，推进整体建设工作与目标逐步逼近，在这个过程中也持续增强企业全谱系的知识积累与应用。在从战略、业务模型、业务架构到流程和数字运行环境的设计过程中，始终伴随着对现状及其问题、差距的描述与分析，这些描述、分析与再设计活动中应充分使用现有的各类管理工具与方法，实现以业务设计和技术使能为主线的专业方法工具融合创新，同时，在运行评估阶段应保持与目标相对准的分析治理活动，实现组织治理的迭代改进。

（三）建设模式

传统数字化进程往往由现实需求发起，采用要素驱动的方式，由点及线、由线到面逐步扩大业务数字化范围与深度，而智慧企业建设需要从顶层的战略需要出发，架构引领，持续打造整体受控的协同系统。这种建设模式一旦内化为组织的能力，则会使企业整体呈现出独立于组织规模、市场背景的快速学习、敏捷调整、持续提升的系统性智慧。从分散化管理到全局性管理、从现实需求出发到从发展愿景出发、从以人为主的协调到人机协同力量构建，这些都需要思维方式、行动方式和工作方式各方面的协同转化，提取共性方法，明确基础性行动要求，从而帮助企业快速理解和构建自身的转型路径，加速实现智慧企业建设的目标。

1. 规划设计从局部革新向架构重塑转变

智慧企业建设需要建立起基于共识的全局视图来指导局部工作的治理，彻底避免面向具体问题解决问题、从局部看局部的工作方式，还原企业的整体性与复杂性，建立驾驭全局的方法和流程，使不同领域的工作者均能够依据企业总体图像来开展局部工作，提高组织整体协同能力。企业的架构是客观存在的，但当前大多数企业缺乏系统性的架构设计，导致对当前状态的治理缺乏依据和具有共识性的演进原则。架构设计是复杂组织体系工程方法中进行整体设计和整体验证的关键环节，是企业持续治理的出发点和对标点。

复杂组织体架构代表组织全面和必要的顶层信息，是驾驭战略复杂性、业务复杂性、技术复杂性及综合复杂性的核心抓手。以物联网、人工智能、大数据等为代表的新一代信息技术进步带来新的业态和商业模式不断涌现，企业始终保持领先的内在支柱就是具有领先的架构设计与治理能力。建设智慧企业的关键行动就是描述架构现状，显性规范组织已有的架构资产，不断吸收新技术、新理念，并进行适时架构反思与重塑，实现企业战略、业务、流程、应用、技术、数据、物理等不同层次要素各自的全面思考和全面对准，支持企业面向复杂多变环境的受控演进。

2. 工作模式从基于文档向基于数字式模型转变

数字技术构建的组织运行系统要求组织管理中各类要素及其交互机理均要结构化表达、规则化交互。文档是适用于人类的描述与沟通方式，而且始终存在着认知结果因人而异的不确定性。模型是反映机理、解释数据含义的结构化表达方式，是人类和计算机可共同理解的公共载体，高逼真度的表达模型不仅促进最有效的信息共享与沟通迭代，而且应该可以直接驱动数字世界实现和运行。建设智慧企业必将实现全面的模型表达，建立各层次架构核心要素的数字模型，实现基于数字模型的企业要素关联贯通，从根本上解决企业管理与运行中的碎片化现象。比如，清华大学自主研发的EMAGE（Enterprise Modeling And Governance Environment，组织建模与治理云平台）提出并在企业验证了从战略、业务、流程到应用、数据及具体软件的全贯通建模与管理应用方法，为基于模型的组织治理提供了有效支撑和验证。

3. 洞察预见从数据分析向数模融合转变

模型赋予数据以意义，使之成为可用的信息。用业务模型解释数据，并进行大数据的分析验证，最终呈现问题和规律的本质因果性，带动根本性的正向创新。智慧企业建设要强化问题建模，并通过大量数据的持续分析和验证，不断提高问题机理模型的准确度。要重视已有模型的研究、积累和规范，以及数据技术的充分应用，并善于将数据与模型结合，加深对复杂问题的洞察与理解。企业应加强大数据分析、机器学习等技术在数据挖掘、知识获取和模型优化等方面的应用，形成知识经验积累模型，通过数模融合不断提升数据分析价值水平。

4. 持续改进从运行差距触发向组织孪生治理转变

持续改进不仅来源于企业运行中发现的问题或总结的差距，也来自数字孪生模型中多层次、多视角的评估分析。数字孪生将普遍存在于企业各个架构层次，包括业务场景的数字模型与真实场景映射、流程数字模型与运行流程的映射、物理设施、设备的数字模型及其物理实体映射等。孪生治理包括两个方面：一是要在各个层次建立全面的数字、物理两个孪生体的数据交互和相互影响的应用体系；二是要健全孪生体在协同演进中的变化管理、追溯管理等控制流程，构建新型的组织治理模式。

（四）建设重点

1. 战略架构建设

战略架构是智慧企业认知域中最为核心的构成，决定了企业运行指挥的顶层蓝图。企业应以应用场景的智慧化设计为牵引，明确产品与服务的智能化策略，在企业发展决策中植入数字组织基因。同时智慧企业应建立基于模型表达的全新现代化组织治理模式，实现战略需求在企业运营全过程、全领域的贯彻追踪与问题原因追溯、改进机制，实现业务变革、技术变革与战略的高度一致。

传统的战略管理方法，如平衡计分卡、SWOT（优势、劣势、机遇、威胁）分析、业务动机模型等，在企业战略规划管理中仍发挥着重要作用。此外，企业应重点建设形成战略认知与业务运行和技术发展的对准能力，借助混合智能（人工智能＋人类智能）的战略方案生成、权衡能力，以及基于模型和数据融合的战略决策能力，同时开发以战略架构分析、设计、仿真与验证评估为核心技能的人员队伍。面向智慧企业的战略架构建设应开展以下基本行动。

（1）加强需求驱动的战略创新：智慧企业战略设计应加强在市场环境信息、客户全过程体验信息、技术综合应用创新三个方面的互动与校验分析，基于客户体验和市场变化驱动技术需求创新，充分考虑组织战略方案的开发、权衡，形成引领性的产品、服务与新型业务模式，构建有效的能力改进行动方案。

（2）战略体系模型表达：从战略设计到执行建立基于模型的组织治理数字线索，借鉴国际先进知识体系构建包含企业实体、虚体要素在内的数字孪生模型体系，实现战略意图的模型化表达、全局化分析与精准化落实管理，打造企业中决策、管理、执行各个层次人员的透明化、清晰化沟通模式，促进从战略到业务、技术各个方面创新创意的清晰沟通、快速评估，提升决策效率与效果。

（3）持续的战略需求治理：在企业内建立跨部门、跨地域、跨层级、具有公共利益价值的战略需求执行治理机制，推进战略需求在企业内部的全面转化、传递和分解落实，将需求切实作为保证企业聚焦战略、持续发展的管理依据。企业应使由外部市场环境和内部战略执行情境形成的数据与战略模型实现映射，构建数字化的战略场景分析环境，实现战略逻辑与现实数据的充分融合与可视化监测、战略决策复杂推演过程模拟，提高对企业战略实施的全面性和不确定性的驾驭能力。

2. 业务架构建设

业务架构是智慧企业在认知域将企业战略转化为业务能力的桥梁纽带。业务架构建设是以实现企业战略为目标构建企业整体业务能力，并将之传导给技术实现端的结构化过程。

传统的业务层管理方法，如关键绩效指标法、业务架构知识体、各领域专业业务参考模型等，仍可在企业业务架构建设中发挥重要作用。此外，企业应重点建设形成以利益相关者需求为牵引的业务设计能力、智能化的业务模型方案设计与权衡能力，同时开发以业务分析、业务架构设计为核心技能的人员队伍。面向智慧企业的业务架构建设应开展以下基本行动。

（1）运营模式的架构重塑：对利益相关者需求实现全闭环体验管理与分析，建立端到端的数字化经营体系，促进业务创新。

（2）业务模型的规范表达与向流程设计的正向传递：在战略需求的指引下，综合先进的技术手段，创新性地开展业务模型设计，并推进业务模型和流程架构设计的迭代分解、验证，确保后期流程与技术实现的可靠性与成熟度。复杂系统集成的关键是基于架构（或体系）的集成，而不是基于部件（或组件）的集成，企业只有实现基于卓越架构和业务模型的设计，分布的资源、模块化的业务与能力才会被有效集成并发挥应有的作用。

3. 流程架构建设

流程架构是智慧企业行动域的核心组成部分，是智慧企业将"所想"与"所做"进行映射的关键环节。智慧企业的业务流程能力能够在应对变化中不断积累和提升。智慧企业在经营管理中显现出的业务流程水平，也将直接反映企业面对复杂环境的敏捷应对水平。

常规的流程管理工具方法，如端到端流程分析、流程精益优化等，在智慧企业流程架构建设中仍可发挥作用。此外，企业应重点建设流程数字孪生模型、分析与仿真能力、业务流程自主化调节与优化能力。此外，还应开发以流程分析、流程建模、流程架构设计为核心技能的人员队伍。在智慧企业流程架构建设方面应开展以下基本行动。

（1）业务流程模型表达：智慧企业的业务流程必须建立与信息技术架构相映射的全景模型关系，并且能够同步业务流程与数字环境、物理环境的动态表达，围绕业务需求实现业务流程与数字环境、物理环境的迭代协同发展演进。

（2）业务流程孪生治理：智慧企业能够实现对业务流程运行状态数字化动态感知并以可视化形式展现至业务流程所有者，通过数据耦合形成人机交互环境，为决策及控制提供依据及手段，实现对流程设计、运行、优化全过程数字化感知及控制。

（3）数据驱动的流程优化：智慧企业能够实现数字化贯通业务流程，形成端到端流程高效运行，承载企业目标实现。在对环境动态感知、智能分析、持续反馈改进的基础上，以数字化模型实现向业务流程动态传递需求及预测，为业务流程柔性反应及优化提供依据，驱动创新优化，并与应用开发形成动态互动改进。同时，业务流程能够超越企业内部环境，延伸至企业运行外部环境，形成利益相关方、客户、供应商一体化业务流程优化演进。

4. 应用架构建设

应用架构是企业业务的IT化表达，是以软件系统及软件系统承载的流程、数据为主要组成部分，是企业行动域智慧化的重要载体。

应用架构智能化建设需要广泛应用物联网、人工智能、大数据、区块链等先进技术，以及面向服务的架构、模型驱动的架构等。此外，企业应重点建设应用与战略、业务需求的自适应能力和对局部创新与全局设计协同的支持能力，同时还应培养应用平台开发、面向服务的架构设计等核心技能人员队伍。智慧企业应用架构建设应开展以下基本行动。

（1）实现企业战略和愿景驱动的统一应用架构正向设计：以敏捷导入先进IT技术、赋予业务智能为目标，对企业应用架构进行调整和重塑。基于统一的应用架构开展企业应用系统的统一规划和统筹建设，改变传统的烟囱式应用系统构建模式，并逐步迁移现有应用系统。

（2）构建企业应用架构的统一模型：建立基于模型的应用架构与数据架构、业务架构的映射和关联关系，基于对应用要素的抽象、分类和结构化建模，进行企业应用核心要素及其关联关系的模型化管理，实现基于模型的应用架构统一管理和演进。

（3）基于正向设计的统一应用架构和应用架构模型化管理机制：建立虚实融合的企业应用孪生模型，在虚拟空间实现对物理实体的企业应用、服务的统一管控、治理和持续迭代演进。建立虚实融合的企业应用架构演进、优化和评估机制，为企业应用架构持续演进提供辅助分析和决策优化支持。

5. 技术架构建设

技术架构是智慧企业行动域中业务、流程、应用层要素落地的开始，是智慧企业将"所做"与"能做"进行互动创新的关键环节。技术架构描述了支持业务、数据和应用服务部署的逻辑软硬件能力，包括IT基础设施、中间件、网络、通信、智能运作技术等，同时该领域类似的OT架构建模语言规范等方法和知识正在不断出现，推进人、机、物的互联互通。

智慧企业技术架构是当前最为活跃的技术组合创新领域，应加强优化技术应用方案，促进企业形成广泛连接、集成和互操作的技术能力，为企业发展提供更为灵活和开放的技术延展空间。企业应在技术架构创新设计、技术架构持续治理领域提高专业人才培养能力，形成强有力的、自主可控的技术保证体系。在技术架构方面应开展以下基本行动。

（1）积极开展多源技术融合：构建面向企业核心业务全过程的本体模型，提高企业多源技术标准的融合能力，支持技术平台的跨领域、跨生命周期阶段、跨系统层级的功能实现。

（2）数字孪生技术支持：技术层应支持数字孪生体的建模管理、仿真服务及互联共通等功能。其中建模管理涉及物理对象的数字建模与展示、与物理对象模型同步运行和管理；仿真服务包括模型仿真、分析服务、报告生成和平台支持；互联互通指数字孪生体之间的接口、互操作和安全访问。

6. 数据架构建设

数据架构是智慧企业实现信息域知识加工链顺畅运行的核心支撑，是从企业现实感知到正确理解之间的关键转化器。智慧企业数据架构建设应在数据资产实现规范化管理，数据在企业内外得到一致、准确和高效使用的基础上，不断通过技术更新，以数据链路的优化带动端到端流程的重构，实现基于数据的知识提炼与创新发现，构建多层次的知识图谱，提高企业基于知识的优化运营与分析决策能力。

数据技术是当前最活跃的 IT 技术之一，以大数据为基础的算力、算法技术不断更新，数据存储、计算与运用方式随着技术的发展而不断变化，在推进数据架构建设中，要重视对数据架构师、数据治理工程师的培养，强化数据分析与业务分析的协同和统一，同时应加大对数据资产的基础管理。在数据架构方面应开展以下基本行动。

（1）模型表达：企业应贯通不同业务领域、不同应用系统的界限，构建面向企业全局的统一数据模型，将各类业务实体、属性及关系进行统一定义、命名和编码，并与业务对象和逻辑规则一一对应，不断优化多源异构数据的共享应用模式，对数据资产实施全生命周期结构化、模型化管理。

（2）数模融合：要强化数据与多类型模型之间的融合应用能力，深入开展数据支撑的新一代业务智能（BI）应用，充分挖掘数据价值，以数据赋能业务，以数据驱动决策优化。构建虚实融合的物理实体、业务对象、业务过程的数字孪生模型，实现"以实驱虚、以虚控实、以虚优实"。

（3）数据治理：建立数据操作、数据质量、数据安全、数据服务等数据治理相关标准体系，每个企业都应建立专业化数据治理组织团队，基于统一的数据架构开展企业统一数据空间建设，通过开展业务数据建模、数据资产治理和数据分析应用，循序渐进地开展"业务数据化—数据资产化—资产业务化"的企业数据赋能提升。

7. 信息安全架构建设

智慧企业作为开放的复杂组织体，运营环境在地理上虽然是分布的，但在信息联系上却是日趋紧密的；每个业务或技术子系统既可以独立运行和管理，同时又交互式演进发展，企业安全治理的深度和广度要求越来越高，信息安全将成为智慧企业的核心安全，企业需要重新建立体系性的安全思维，并采用创新的安全技术来进行保障。企业要重视对信息安全架构师、信息安全对抗评估人才等专业人才的培养。在智慧企业信息安全架构建设方面应开展以下基本行动。

（1）重构安全治理体系：智慧企业信息安全要通过企业的体系性能力共同保证，企业在建设广泛连接、集成和互操作技术能力的同时，在运行策略、业务行为和信息环境建设中就需要有效部署信息安全手段，比如国际组织 The Open Group 推出的 SABSA® 信息安全架构方法论。

（2）模型表达：在组织全局模型化表达的"数字沙盘"上融合信息安全风险与策略要素，基于模型建立专业的信息安全风控体系，融合专业分析、机器学习、仿真等手段洞察安全风险，指导企业各层级、分领域建立全体系的安全防护能力。

（3）智能防护、预警与自我强化：基于企业数字孪生模型，不断获取、积累信息安全风险模式，并通过大量数据实现风险自动判别、提前预警、防护措施自动执行等智能化应对，通过实时数据监控与全面安全防控知识模型构建等手段推进企业系统级的风险感知与处理能力建设。

8. 物理架构建设

物理架构是对智慧企业行动域中物理实体的规范化描述，是智慧企业在物理世界的具体体现，是智慧企业产品和服务的直接实现。对智慧企业而言，物理架构直接呈现"所做"的最终结果，是智慧企业各层架构的落地实现。企业通过虚拟现实（VR）、增强现实（AR）、混合现实（MR）等使能技术对物理世界进行充分的模型表达，通过三维模型、动态模型、交互式模型等形式实现对物理实体的准确建模，提升与物理实体对应的数字孪生体的感知性、交互性。企业应加强对数字建模技术、人机交互体验等技术人才的培养。在智慧企业物理架构建设方面应开展以下基本行动。

（1）物理实体的模型表达：企业需要对物理实体进行充分的模型表达，包括针对产品的系统建模、针对服务的流程建模，以及二者在不同场景下的混合建模，例如智能车间等。同时，随着建模仿真技术的发展，企业应充分利用虚拟现实、增强现实、混合现实等使能技术加强对物理实体的模型表达，通过对物理实体的三维形态、动态运行、交互关系等方面的模型表达，支持与物理实体相对应的数字孪生体感知、交互。

（2）物理世界互联共融：实现物理世界中"人—机—物—环境"的互联共融，通过传感器、通信协议、数据协议等物理要素对智慧企业的物理现实进行互联互通，并在此基础上基于技术层的本体模型实现数据的融合，从而面向不同应用平台、场景提供数据知识。

（3）物理实体数字孪生治理：企业需要对孪生数据进行有效管理，实现对物理层实时数据采集管控、清洗机制和存储管理，并通过技术层定义的数据规范将数据进行集成关联。同时，物理层还应支持技术层的数字孪生体应用场景（如建模、仿真、互联），充分利用三维物理模型、动态运行模型和交付模型支持集成多学科、多物理量、多尺度的建模仿真，在虚拟空间中完成对产品、服务全生命周期过程的映射。

9. 架构治理体系建设

架构治理体系是面向组织全局，支持组织核心能力持续建设的全新治理模式，架构设计为组织实现战略目标描述了详细的蓝图与路线图，而组织推进架构治理的核心是根据架构设计结果建立一套规则体系和演进控制的组织方式，使组织变革发展从多维度、多视角、多要素的本质复杂性逐渐降维为由技术应用和业务运行组成的二维问题，并最终形成以流程为核心载体，在先进技术使能下的"一维性"员工作业运行技能与规范，并保证全过程决策、实施与实际运行的一致性和可追溯性。

建立或完善架构体系是架构治理的起点。架构结果是企业战略发展需求及各层规划设计的共识凝聚，是指导企业进行能力建设投资、应对市场变化的核心依据。以架构为依据进行内外部能力投资决策与过程管控是落实架构治理的主要流程。智慧企业架构治理的基本逻辑如图5所示。在架构引领下，企业进行能力建设项目的详细评估定义，实现有效的投资决策，对项目决策和实施中产生的架构变更进行管理，并最终形成面向各个建设领域更为详细、更具体的架构合规要求，这些架构合规要求是企业管理各类能力投资项目及其进程的精髓所在，也是保证项目达到建设目的的核心手段，从而最终形成新的业务与技术融合的组织资产，这些资产要进一步更新至架构成果体系中，并与目标蓝图进行对比，评估差距，产生下一步的需求。

在架构治理过程中，将架构作为核心规则，从架构设计结果中总结确定的建设原则与架构合规规则是关键步骤。架构合规要求向执行者和各层级管理者屏蔽了架构设计与决策中的复杂性，并推动了将跨越组织内多个团队的协作、资源共享和其他协同合作的策略进行规范化定义和文件化表达。架构合规性审查在业务决策者和技术决策者之间架起了一个良好的沟通渠道和合作模式，一方面可以清晰地沟通各类能力项目的技术准备状态，另一方面可以促进业务决策者按照对业务最有益的方式指导决策，而不是依照在技术上更满意的或更简洁的方式进行。

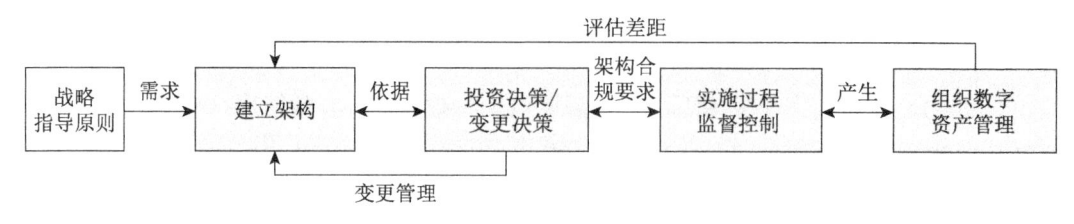

图 5　智慧企业架构治理的基本逻辑

在企业全局范围内大力推进持续的架构治理成熟度评估与改进是保证建设工作持续优化的重要手段。企业应将自身智慧企业建设中涉及的关键要素进行抽取，将其建设水平或目标能力作为衡量指标，建立体系性的整体架构治理成熟度评估框架，通过成熟度的持续评估与提升带动企业内各部门、各环节的共同努力，促进企业整体治理能力的提升。

由于企业面临市场、管理与技术的综合复杂性，要达成基于架构的共识治理和清晰的决策影响分析与反向追溯，必须采用基于模型的架构表达与治理方式，切实将战略作为企业变革发展的核心需求，落实战略需求线索在企业运营全过程、全领域的贯彻追踪与问题原因追溯、改进机制，实现业务变革、技术变革与战略的高度一致，提升企业对外部挑战的精准化响应和对内部的敏捷化调整、贯彻能力。

架构治理不仅能够使智慧企业设计结果有效落地，更重要的是帮助企业有效捕获早期业务架构、IT相关架构及解决方案设计中的错误，不断降低在能力建设后期所需变更的成本和风险，从而帮助企业做出正确的能力建设，并缩短能力转型的总体建设时间，使各方更快获得架构开发的实际好处。同时，灵活严谨的架构治理过程有助于企业持续观察和充分利用技术进步，确保不断将最佳实践、最新适用技术应用到智慧企业设计与建设工作中。

三、总结与归纳

智慧能力表现为企业整体系统运行中呈现出的从信息获取、深刻认知到有效行动的自我完善循环，不仅反映在企业整体应对外部挑战的学习成长中，也反映在企业内部不同业务领域和不同层面，构成企业的各个子系统均能有效建立符合各自业务运行环境需要的业务模型，不断获取和有效运用数据进行分析，各层面的认知和行动能力不断提升，企业最终呈现以自身迭代演进能力及成长力为核心的竞争能力。在打造智慧企业的过程中，需要建设方法的指引，更需要人才体系的培养配置，以及从无到有建立科学的架构治理体系，如图6所示。

市场驱动
- 客户体验
- 市场环境变动
- 新业态、新模式冲击
- 新进入者威胁
- 新定法规

利益相关者：客户、员工、股东、政府、社会……

主要特征：市场洞察、智慧决策、知识环境、多样化综合、动态治理

核心能力：
- 战略—运行—创新对准演进
- 局部创新与全局设计协同
- 知识模型智能识别与应用
- 组织数字孪生构建与仿真
- 闭环利益相关者管理与产品服务升级
- 数据驱动知识图谱构建
- 组织要素自主化调节与优化
- 技术协同生态构建
- 风险可控的信息安全能力
- 广泛连接、集成、互操作技术能力

数据架构（信息域）：
- 统一的数据模型
- 数据与多类模型融合
- 数据治理

信息安全架构：
- 安全治理体系构建
- 信息安全风控体系
- 系统级风险感知和处理
- 联合本体模型
- 多源技术融合

战略架构（认知域）：
- 需求驱动的战略创新
- 战略体系模型表达
- 战略需求持续治理

业务架构：
- 全闭环体验管理
- 端到端数字化经营体系
- 基于架构的业务集成
- 智能化业务模型设计与权衡
- 数字孪生技术支持
- 增强的物理实体模型表达

流程架构（行动域）：
- 流程孪生建模分析
- 流程孪生治理
- 数据驱动的流程优化

应用架构：
- 统一应用架构正向设计
- 应用架构统一模型构建
- 虚实融合的企业应用孪生模型
- 物理互联共通
- 物理数字孪生治理

技术架构 | **物理架构**

架构治理保障：
- 基于架构的投资与项目治理
- 架构合规性审查
- 架构治理成熟度评估

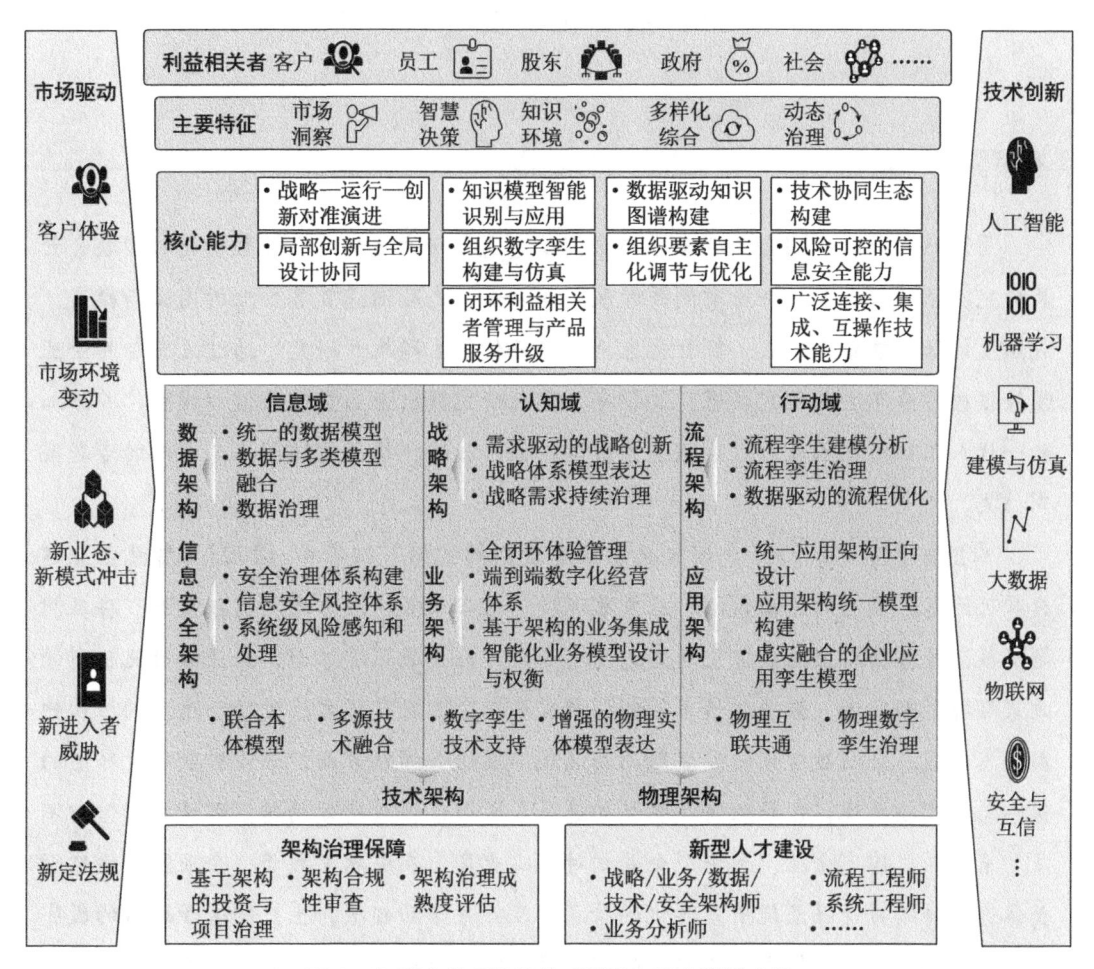

新型人才建设：
- 战略/业务/数据/技术/安全架构师
- 业务分析师
- 流程工程师
- 系统工程师
- ……

技术创新
- 人工智能
- 机器学习
- 建模与仿真
- 大数据
- 物联网
- 安全与互信
- ⋮

图6　智慧企业建设的基础要素与核心举措全景

33

智慧企业发展报告（2023）

——企业数智化转型向纵深发展

> **引言**
>
> 自2019年起，中国企业联合会与中国信息通信研究院针对企业数智化转型联合开展研究，每年征集智慧企业案例并开展问卷调查，先后围绕智慧企业的内涵与模式、成熟度评估、就绪度指数、数智化应用水平评估等主题展开研究，通过发布智慧企业发展报告，分享主要研究成果。2023年，重点研究提出企业数智化信心指数，并增加新一代人工智能技术应用、数据要素价值挖掘、数字化绿色化协同三个方向的专题案例征集。
>
> 本报告基于"2023年全国智慧企业建设创新案例"征集和《2023年智慧企业建设状况问卷》调查两方面数据，从发展环境、信心指数、成熟度、实践案例、存在问题及展望等方面对企业数智化转型进行了分析。在发展环境方面，企业数智化转型的政策环境不断完善，数字化技术不断创新发展，企业数智化发展对经济增长的拉动作用越发凸显，企业数智化转型实践不断涌现。在信心指数方面，企业对数智化转型的信心总体比较乐观，已经取得了明显的进展和成效，但对所处的转型环境相对信心不足。采矿业、国有企业、大中型企业相对信心更足。在成熟度方面，企业数智化建设整体进展持续提升并呈现出差异化的特点。在业务活动领域，生产制造子领域的数字化、智能化水平相对较高；在综合管理领域，集团管控、财务预算、协同办公子领域的数字化水平相对较高。在实践案例方面，案例数量逐年攀升，新一代人工智能技术应用、数据要素价值挖掘、数字化绿色化协同成为热点，三类专题案例呈现出不同的特点。在存在问题及展望方面，人才缺口仍是当前企业转型的首要痛点，数据打通和价值挖掘问题、技术创新与应用等问题也亟待解决。未来，企业将披荆斩棘、坚定信心，推进数智化水平进一步提升。

一、企业数智化发展环境不断完善

（一）数字经济发展推进企业数智化

2022年，我国数字经济实现更高质量发展，进一步向做强、做优、做大的方向迈进。数字经济进一步实现量的合理增长，数字经济规模达到50.2万亿元，同比名义增长10.3%，已连续11年显著高于同期GDP名义增速，数字经济占GDP比重达到41.5%，这一比重相当于第二产业占国民经济的比重。数字经济结构优化促进质的有效提升，我国数字产业化规模达到9.2万亿元，产业数字化规模为41万亿元，占数字经济比重分别为18.3%和81.7%，数字经济的二八比例结构较为稳定。互联网、大数据、人工智能等数字技术更加突出赋能作用，与实体经济融合走深向实，产业数字化探索更加丰富多样，产业数字化对数字经济增长的主引擎作用更加凸显[①]。企业数智化转型是产业数字化的微观体现，数字经济的高质量发展将推动企业数智化水平进一步提升。

（二）数智化政策体系不断深化落地

党和国家高度重视数智化转型发展，关于数智化转型的政策不断深化和落地。2023年的《政府工作报告》中[②]提出，大力发展数字经济，加快传统产业和中小企业数字化转型，着力提升高端化、智能化、绿色化水平。数字、智能、信息等成为2023年《政府工作报告》的高频词汇，分别出现了6次、4次、4次。数字化、绿色化协同转型加速推进，2022年11月，中央网信办等5部门联合印发通知，确定10个地区首批开展数字化、绿色化协同转型发展（双化协同）综合试点[③]，以数字化引领绿色化发展，以绿色化带动数字化转型。工业和信息化部党组书记、部长金壮龙接受采访时表示，数字化、智能化、绿色化是新型工业化的鲜明特征、制造业转型升级的重要方向，将针对重点行业、重点领域制定数字化转型行动方案，突出人工智能这个关键变量。2023年7月，国家网信办等7部门联合发布《生成式人工智能服务管理暂行办法》，促进生成式人工智能健康发展和规范应用。同时，数据要素市场化加快推动，数据产权、流通交易、收益分配、安全治理等基础制度加快建设，破解数据价值释放过程中的系列难题。政策的逐步深化落地为企业数智化转型提供了更加完善的支撑保障，数字化绿色化协同发展、新一代人工智能技术应用、数据要素价值挖掘成为企业数智化转型的重点方向。

[①] 中国信息通信研究院《中国数字经济发展研究报告（2023年）》。
[②] 新华网《（两会受权发布）政府工作报告》。
[③] 中国网信网《中央网信办、国家发展改革委、工业和信息化部、生态环境部、国家能源局等5部门联合开展数字化绿色化协同转型发展（双化协同）综合试点》。

（三）新一代人工智能加速企业转型

随着 ChatGPT 的横空出世，以生成式人工智能大模型为代表的新一代人工智能技术阶段到来，成为企业数智化转型的重要推动力。相对于传统的决策式人工智能，生成式人工智能具有高效的数据挖掘能力和智能化的预测分析能力，目前生成式人工智能已经可以生成高质量的文本、语音、图像等，极大地拓展了人工智能的应用场景。新一代人工智能的出现，不仅提高了生产力和自动化水平，还可以在各个领域产生深远的影响，例如，在医疗领域，利用生成式 AI 技术可以辅助医生进行疾病诊断和治疗方案制定，提高了医疗水平和效率。在制造业领域，数智化转型使生产过程更加高效、精确、灵活，AI 大模型的应用进一步提升了产品质量和创新速度。新一代人工智能技术对企业数智化转型将产生深远影响，为企业加快数智化转型提供重要的驱动力与技术解决方案。

（四）企业数智化转型实践不断涌现

数智化转型的重要性和紧迫性要求企业探索和实践自己的数智化转型之路，涌现出一大批典型实践。数字国资发布的《中央企业数智化转型最新进展和最新实践经验》指出，中央企业近 2/3 实现了经营管理数字化的全面覆盖，有 75 家中央企业已经开展了电商应用，建成数智化协同研发平台 306 个，供应链集成平台已超过 120 个，中央工业企业关键工序数控化率已经达到 68.9%。2023 年，中国企业联合会继续开展了"2023 年全国智慧企业建设创新案例"征集活动，并同步与中国信息通信研究院联合开展了《2023 年智慧企业建设状况问卷》调查。与 2022 年相比，2023 年企业数智化转型案例数量进一步提升，共收到 291 个单位申报的案例 326 项，其中，共有 319 项符合申报要求，企业数智化转型案例数量逐年攀升，企业实践不断深入。

二、企业数智化信心指数比较乐观

为了客观反映企业对数智化转型的信心强弱，设计构建了企业数智化转型信心指数模型（详见附件 1），包括战略支持、进展成效、技术准备和转型环境 4 个维度，通过问卷调研，对企业数智化转型信心进行评估。信心指数范围为 10～90，以 50 为分界点，高于 50 反映企业信心状态是良好的、乐观的，低于 50 反映企业信心状态是不佳的、悲观的。在《2023 年智慧企业建设状况问卷》调查中，291 家企业填报了信心指数的相关问题，通过对相关数据的分析得出以下主要结论。

（一）总体情况：企业数智化前景较乐观

根据评估分析，2023年企业数智化转型总体信心指数为82.12（见图1），企业对数智化转型前景整体较为乐观，战略支持、进展成效、技术准备、转型环境指标均表现较好。其中，进展成效指标得分最高，说明企业通过数智化转型取得了明显的进展和成效，对数智化技术在企业经营管理中发挥的作用信心十足。转型环境指标相对较低，显示企业所处的数智化转型环境与预期存在一定差距，信心相对不足。

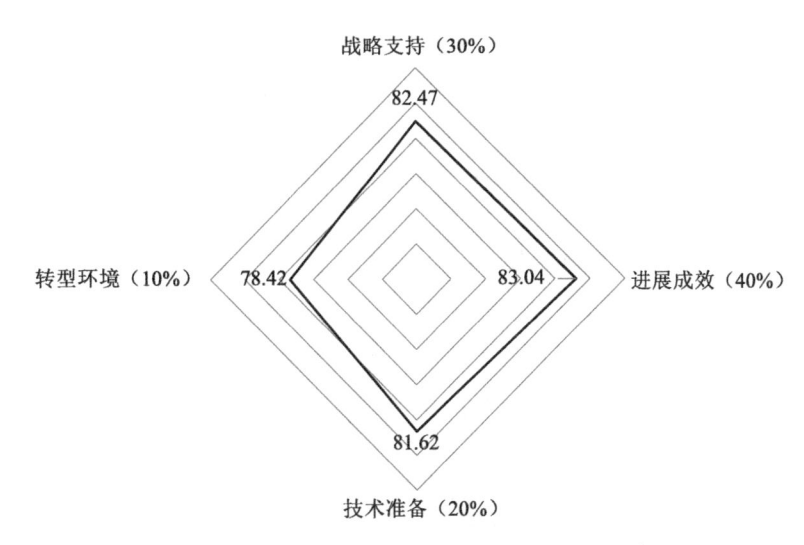

图1　企业数智化转型信心指数一级指标分布

从9项二级指标来看（见图2），领导支持、业务转型进展、转型成效三项指标得分较高，显示企业对这些领域的前景更有信心。企业数智化转型是一把手工程，企业领导对数智化转型给予了足够的支持，为企业转型提振了信心。行业转型进程、投资预算、数智化人才三项指标得分较低，其中数智化人才指标得分76.46，显著低于其他指标，企业对数智化人才的信心明显不足，当前数智化人才缺口仍然较大，成为企业数智化转型的重要阻碍。

（二）行业对比：采矿业数智化信心更足

从所属行业来看，在申报分布最广的几大行业中，采矿业企业数智化转型信心指数最高（见图3），信息传输、软件和信息技术服务业最低。不同行业企业转型进展成效指标、转型环境指标相差不大，差异主要体现在战略支持、技术准备方面。

传统采矿业是高危、劳动密集型行业，面临越来越严酷的市场竞争，以及可持续发展、绿色低碳对于"绿色、安全、和谐、智能、高效"的时代要求，数智化转型是采矿业高效发展的必然选择，通过应用 5G、云计算、大数据等技术与采矿业不断融合发展，可为绿色经济提供支撑，为高危行业风险提供化解方法，数智化转型成为确保采矿业安全、高效、经济、绿色发展的重要途径。近年来，我国十分重视采矿业数智化建设，并相继颁布了多项关于支持、鼓励、规范智慧矿山行业的相关政策，明确提出加快建设自动化、信息化、数字化、智能化的矿山，各个重点省份也相继出台政策支持智能开采，有效提振采矿业的数智化转型信心。

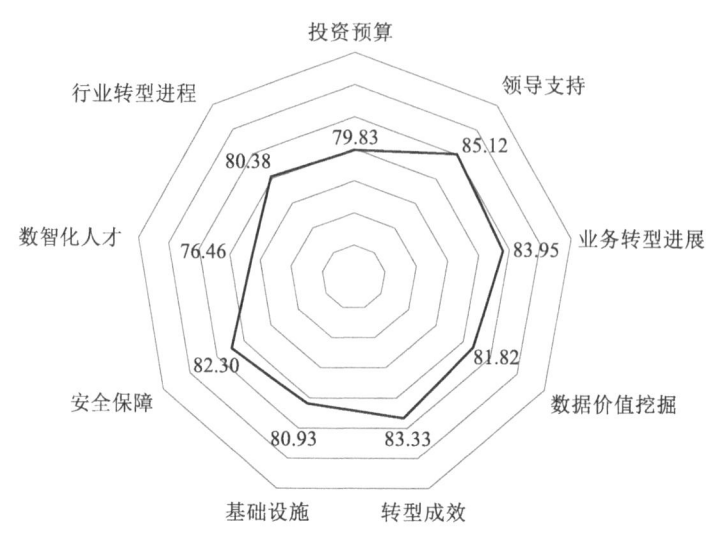

图 2 企业数智化转型信心指数二级指标分布

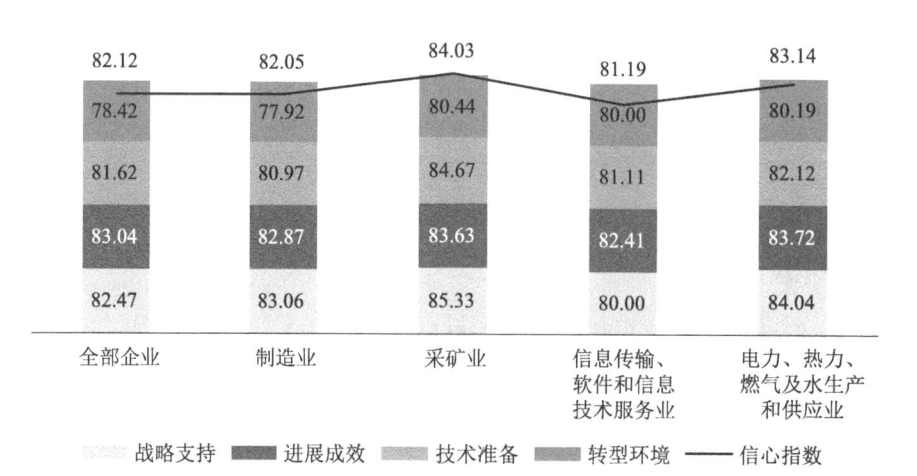

图 3 企业数智化转型信心指数行业分布

（三）性质对比：国有企业排头兵主力军

按企业性质划分，国有企业与民营企业的企业数智化转型信心指数整体差异不大。国有企业在战略支持、进展成效、转型环境方面均比其他企业更加乐观，而民营企业在技术准备方面更有信心（见图4）。民营企业作为中国特色社会主义市场经济体制的重要组成部分，是我国科技创新体系中的重要主体，也是实施创新驱动发展战略的重要力量。

2023年7月19日，《中共中央 国务院关于促进民营经济发展壮大的意见》的发布，指出民营经济是推进中国式现代化的生力军，是高质量发展的重要基础，是推动我国全面建成社会主义现代化强国、实现第二个百年奋斗目标的重要力量。民营企业在技术的应用和储备方面，机制更加灵活、创新更加活跃、自我信心更为乐观。

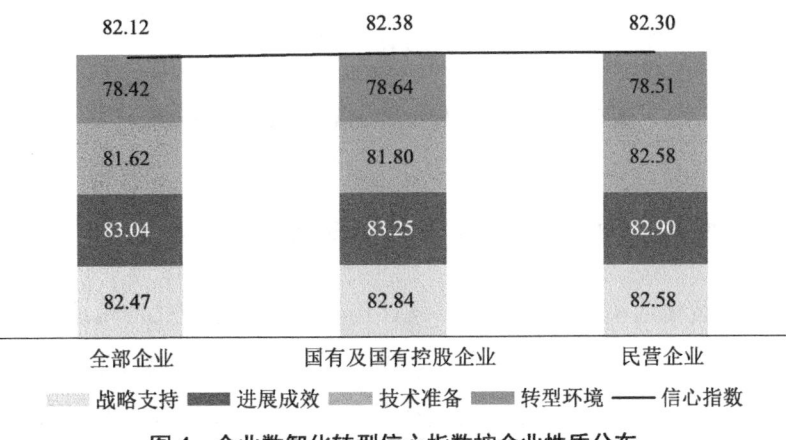

类别	全部企业	国有及国有控股企业	民营企业
信心指数	82.12	82.38	82.30
转型环境	78.42	78.64	78.51
技术准备	81.62	81.80	82.58
进展成效	83.04	83.25	82.90
战略支持	82.47	82.84	82.58

图4　企业数智化转型信心指数按企业性质分布

（四）规模对比：小微企业需要提振信心

按企业规模划分，大型企业与中型企业的企业数智化转型信心指数整体比较相近，仅在转型环境方面，中型企业转型乐观程度较低。小微企业信心相对不足，大多数指标显著偏低（见图5）。中小企业在数智化转型的过程中，普遍面临缺钱、缺人、缺技术的困境，数智化基础和转型条件也比较薄弱。工业和信息化部等各部委从路径方法和服务平台双向发力，助力中小企业数智化转型。

2022年10月，工业和信息化部发布《中小企业数字化水平评测指标（2022年版）》，从数字化基础、经营、管理、成效四个维度综合评估中小企业数字化发展水平，为中小企业开展自我诊断、找准问题不足提供工具参考。同年11月，印发《中小企业数字化转型指南》，从增强企业转型能力、提升转型供给水平、加大转型政策支持三方面提出了14条具体举措，通过"指标+指南"，明确中小企业转型路径和方法。在寻找更合适的数智化转型路径上,"以大带小、以小托大"的生态模式逐渐形成,创新链、数据链、人才链、金融链加速贯通,产业生态竞争力进一步加强,大中小企业融通模式持续推进。

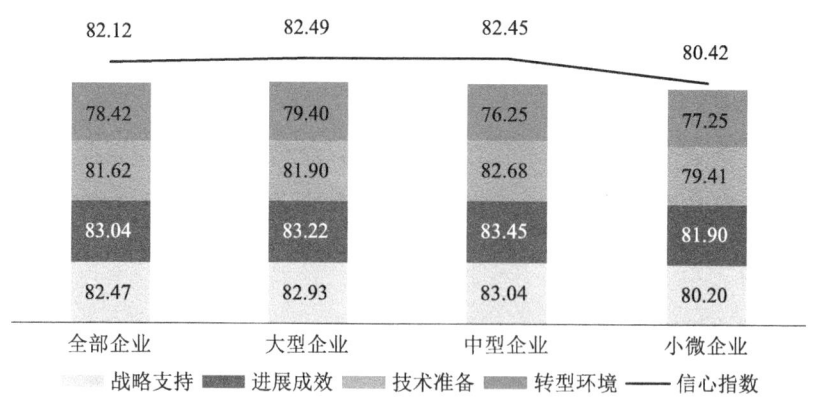

	全部企业	大型企业	中型企业	小微企业
信心指数	82.12	82.49	82.45	80.42
转型环境	78.42	79.40	76.25	77.25
技术准备	81.62	81.90	82.68	79.41
进展成效	83.04	83.22	83.45	81.90
战略支持	82.47	82.93	83.04	80.20

图 5　企业数智化转型信心指数按企业规模分布

三、企业数智化转型成熟度差异化明显

对于企业数智化应用水平的评估,设计构建了企业数智化应用成熟度评估指标体系(详见附件2),从综合管理和业务活动两个维度,将企业数智化转型划分为尚未转型、信息化、数字化、网络化、智能化5个等级并开展评估。通过对《2023年智慧企业建设状况问卷》调查中291家企业填报的数据的分析,得出以下主要结论。

(一)整体进展:持续推进数智化提升

通过分析看到,申报企业数智化建设整体进展持续提升,在业务活动与综合管理领域均有超过七成企业达到数字化及以上水平。业务活动领域数字化、网络化水平略低于综合管理领域,但智能化水平高于综合管理领域(见图6)。

(二)业务活动:生产制造数智化靠前

在业务活动领域,超过七成企业达到数字化及以上水平,约两成达到智能化水平。其中生产制造子领域数字化、智能化水平高于整体,已有近八成企业达到数字化及以上水平,超三成达到智能化水平(见图7)。随着向智能时代进发,大量工厂要接受数智化转型的洗礼,追求智能工厂的精益求精、人力解放、生产效率大幅提高,其中,生产制造是智能工厂的核心环节,对于智能化的需求和探索也更活跃。近年来,智能制造进一步与社会系统进行融合,通过不断融入更多的制造资源、信息资源和社会资源,催生出预测制造、主动制造等数据驱动的制造新模式,使制造模式从单一化走向多元化,制造系统从数字化走向智能化。

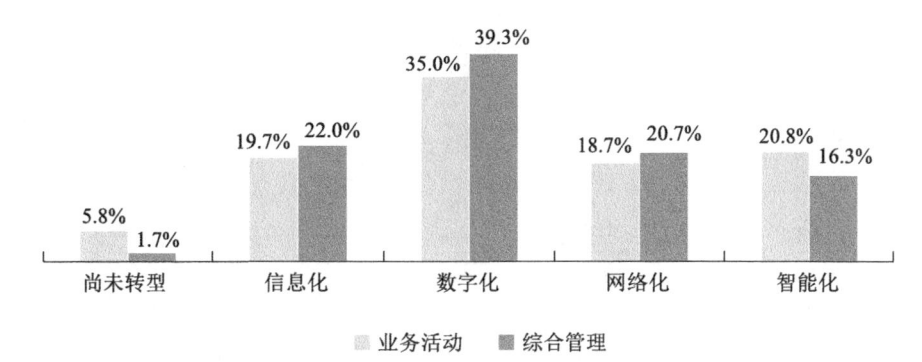

图6 企业数智化转型整体进展

	尚未转型	信息化	数字化	网络化	智能化
业务活动	5.8%	19.7%	35.0%	18.7%	20.8%
综合管理	1.7%	22.0%	39.3%	20.7%	16.3%

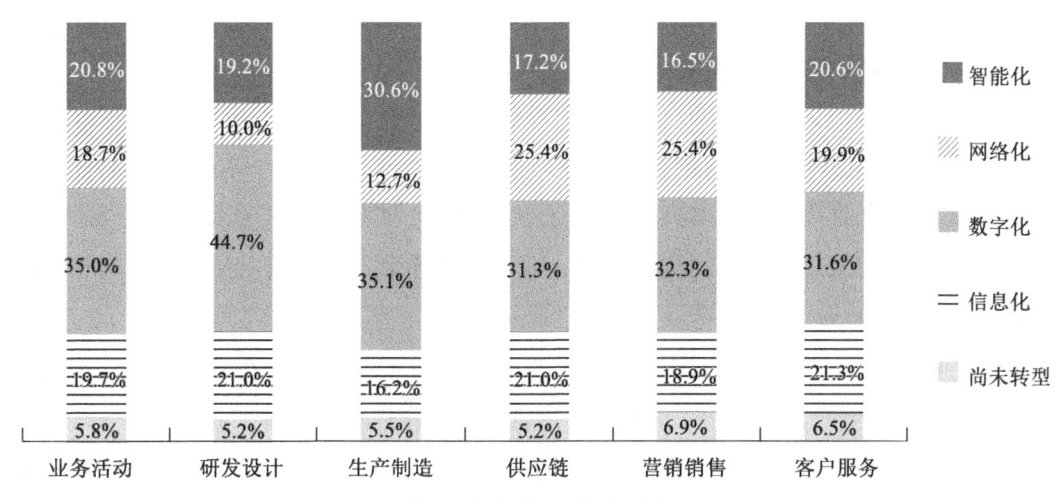

图7 业务活动数智化进展

	业务活动	研发设计	生产制造	供应链	营销销售	客户服务
智能化	20.8%	19.2%	30.6%	17.2%	16.5%	20.6%
网络化	18.7%	10.0%	12.7%	25.4%	25.4%	19.9%
数字化	35.0%	44.7%	35.1%	31.3%	32.3%	31.6%
信息化	19.7%	21.0%	16.2%	21.0%	18.9%	21.3%
尚未转型	5.8%	5.2%	5.5%	5.2%	6.9%	6.5%

(三)综合管理:协同办公智能化较高

在综合管理领域,超过七成企业达到数字化及以上水平,16%达到智能化水平。其中集团管控、财务预算、人力资源子领域数字化水平高于整体,已有超八成企业达到数字化及以上水平,协同办公智能化水平显著高于整体(见图8)。法务合规、党建子领域不足七成企业达到数字化及以上水平,数字化水平低于整体。协同办公通过共享信息和资源,促进团队成员之间的沟通和协作,是企业降本增效的重要工具,同时,协同办公系统具有较强的可复制性,可明显增加规模效益。在新一代人工智能技术的赋能下，协同办公系统也从数字化走向智能化，满足企业流程智能优化、业务个性化定制等智能化协同办公需求。

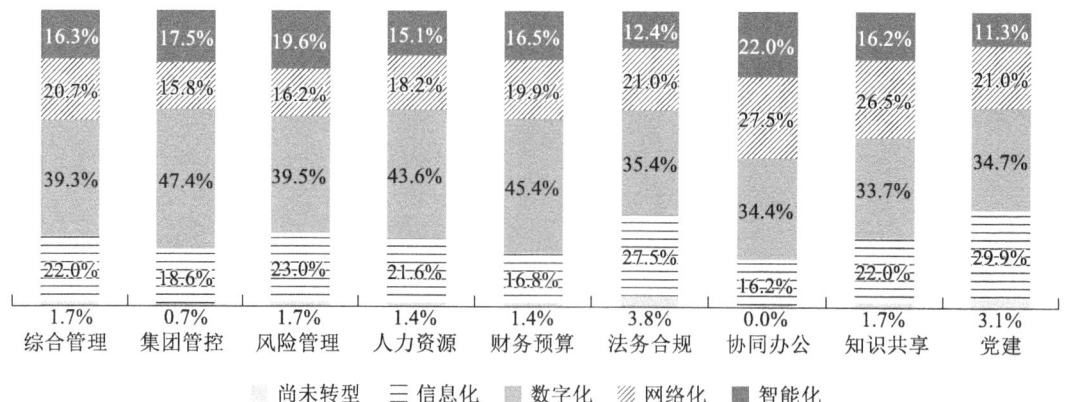

类别	尚未转型	信息化	数字化	网络化	智能化
综合管理	1.7%	22.0%	39.3%	20.7%	16.3%
集团管控	0.7%	18.6%	47.4%	15.8%	17.5%
风险管理	1.7%	23.0%	39.5%	16.2%	19.6%
人力资源	1.4%	21.6%	43.6%	18.2%	15.1%
财务预算	1.4%	16.8%	45.4%	19.9%	16.5%
法务合规	3.8%	27.5%	35.4%	21.0%	12.4%
协同办公	0.0%	16.2%	34.4%	27.5%	22.0%
知识共享	1.7%	22.0%	33.7%	26.5%	16.2%
党建	3.1%	29.9%	34.7%	21.0%	11.3%

图 8　综合管理数智化进展

四、企业实践案例聚焦行业热点

（一）企业数智化案例数量逐年攀升

2023 年，企业数智化转型案例数量进一步增加，共收到有关单位推荐的案例 326 项，其中，共有 319 项案例符合申报要求。通过分析看到，2023 年企业数智化转型案例呈现出以下新的特点。

制造业数智化持续加码。从所属行业来看，申报企业广泛分布于制造业，电力、热力、燃气及水生产和供应业，采矿业，信息传输、软件和信息技术服务业等十余个行业（见图 9）。制造业仍然是占比最高的行业，占比较上年进一步提升，采矿业占比较上年明显增长，跃升为占比第二的行业。近年来，国家和地方层面均加快数智化转型政策部署，围绕制造业数智化转型制定发布了一系列政策举措。随着制造业数智化进程的加速，人工智能、工业互联网等底层技术正全面重塑制造业生产体系，推动新的生产要素、研发范式和商业模式的建立。加快制造业数智化转型，既是实现制造业高质量发展的重要举措，也是推进新型工业化的有效路径。

行业	占比
制造业	28%
采矿业	17%
电力、热力、燃气及水生产和供应业	13%
信息传输、软件和信息技术服务业	13%
建筑业	6%
金融业	6%
交通运输、仓储和邮政业	4%
科学研究和技术服务业	4%
批发和零售业	3%
租赁和商务服务业	3%

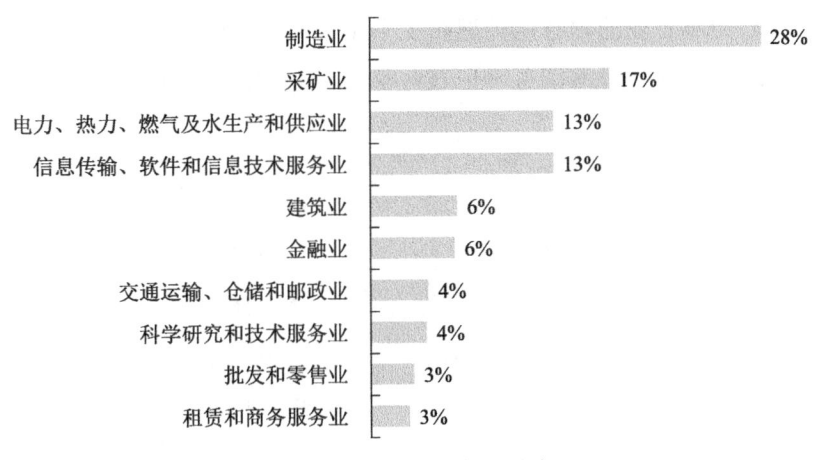

图 9 案例所属行业分布

国有企业占据主导地位。从企业性质来看，国有及国有控股企业占比达八成以上（见图10），较上年明显增长，占据绝对主体地位。国务院国资委明确要求"国有企业要做推动数字化智能化升级的排头兵"，2020年8月国务院国资委发布《关于加快推进国有企业数字化转型工作的通知》，2021年12月发布《国有企业数字化转型行动计划》，提出到2025年，达成国有企业数字化转型取得实质性进步，数字化转型管理体系不断健全，数据要素赋能增效作用凸显，重点领域数字化转型取得突破等目标，为各国有企业提供了战略分解的具体依据，国有企业数智化转型明显加速，在数智化转型的落实和推进过程中发挥重要的主导作用。

案例企业性质分布：
- 国有及国有控股 85%
- 民营企业 11%
- 外商投资 1%
- 其他 3%

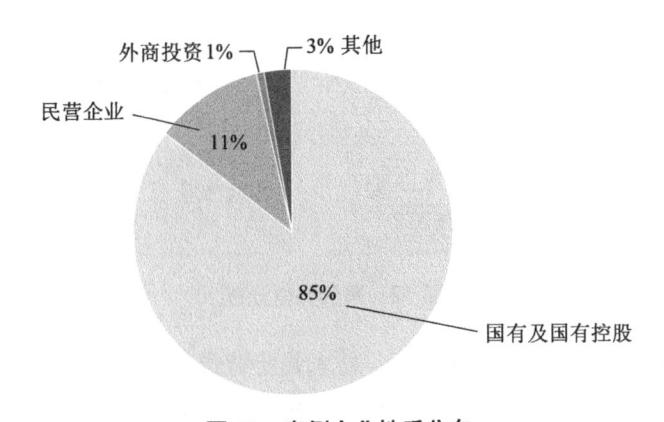

图 10 案例企业性质分布

中小企业热度不减。从企业规模来看，申报企业的规模结构与上年相似，大型企业仍然在申报企业中占比最高，占比超过六成，中型企业占比接近两成，小微企业占比

17%（见图11）。中小企业的数智化转型热度不减，得益于政策的支撑与推动，工业和信息化部等各部委从路径方法和服务平台双向发力，助力中小企业数字化转型。

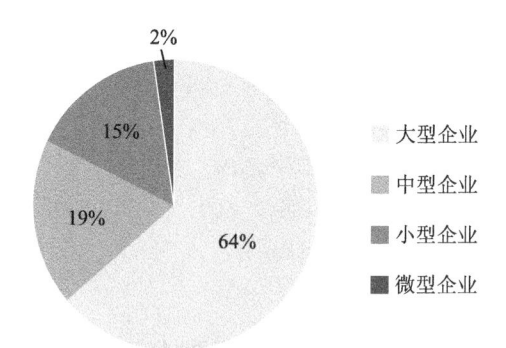

图11 案例企业规模分布

行业融合创新实践丰富。从案例类型来看，企业经营管理类数量最多，占比超三分之一，企业数字基础设施类占比相对较少（见图12）。行业融合创新类是今年新增加的案例类型，是相对比较活跃的领域，案例数量占到两成以上。案例企业处于制造业、能源、金融、交通等行业，推动数字技术和行业深度融合，开展业务数智化创新实践，并培育形成数智化新业务。

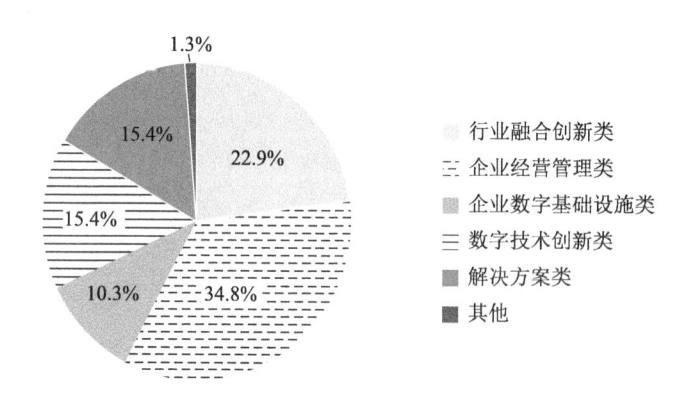

图12 案例类型分布

聚焦行业热点专题。在近期的政策、技术趋势背景下，本次案例征集设置新一代人工智能技术应用、数据要素价值挖掘、数字化绿色化协同三类专题案例。从专题案例类型来看，三类专题案例共占比约35%，其中数据要素价值挖掘案例占比15.7%，新一代人工智能技术应用案例占比14.4%，数字化绿色化协同案例占比5.3%（见图13），各类专题案例体现出各自领域的特点。

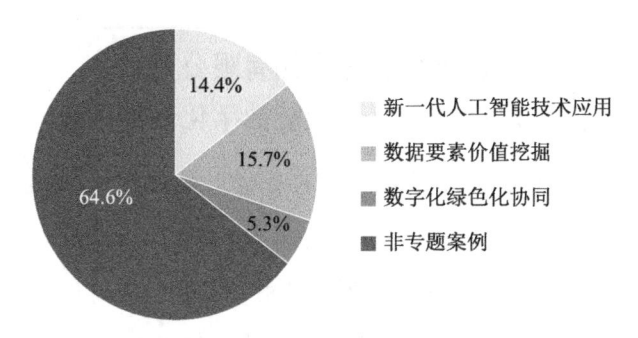

图 13 专题案例类型分布

（二）新一代人工智能技术应用场景不断拓展

近年来，人工智能技术发展取得了突破性成果。随着计算能力的提升、数据资源的增加，以及算法的不断优化，人工智能与其他数字技术充分融合，在企业中的应用场景越来越广泛，在企业管理经营的各个环节发挥重要作用。相关实践案例体现出以下共性趋势特征：一是人工智能与物联网技术融合应用，实现智能感知、智能控制和智能管理，提高生产效率和服务质量。二是人工智能与云计算技术融合应用，实现智能云管理，提高资源利用效率，降低能耗。三是人工智能与大数据技术融合应用，实现数据自动采集、预处理、分析和挖掘，为决策提供科学依据。此外，已有企业引入 AIGC（新型内容生产方式）技术，基于大模型进行人工智能训练，并初步探索语义大模型、视觉大模型等在业务领域的应用。

中建材信云智联科技有限公司：
人工智能助力企业实现智能化安全生产管理

公司建立的智能安全生产管理系统将人工智能、位置物联网等前沿技术与安全业务管理深度融合，打造"人机协同"的新型管理模式，实时监管高风险作业过程、厂区安全状态和设备运行安全。一是基于智能识别实现安全业务流程闭环：人工智能计算机视觉技术对视频图像中的人、车、设备、环境四大类目标进行分析，自动识别人的不安全行为、物的不安全状态、环境风险等，并协助安全监管人员及时感知安全问题、制止危险行为。二是实现基于"视觉＋定位"的双重人员位置管理：部署视觉电子围栏算法或人脸抓拍机进行人员进入提醒，非准入人员告警，结合高低精度融合的人员定位和三维可视化技术，解决视觉盲区的问题，确保人员始终在授权的区域内活动。

大连洁净能源集团有限公司：
产学研联盟，打造智能数字化供热系统

公司合作建设了能够实现自主编程的智慧型、科学型供热能源管理系统，从产热到供热的各个环节完全实现智慧化操作。运用互联网+、智能云建设全网平衡智能控制平台，基于边缘计算协助，实现全网调度的智能化，提高供热质量，进行精准供热。智能算法依据历史数据自适应优化学习，实现换热站动态气候补偿策略时时调控，按需供热，保证居民供热质量和室温的稳定趋势，并实现供热质量达标下能耗指标最低的目标。

中核苏能核电有限公司：
核电企业基于大数据的设备健康管理创新案例

公司基于无线传输网络实现设备健康监测数据传输技术，完成了人工数据采集向大数据智能化管理的转变。公司开发了一套可实现设备实时状态监测、融合诊断、预警管理、数据分析、性能预测、自动报告等功能的无线监测诊断智能化管理平台。从系统功能设计、逻辑架构、技术架构、数据库结构、系统数据流、界面设计提供人机交互式操作方式等方面搭建框架，以系统功能模块化方式开发集成管理平台，实现设备无线监测智能化管理功能。平台弥补了传统人工监测方式的不足，提升了设备状态监测的高效性和准确性，极大地提高了监测的灵敏度，对核电关键设备典型故障实现提前预警功能。

云鼎科技股份有限公司：
人工智能大模型在煤炭行业的研究和应用

公司建立了基于盘古大模型的人工智能训练中心，研究AI算法模型在能源领域的应用，探索出一种新的模型开发模式，实现煤矿智能化场景模型的自主开发、快速优化、快速泛化，可支持快速推广，实现大规模的复制。形成了集团—矿端—场景的三级应用体系，集团训练中心完成各应用场景模型的集中训练，集中下发部署。矿端AI应用平台主要负责各业务场景智能分析结果和告警数据的集中管理与基于AI分析实现矿内业务的报警提醒、报警查询、数据统计，以及算法仓在煤矿管理层面的多场景灵活应用。基于场景算法的实时采集和解析融合摄像头、听觉传感器、振动传感器等收集来自煤矿现场的多样化信息，完成现场多源信息感知。

（三）数据要素价值挖掘应用水平全面提升

数据作为数字化时代新的生产要素，已经成为企业最重要的资产之一。数据要素价值挖掘能够帮助企业更好地管理和应用数据，是提高企业数字化水平的重要路径。相关实践案例体现出以下共性趋势特征。一是数据集中统一管理，解决"数据孤岛"问题。通过建设统一的大数据管理平台，实现不同部门层级、不同业务条线系统间的数据互联互通，成为企业提升数据集中共享能力的共同选择。二是融合多种分析工具手段，支撑精细化的数据处理。企业充分融合报表、可视化图形、多维分析、钻取分析、数据建模等多元化的数据分析工具手段，深化细化数据挖掘，并建设数据应用与经营管理闭环，提升数据赋能业务发展的效率。三是加强数据全生命周期管理，赋能数据价值释放。提出安全合规、数据融通等贯穿数据全生命周期的整体方案，改善数据流通环境，打破数据孤岛，从而推动数据的流通变现和价值释放。

大唐华银电力股份有限公司：智慧企业大数据管理平台赋能上市公司提质增效

公司通过智慧企业大数据管理平台建设，实现财务、生产、物资等业务领域数据资源全面整合和图形化展示，以数据分级、分层理念支撑驾驶舱多维度展示分析，全面提升公司业务分析与管理决策能力。一是通过现有信息系统数据资源全面整合，实现公司核心业务指标标准定义，构建数据驱动业务智能发展的生产经营模式。二是以大数据管理平台工具为底座支撑，构建了"上下贯通、横向连通"的辅助决策分析平台，并实现多维度、可视化展示分析。三是实现了财务、生产、燃料等多业务领域数据整合和关联应用，数据分层建模、应用，并根据各业务领域特点构建对应的分析模型。四是实时掌握公司生产经营状态，并将经济指标与财务绩效、生产运行、安全监管、燃料供应、物资采购、市场营销等做交互关联。

中国石油集团川庆钻探工程有限公司：油气钻井决策支持数据分析研究与应用实践

公司建设了覆盖全区域、全业务，横向到边、纵向到底的油气钻井决策支持数据分析体系，通过大数据挖掘和建模分析、机器学习及认知计算等智能化手段，加强精细化的数据分析辅助决策管理。面向单井项目成本分析，建立单口井盈亏平衡智能分析模型，提前预判并处置亏损队伍；通过海量异构数据的采集、集成、处理、查询、分析，实现对单井项目计划、执行、结果的过程化管控。面向电代油分析，自主建立电价与油价平衡智能分析模型，为用油、用电的决策提供指导。面向采购价格预警分析，建立价格变化跟踪智能分析模型，监控主要物资价格环比变化情况，并预测价格指导采购。

浙江省大数据联合计算中心有限公司：大数据联合计算平台赋能数据要素合规释放

公司建设大数据联合计算平台，作为数据流通基础设施，设置"三审核三隔离"全链路流程，以场景化方式推动数据融通，为数据交易各参与方提供一个安全、合规、可控、可信、可监管的环境，赋能数据价值释放。平台已汇集互联网消费、精准营销、医药健康、物流服务等社会数据150亿条，打通多方数据源，在智慧交通、品牌营销、数字健康、社会治理等领域得到广泛应用和充分验证，尤其是在品牌精准营销、数据要素赋能普惠金融等场景下，充分发挥数据要素价值。

（四）数字化绿色化协同赋能传统行业转型加速升级

加速数字化绿色化协同发展是"碳达峰、碳中和"目标提出的内在要求，也是我国实现经济转型升级和高质量发展的必然要求。数字技术推动资源能源的高效利用和技术产品的低碳减排，为绿色发展提供全面支撑，已经在传统行业绿色升级过程中体现出节能、降碳两方面的积极作用。相关实践案例体现出以下共性趋势特征：一是数字化赋能能效管理。通过建立能源监测平台，实现各类能源的实时监控，优化能源使用管理；通过用能行为分析和预警，制定精细化的节能措施，提高能效管理的主动性。二是数字化赋能减排控排。集成应用数字技术，实现生产全流程碳排放追踪、分析、核算和交易，倒逼生产过程优化。

湖北三环锻造有限公司："绿色锻造＋工业大数据"融合发展模式的构建

公司在绿色研发、低碳制造、环保治理、清洁能源等方面充分运用数字化技术，开发绿色工厂大数据监测系统，实现研发设计、制造过程、设备能效、环保排放、光伏发电、资源消耗等数据动态可视化，驱动绿色工厂治理。公司重建了能源管理系统（EMS），通过智能电表、能耗传感器实时采集各生产线及关键设备的耗能数据，系统集成大数据和深度学习技术，对能耗进行可视化监测，对能源消耗量进行预测，对各车间的用能进行规范管理，实现关键装备、关键环节能源的综合平衡和优化调度。

> **河钢数字技术股份有限公司：面向钢铁行业的 WisCarbon 碳中和数字化平台构建**
>
> 公司建设 WisCarbon 碳中和数字化平台，基于"云、网、边、端"一体化架构设计，通过边缘计算、物联网、大数据、AI 及多种精细化智慧应用，为运营者和管理者快速构建碳监测管理、能源管理、碳排放管理、可视化及运营中台等多应用场景系统。平台包含碳计量监测、碳数据管理、碳足迹管理、碳资产管理四大核心模块，以碳足迹和碳数据管理为核心，从产品层面开展全工艺流程碳足迹计算和分析，为下游行业用户产品碳足迹核算提供数据分析服务。同时，为下游行业用户开展低碳绿色产品设计、搭建低碳绿色产品生产体系提供数据分析支持服务，实现跨领域协同低碳。

五、问题仍存，披荆斩棘

从存在的问题来看，人才仍是当前企业转型的首要痛点，超七成企业面临人才缺口问题。一半左右企业面临数据打通和价值挖掘问题、技术创新与应用问题（见图14）。此外，资金支持、组织架构和流程等问题仍然存在，成为企业数智化转型路上的阻碍。高层领导支持问题已经较少，企业数智化转型已经得到了公司高层领导的重视，大多数企业已经将数智化转型作为一把手工程推动。

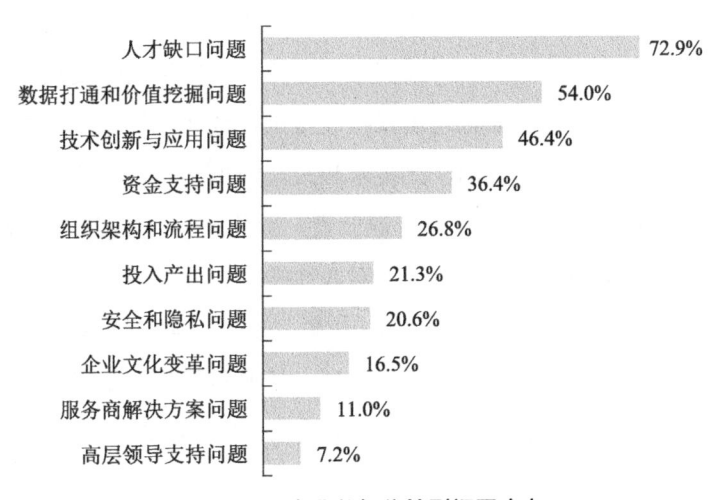

问题	比例
人才缺口问题	72.9%
数据打通和价值挖掘问题	54.0%
技术创新与应用问题	46.4%
资金支持问题	36.4%
组织架构和流程问题	26.8%
投入产出问题	21.3%
安全和隐私问题	20.6%
企业文化变革问题	16.5%
服务商解决方案问题	11.0%
高层领导支持问题	7.2%

图 14　企业数智化转型问题痛点

人才仍是制约企业数智化转型的重要难题。传统企业数智化转型的技术壁垒较高，对从业者的知识储备、技术能力、从业经验提出了更高的要求，拥有数字技术的专业技术人员和全局思维的高层次管理人才尤为稀缺。人瑞人才联合德勤中国、社会科学文献出版社发布的《产业数字人才研究与发展报告（2023）》称，随着各产业数字化转型进入更深的阶段，相关行业对数字化人才的需求与日俱增，人才短缺已经成为制约数字经济发展的重要因素。该报告估算，当前数字化综合人才总体缺口约在2500万人至3000万人，且缺口仍在持续放大。

数据共享和价值提升将成为重点。数据作为数智化的核心要素之一，支撑了数智化转型的实现，企业数智化转型离不开数据的采集、分析和利用，数据已经成为企业的重要资产。而企业在数据层面面临着多重挑战，一方面企业已经建立了多个不同的系统，如何将数据有效地整合到一个统一平台上，存在着技术和业务流程等方面的阻碍。另一方面，如何发挥数据的价值，将数据真正地利用起来，仍然缺乏有效的思路和成熟经验。

技术创新与应用水平亟待提升。党的二十大报告明确指出，必须坚持科技是第一生产力、人才是第一资源、创新是第一动力，除了上述人才的问题，技术创新成为企业数智化转型的新需求。我国企业技术创新与应用仍存在短板，一些制造业大型企业采用数智化技术仅实现了生产自动化，大部分中小企业还处于数智化技术应用的初级阶段。企业需要进一步加强对数智化技术的研发和应用，推动数智化技术与企业经营管理的深度融合，提高技术创新和应用的能力和质量。

总体来看，我国企业数智化转型整体水平进一步提升，企业数智化转型信心坚定、进展乐观、成效显著。其中，制造业、采矿业企业数智化转型活跃度较高，在国有企业数智化转型的引领下，大中小企业融通模式持续推进，数智化转型已成为企业的常态。企业数智化转型案例规模进一步增加，在技术和政策的推动下，企业数智化转型案例的深度和成熟度进一步提升，人工智能、数据要素、双化协同是2023年案例的热点，也成为未来企业数智化转型的重要机会点。面对人才缺口、数据挖掘、技术创新、资金支持等方面的痛点问题，企业正积极探索解决方案。未来，面向数智化转型的机遇和挑战，企业将进一步坚定信心推进企业数智化转型，把握新形势、新特征、新要求，着力提升高端化、智能化、绿色化水平，为推进中国式现代化贡献力量。

附件 1：企业数智化转型信心指数模型

本课题搭建企业数智化转型信心指数模型，评估企业对自身数智化转型信心情况的乐观程度。在指标体系中，一级指标分为战略支持、进展成效、技术准备、转型环境 4 个维度，并细化为 9 个二级指标。具体指标体系如下：

一级指标	权重	二级指标
战略支持	30%	投资预算
		领导支持
进展成效	40%	业务转型进展
		数据价值挖掘
		转型成效
技术准备	20%	基础设施
		安全保障
转型环境	10%	数智化人才
		行业转型进程

企业数智化转型信心指数模型针对 9 个二级指标，评估企业数智化转型 2023 年相比 2022 年的变化情况，设置 5 个等级：明显下降、略有下降、差不多、略有提升、明显提升，分别赋值 10 ～ 90。具体赋值如下：

等级	明显提升	略有提升	差不多	略有下降	明显下降
赋值	90	70	50	30	10

采用简单平均法计算 4 个一级指标表现，并采用加权平均法计算企业数智化转型信心指数。以 50 为临界值，当指数大于 50 时，反映企业信心状态是良好的、乐观的，越接近 90 乐观程度越高；当指数小于 50 时，反映企业信心状态是不佳的、悲观的，越接近 10 悲观程度越深。

附件 2：企业数智化应用成熟度评估指标体系

本课题针对数智化应用水平，搭建企业数智化应用成熟度评估指标体系，从综合管理和业务活动两个维度，评估数智化在企业各领域的应用情况。数智化应用成熟度评估划分为 5 个等级，分别是尚未转型、信息化、数字化、网络化、智能化。在指标体系中，一级指标分为综合管理和业务活动 2 个维度，并细化为 13 个二级指标，其中，综合管理维度指标数量是 8 个，业务活动指标数量是 5 个。具体指标体系如下：

一级指标	二级指标
综合管理	集团管控
	风险管理
	人力资源
	财务预算
	法务合规
	协同办公
	知识共享
	党建
业务活动	研发设计
	生产制造
	供应链
	营销销售
	客户服务

实践案例篇

大型铸锻件洁净钢平台质量数据分析系统应用

中国第一重型机械股份公司

一、企业概况

中国第一重型机械股份公司（以下简称中国一重），隶属于中国一重集团有限公司，于 2008 年 12 月发起设立，2010 年 2 月在上海证券交易所成功实现整体上市，现有全资及控股子公司 12 家，并分别在富拉尔基、大连、天津等地区布局组建了生产制造基地和科研机构。

中国一重长期致力于国家首台（套）重大技术装备的研制，主要为钢铁、有色、电力、能源、汽车、矿山、石油、化工、交通运输等行业及国防军工提供重大成套技术装备、高新技术产品和服务。主要产品有核岛设备、重型容器、大型铸锻件、专项产品、冶金设备、重型锻压设备、矿山设备和工矿配件、风电设备等，建成了世界一流的大型铸锻钢基地，形成了从冶炼、铸造、锻造、焊接、热处理到机械加工、装配、检测等工序完备的生产体系，具备新产品、新工艺和新材料的自主开发能力和成套设备系统的集成能力，基本覆盖技术研发、装备制造、风场建设、运维服务等风电全产业链体系。

"十四五"期间，中国一重加快转型升级步伐，高质量发展高端装备制造及服务、新材料、军民融合等产业，加快推动核心优势产业和战略性新兴产业并重发展，以及金属新材料和非金属新材料、"制造＋服务"和"制造＋系统解决方案"并进转变，坚定不移推动"中国制造业第一重地"再上新台阶，力争早日建设成为具有全球竞争力的世界一流装备制造集成服务商。

二、主要措施

（一）案例简介

中国一重作为国家重要骨干制造企业之一，积极响应国家数字化转型战略，开展了洁净钢平台建设项目，全面完成冶炼装备现代化改造升级，改进和提升大型铸锻件超纯净冶炼工艺技术，实现大型铸锻件冶炼装备现代化、操作自动化、工艺智能化、管理信息化，解决国家重大技术装备对高性能、高纯净大型铸锻件基础材料的需求。

中国一重产品关系国家安全和经济命脉，产品质量管控尤为重要，目前企业尚未形成完善的质量管控手段，主要依赖人工经验，质量分析效率低且效果不稳定。本技术围绕中国一重高质量发展要求，以产品质量稳定、大型高纯净、高效率、低成本、绿色环保为目标，在设备现代化改造的基础上，针对中国一重现有产品质量分析技术手段的局限性等问题，突破智能制造应用共性关键技术，利用物联网及大数据技术与制造过程相融合，采集炼钢、浇铸、质检等数据，构建质量大数据平台，实现企业生产工艺整体优化、生产高效化与绿色化，提高产品质量档次和稳定性，推动企业由大变强，助力中国重型制造业数字化转型、智能化升级。

（二）技术和应用情况

1. 应用场景

洁净钢平台质量大数据分析系统对中国一重炼钢、浇铸、质检等影响产品质量的关键工艺参数进行数据采集、过程质量分析、预测、追溯、控制、诊断和评价，最终实现生产可管控、异常可预警、过程可追溯、缺陷可诊断、能力可评价、质量可预测、研发可推理。

2. 技术路线

利用大数据技术抽取并存储炼钢与浇铸车间生产信息、控制信息、工艺过程数据、能源介质数据、设备运行数据及各种计量装置的检测数据，构建完整统一的基础数据平台，然后以数据为基础，完成全流程、全工序的生产过程质量数据监控与告警、过程质量追溯、质量分析与建模、过程质量评价、工艺标准库管理、质量报告及统计分析报表、系统分析组件、系统配置管理等功能。

大数据质量分析系统底层支撑平台为 Hadoop（分布式系统基础架构）大数据管理平台，实现以下功能：①对各工序的关键工艺参数、关键设备状态等实时信息的采集与存储；②实现对表面质量检测仪等仪器检测数据的采集与存储；③实现对 MES（生产制造执行系统）等系统数据的采集与存储，实现生产全流程过程数据的统一管理。大数据质量分析系统架构如图1所示。

图1 大数据质量分析系统架构

3. 实施方案

（1）数据采集。

大数据系统与生产车间的各L2（过程控制系统）、PLC（基础自动化控制系统）、MES、检化验系统、物联网设备、移动设备进行全面对接，抽取所有工序的生产、控制、工艺、能源介质、设备运行、质量参数等数据。

(2) 全面的过程质量追溯。

过程质量追溯模块以整个成品生产工序为主线，将各个主要工序加工过程、关键指标数据进行条理化汇聚，为用户复现成品具体加工过程信息。方便用户快速发现产生成品质量问题可能存在的风险点，提高问题排查效率。通过系统模块的应用，追溯一个成品的完整过程信息可由之前的 2～3 天，缩短到秒级即可完成。

(3) 自动化质量数据分析。

系统基于质量分析工具，建立自动化质量数据分析体系，在特定时间范围内数据每天滚动分析，形成完善的指标系统数据。通过自动化处理，节省大量的人工处理数据的烦琐工作时间，提高工作效率；同时，自动化分析将各个维度分散的数据形成各个关键质量分析指标，为深入分析过程质量趋势提供丰富的基础数据资源。

通过对指标结果的数据分级，将分析结果数据转为定性的结论，便于直观展示质量分析的结果。

提供按天、月及年的指标变化趋势分析，方便从不同颗粒度了解过程质量的变化趋势，更合理地判断当前过程质量能力是否在提升或保持在较高的水平上。

(4) 智能化监控告警。

大数据平台具有强大的实时数据采集、实时分析能力，能实时采集各个工序关键指标数据，自动关联对应工艺标准库中规范区间，自动识别违规指标，实时告警。第一时间发现生产过程中的各类异常，为及时解决问题赢得时间，避免带来产品质量问题。

4. 功能特点

大数据系统兼容多种数据接口，可快速从 MES、炼钢二级系统、PLC、钢样分析系统提取各种质量信息数据，平台支持人工对数据进行录入，其中包括各种质量标准、质检图片等。该系统还具备海量数据的快速处理能力，有非常高的冗余性和可用性。

以炉号为基本要素的物流跟踪体系，实现从钢水、原材料到铸件入库和发货整个过程的生产过程控制，能够通过炉号全程进行生产过程数据和质量跟踪查询及分析，使产品质量得到持续提升。

5. 拓展计划

基于已形成的数据基础，后续可采集更多物联网装备（如传感器、仪表数据）进行数据治理，形成数据仓库，为其他系统提供数据共享服务。在大数据平台上结合人工智能技术，建立基于平台的 OCR（光学字符识别）、AutoML（自动化机器学习）物体检测等模块，联合孵化质量预测、物流跟踪、生产安全及工艺质量检测四大类数十项典型行业 AI 应用，构筑超 10 项典型行业 AI 资产。

（三）创新点

1. 技术创新

以工业互联网为指导思想，叠加物联网、大数据、人工智能等新一代技术，构建边云协同的海量数据采集和分析应用的服务体系和高实时、高可靠的数据采集与分发技术，突破工业企业数字化转型期间面对大规模实时数据的通信协议、数据采集、数据处理及数据分析等技术瓶颈问题。

针对企业信息孤岛、无法实时质量反馈、质量追溯及分析效率低等问题，首次在重型制造企业开发出基于 Hadoop 分布式处理技术的质量分析与管控系统，并应用于生产过程最复杂的炼钢和轧钢流程，全面融合转炉、精炼、浇铸、轧制等过程工艺指标、检化验等多维度数据，实现动态调整关键指标项及产品全流程质量追溯，大幅度提高质量分析可靠性及分析效率。

2. 应用创新

首次建立以炉号为基本要素的物流跟踪体系，实现了从钢水、原材料到铸件入库和发货的全流程生产过程控制，通过炉号全程进行生产过程数据和质量追溯查询及分析，使产品质量得到持续提升；形成了以质量管理为核心，以大数据分析为手段的全面质量管控体系，保障了产品质量稳定提升，促进了工艺整体优化。

三、实施效果

（一）技术及经济指标

实现了产品质量精准跟踪追溯，产品质量性能动态预测，提高轧制率及热装热送比 0.1%；通过在线质量监控、质量追溯、质量分析等手段缩短各环节的生产周期，优化生产工艺，累计提高生产效率 0.2%，提高产品合格率 0.2%，质量分析相关工作时间由数小时缩短至 1～2 秒，相关岗位人力成本节省 86%。

（二）推广价值

中国一重结合发展需求和国家政策引导方向，借助物联网和大数据技术，紧密围绕生产操作控制，以提高质量、降低成本、提高劳动生产率为目的开展智能制造技术的研究和应用，在该系统实施成功后，采取"以点带面"的推广方式，以中国一重炼钢车间为示范试点，继而向集团其他车间进行推广，具有很好的复制性。

中国一重建设的大数据质量分析系统采集生产现场的所有生产信息、控制信息、工艺过程数据、能源介质数据、设备运行数据及各种计量装置的检测数据，形成完整统一的钢轧基础数据平台，为上层管理信息系统服务。通过过程质量诊断与预警、在线质量预测、过程质量追溯、过程质量分析、过程质量评价等手段，运用全面质量管理工具，辅助技术人员确保产品质量的稳定性，持续提升产品质量，并反馈 MES 系统质量模块，不断提高顾客满意度和企业竞争力。通过工业化与信息化深度融合，推进大数据驱动的智能制造，实现制造业工艺优化和生产全流程的整体优化、实现生产的高效化与绿色化，提高冶炼产品质量档次和稳定性。

（三）效益分析

自 2020 年 12 月该系统在中国一重炼钢及浇铸车间上线以来，累计实现新增销售额 8225 万元，累计新增利润 665 万元，累计新增节支 3000 万元。大数据推广应用是近年来制造业数字化转型的重点任务，该系统利用物联网、大数据及人工智能等技术和钢铁生产过程紧密结合，在提升产品质量及提高顾客满意度和企业竞争力方面有突出效果，引领了大数据驱动下工业智能制造的革新发展，实现了钢铁生产工艺优化和生产全流程的整体优化，助力我国制造业数字化转型及智能化升级，从而实现高质量发展。

基于工业互联网的工程机械智能化数字化转型

中联重科股份有限公司

一、企业概况

中联重科股份有限公司（以下简称中联重科）是工程机械行业龙头，创立于1992年，前身是原建设部长沙建设机械研究院，现已发展为集工程机械、农业机械等高新技术装备的研发制造和产业金融服务、工业互联网于一体的中国制造业龙头企业，位居全球工程机械前五。中联重科产品涵盖18个类别、106个产品系列、660个品种，为全球产品线最全的工程机械企业，其中起重机械和高空作业机械位居全球第一，混凝土机械位居全球第二。

二、主要措施

中联重科为加速推进工程机械的智能化、数字化转型，深化应用大数据、人工智能、物联网、互联网等技术，加速升级业务数字化平台，大力推进产品、制造及服务的数字化与智能化升级，实现服务业务全面移动化、智能化，将数字化融入企业运营的全链条、贯穿企业管理的全流程并为企业发展的全要素赋能，全面提升运营效率与客户体验。基于工业互联网的工程机械智能化、数字化转型，主要包含4个方面的建设工作：工业互联网平台建设、基于数字化的产品研发创新平台建设、面向工程机械行业的智能制造平台建设，以及面向工程机械行业产业链上下游客户化服务平台建设。

（一）工业互联网平台建设

针对工程机械行业的运营管理问题，打造中联重科工业互联网平台解决方案，提升企业的运营管理效率，降低企业的经营成本。中联重科工业互联网平台拥有自主知识产权，提供物联网平台、大数据平台、AI中台、云原生平台在内的四大平台。

1. 物联网平台

为了能够支持不同场景的物联网数据采集、解析和下发、数据上云，以及为应用提供设备维度实时数据采集，助力设备互联互通，通过远程升级提升服务效率，降低服务成本，中联重科搭建物联网平台，其技术架构如图1所示。

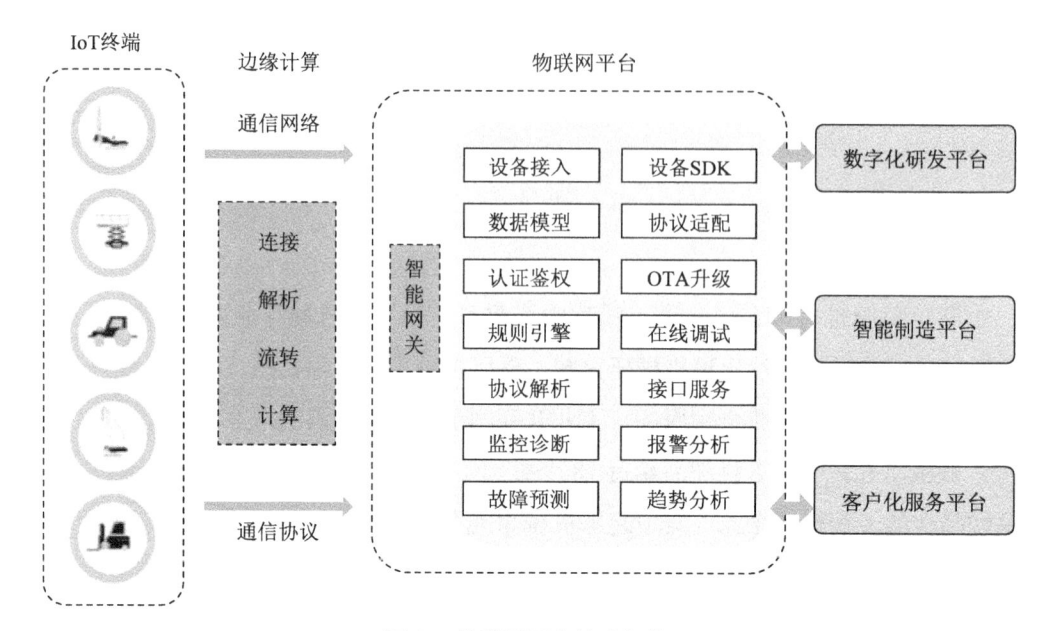

图1 物联网平台技术架构

针对传统数据采集终端无存储、无预处理、高度依赖移动网络信号强度、无法实现远程系统升级等缺陷，中联重科工业互联网平台项目自主研发了新一代智能网关。智能网关应用了边缘计算技术和NB-IoT（窄带物联网）技术，不仅可以提供本地存储、数据延迟回传/断点续传、远程升级功能，同时也嵌入轻量级数据分析模型，通过实时高频率（毫秒级）数据采集进行边缘计算处理，大部分数据分析判断都可以在网关完成，是国内装备制造业技术水平最高、自主创新最强、功能最全面的首创性智能网关。

2. 大数据平台

为聚合和分析中联重科旗下各类在运行工程机械设备上采集的海量数据，探索数据间的关联和规律，获得有价值的结论，指导企业的战略决策和运营管理，建设了大数据平台。大数据平台采用主流Hadoop分布式架构搭建，包含数据抽取、加载、清理、存储、展现、可视化组件等，以支持海量实时数据的存储、分析及指令下发。

3. AI 中台

为整合企业内部的各种 AI 技术和算法,实现技术的协同和融合应用,以及对企业 AI 资产的集中管理,包括数据、算法、模型、应用等,有必要建设 AI 中台。AI 中台主要包含数据处理中心、AI 引擎、AI 训练及模型管理中心、系统管理中心及 AI 算法微服务五大模块。

(1) 数据处理中心:为 AI 平台提供数据集成、预处理、标注、特征工程、数据管理等功能,支持离线数据、本地数据、在线数据等不同数据源对接,支持按业务场景进行数据标注。

(2) AI 引擎:通过丰富的建模方式,内置常用视觉算法组件及场景模板,保障专业用户有较全面的算法使用,以零代码或低代码方式进行自定义模型的开发,为平台用户提供最低的 AI 建模门槛。

(3) AI 训练及模型管理中心:提供应用开发中模型训练、模型管理与监控、应用服务编排、边缘管理等全流程可视化建模工具,为算法模型工程化提供最优辅助决策。

(4) 系统管理中心:提供支持多租户、LDAP(轻型目录访问协议)等可扩展性强的用户体系,为 AI 平台提供最全面的基础支撑与管理功能。

(5) AI 算法微服务:提供通用型的 AI 服务组件,包含寿命预测、机器视觉、虚拟传感、知识图谱、运筹优化模型等基础微服务,为行业开发者提供高效的应用开发服务。

4. 云原生平台

为深入践行 DevOps(过程、方法与系统的统称)理念,更新容器编排系统,全方位监控业务应用,在继承原有云基服务的基础上,打造云原生平台。通过微服务治理、自动化测试、公共云服务、容器云平台、中间件管理平台支撑着其他业务系统的运行、管理,助力中联重科实现数字化转型。

(二) 基于数字化的产品研发创新平台建设

通过数字化的产品研发创新平台建设,打通研发部门数字化设计、仿真、分析、试验各环节,实现多专业、一体化的研发设计协同,并基于工业互联网技术,形成数物互联、虚实结合、数据驱动的新型数字化研发能力和研发项目管控能力。

通过融合工业互联网并与供应商协同研发,实现基于实际工况的三维数字化设计、仿真优化、试验验证的闭环,形成企业内、外部的协同研发,深化产业协作,赋能产业生态。

1. 构建中联重科全球研发协同平台

中联重科全球研发协同平台主要包括设计平台、仿真分析平台和试验数据管理平台等子平台。以众多平台为根基，提升中联重科产品全三维"机、电、液、软"协同研发能力，减少研发设计迭代次数，缩短产品开发周期，提升研发效率和质量；实现设计、仿真和试验的一体化协同设计能力，通过数字孪生实现装配/运动干涉、结构强度和疲劳分析、"机、电、液、软"联合仿真、虚拟试验等减少物理样机验证，提升产品质量，降低产品验证周期；实现基于配置管理和参数化应用的定制化快速设计与报价，对客户需求进行灵活的选装选配和参数化设计，并同步进行快速报价，提升快速响应客户个性化需求的能力。

2. 面向工艺、制造、服务的研发数字化延伸

面向工艺、制造、服务的研发数字化延伸主要包含以下三个方面：以三维设计模型贯穿工艺、制造和服务环节，实现三维结构化工艺编制方式，提高工艺数据的复用性和可制造性，提升工艺设计效率；通过工艺仿真提升工艺验证和优化的能力，建设三维的虚拟制造环境验证制造过程和装配方法，减少原材料消耗、提升生产效率、降低制造成本；通过基于三维增强现实的产品展示、交互和虚拟验证，增强客户体验。

3. 打造数字化产品生态

打造数字化产品生态主要通过与工业互联网的融合，实现基于实际工况驱动的数字化设计；基于硬、软（智能产品+App应用）结合的平台化工程机械产品，通过数据变现场景和客户需求与体验来驱动产品研发，推动客户从对产品的选择向对平台的选择转变，增强客户黏性和忠诚度；通过与客户、供应商和合作伙伴的研发协同，深化产业协作，赋能产业生态。

（三）面向工程机械行业的智能制造平台建设

基于面向工程机械行业的智能制造平台建设的整体规划，将以中联重科为核心的行业、区域智能制造生态下的业务模式、制造场景、供应模式和物流配送应用场景进行综合考虑，规划和设计整体解决方案，通过分步建设、分批试点、优化推广、行业延伸推广等几个步骤进行落地，最终服务于工程机械行业区域制造集群，形成协调一致、敏捷高效的集群制造模式，如图2所示。

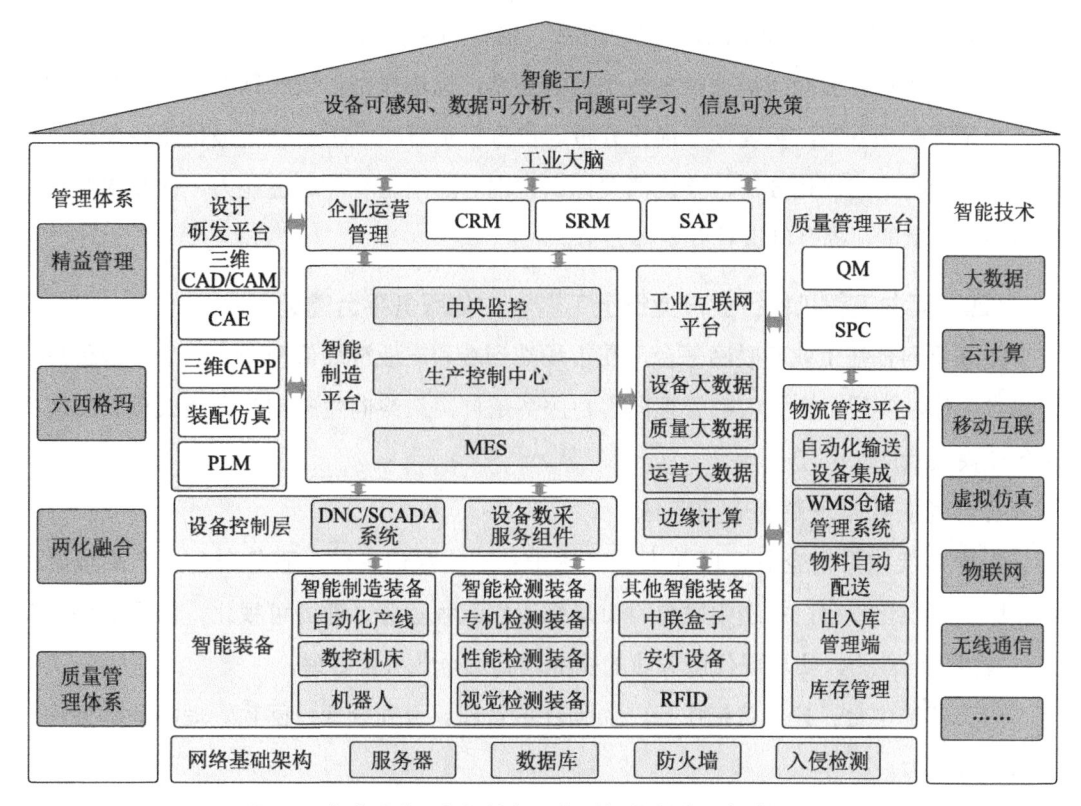

图2 中联重科工程机械行业集群智能制造平台建设框架

整体来说面向工程机械行业的智能制造平台建设分为三步走。

1. 内部提升：内部打通PLM（产品生命周期管理）、MES、SRM（供应商关系管理）、TMS（运输管理系统）信息流

面向工程机械行业的智能制造平台在中联重科智慧产业城内部打通PLM、MES、SRM、TMS信息流，建立数字化样板工厂，实现对产业城内的工起、土方等工厂车间自动化产线的智能制造管控流程的信息化固化和优化落地，零部件场内物流的定时定点定量送达、工序工件智能流转、实时数据采集、现场作业防错防呆、工艺与质量的控制等核心功能。

2. 产业链增值：供应商和物流商行业级集群制造体系

优化面向工程机械行业的智能制造平台，形成行业级集群制造体系。对内推广集成，推动产业城其他工厂扩展实施，对功能深化打造（如排程、制程、质量管理、资源管理），完善整机档案。对外推广至行业生态，用SRM联通供应商，掌控供应商的供货信息及供货能力；用TMS联通物流商，掌控供方送货的场外物流，进一步打通供应商供货信息流和物流商送货信息流，形成中联智能制造多工厂生产运营管理与外部供货、物流联动的行业级集群制造体系。

3. 跨行业赋能：深度优化，打造产品，向跨行业赋能

以中联重科行业级集群智能制造平台为蓝本，提炼概括形成跨行业的集群智能制造平台产品及解决方案，实现排产优化分析、供方供货策略分析、物流最优路径分析、制造质量分析、工艺优化分析、整机档案标识识别等通用型智能制造能力，向高端装备制造相关行业赋能，提升制造行业整体效益。

（四）面向工程机械行业产业链上下游客户化服务平台建设

中联重科依托工业互联网平台，在市场端到端和产业链增值两个方向上开展信息平台建设工作，实现由企业内部管理向客户服务延伸，最终向生态圈共赢模式创新的现代服务业模式赋能。

1. 打通企业市场端到端业务链

以中台架构重构企业管理四大后市场平台——营销中台、服务中台、产品金融中台、服务可视化平台，打造中联重科市场端对端流程业务、业务可视化，以及商务自动化与智能化的能力，实现现代服务业的企业端到端全业务链打通。

（1）营销中台：建设营销中台，加强订单管理、合同管理、回款管理等业务条线的协同连接能力。

（2）服务中台：为服务过程管理、服务巡检、风险控制、配件备货、故障诊断预警、远程监测、异常识别、预测性维护维修等典型服务场景赋能，完成基于数据的实时、在线的主动服务变革。

（3）产品金融中台：利用互联网、AI等技术，重构产品端金融平台，为产品金融服务赋能。

（4）服务可视化平台：通过视频接入、视音频实时对讲与视频分析场景的应用，实现智能服务模式的创新，实现服务端对端管理，实现服务现场可视、远程技术支持、远程操作指导、智能巡检。

2. 构建下游工程机械行业、建筑行业跨行业客户侧后市场服务业务解决方案

通过基于中联重科现有的技术积累，形成行业技术应用平台，向中联重科生态圈客户提供客户业务一体化解决方案服务，具体包括智管（智能管理）、智租（智能租赁业务管理）、客户门户、智慧工地解决方案等。其中，智管是指建设中联e管家App，具备设备管理、项目管理、分析统计、服务管理、回款管理、电子合同、设备签收、发票签收智享保险等18个功能模块，帮助客户查看设备分布、定位轨迹、实时工作工况数据明确设备使用情况去除安全隐患等。智租是指建设集工业物联网、互联网、云计算、

大数据技术于一体的工程机械设备智能租赁业务管理平台，为中大型租赁单位提供设备管理和租赁业务管理。

三、实施效果

中联重科工业互联网平台目前接入九大类工程机械设备、1750 个型号，共 45 万台设备，采集超过 15000 余种数据参数，积累的数据超过 1.2PB。在研发方面，通过对工程机械设备工况数据的综合分析和深度挖掘，降低工程机械设备故障停工时间 13%，降低油耗 18%。在市场营销方面，通过对各类型产品的设备分布、施工分布、开工热度等进行动态可视化分析，助力用户实现提升营收 15% 以上。在售后服务方面，通过提供在线设备管理、运营统计、异动监控、健康管理等服务，帮助客户提升生产经营效率、节约运营成本约 23%。

目前，工程机械行业的智能制造平台已在中联重科建起、工起、土方等多个事业部落地。在建起智能工厂实施上线 MES，提高了生产制造过程中的订单响应能力、指挥调度能力、质量稳定能力、成本控制能力，打造生产计划下达、任务调度、质量监控、设备状态监控、数据采集和分析的一体化协同环境，实现上游 ERP（企业资源计划）计划层、PLM 工艺层及下游加工设备层的产品全过程信息集成，有效提高现场"人、机、料、法、环"等各项资源的配套与均衡生产能力，实现产品制造全生命周期的精细化和透明化。其中，计划完成率提高 10%、报工及时率提高 10%、计划执行效率全面提高 20%、设备维修及时率提高 50%、维修及时率基本达到了 99%、设备管理效率提高 30%、综合运营效率提升 20%~50%。

依托工程机械行业产业链上下游客户化服务平台，中联 e 管家 App 目前已覆盖 16 个工程机械产品线，注册用户超 20 万人，共监控设备 21 万余台，日均活跃用户 6000 余人。

未来，中联重科将继续依托人工智能、大数据、云计算等技术，将工业知识与机理转化为数字化的工具与服务，持续完善工业互联网平台基础设施的完善，不断突破新技术的智能落地场景，持续推进工程机械智能化数字化转型。

产品创造的数字化协同平台建设

北汽福田汽车股份有限公司

一、企业概况

北汽福田汽车股份有限公司（以下简称福田汽车）成立于 1996 年，1998 年在上海证券交易所上市，是中国品种最全、规模最大的自主品牌商用车企业，2023 年品牌价值达 2042.78 亿元，连续 19 年保持中国商用车行业第一位。2021 年 4 月，福田汽车总销量突破 1000 万辆，成为中国汽车工业史上首个销量突破千万辆的商用车企、中国首个千万级"双自主"商用车企、全球突破千万销量用时最短的商用车企，2023 年 4 月，福田汽车总销量突破 1100 万辆。海外累计出口 79.5 万辆，连续 12 年位居中国商用车出口第一，产品覆盖全球 110 个国家和地区。成立 27 年以来，福田汽车锻造了从新兴企业到世界前列商用车引领者的传奇。

福田汽车已经形成集整车制造、核心零部件、汽车金融、后市场于一体的汽车生态体系，涵盖整车、零部件、金融、汽车后市场四大业务板块。整车业务覆盖卡车、大中客车、轻型客车、皮卡、工程机械与环境装备、新能源汽车六大业务单元及 18 个产品品牌。围绕"智能化、新能源化、网联化、轻量化"创新理念，福田汽车引领行业突破创新，积极参与制定 29 项国家强制性标准，占现有标准总数的 1/4，授权专利达 7000 余项、新能源专利 620 余项。2018 年 4 月，福田汽车获国内首张商用车自动驾驶路测牌照。2019 年，福田汽车成为国内首家获得智能重卡开放道路测试牌照的商用车企业。

二、主要措施

产品创造数字化研发协同平台 DCP（数字电影包），基于端到端的产品创造业务五大流程（需求管理、先行技术开发、产品规划、产品开发、模块开发）的协同理念，以三个一体化，即市场/规划/研发一体化、设计/仿真/验证一体化和研发/制造/服务一体化，构建五大数字化平台，即研发门户导航 R-Portal 平台、项目管理 PCMS（项目协作管理系统）平台、全配置 BOM（物料清单）平台、全三维设计 DT（数字化转型）平台、产品创造业务中台 PLM 平台（见图 1），实现一站式的业务赋能，支持产品设计数据的全域共享和场景化的设计创新，确保福田汽车产品创新的行业竞争力。

	需求/期望到产品规划				产品开发到客户需求验证						
产品订单 P2	项目订单 P1	项目启动 GS	项目概要 G11	项目框架 G10	概念批准 G9	开发可行 G8	最终规格 G7	设计发放 G6	长周期工装发布 G5	设计签发 G4	零部件量产放行 G3	SOP+24M G2
门户 R-Portal		数据自主推送		一页纸展示			数据资产可视化		权限分配		数据可见、可用、可理解
项目管理 PCMS		项目主数据		项目计划		项目组织		项目交付物		项目绩效		项目工时
全配置超级BOM		全局特征库		BIN创建/发布		工程配置表		销售配置表		BOM变更		断点管理
全三维设计DT		全局特征库		BIN创建/发布		工程配置表		销售配置表		BOM变更		断点管理
产品创造业务中台 PLM	需求 REMS	需求管理	产品数据 PDM	产品资源	仿真 SDM	仿真计划	试制 TMP	试制计划	试验 TDM	试验计划	失效 FMEA	DFMEA策划	远程刷写 OTA	ECU
		项目定义		VDS/SDS		仿真流程		生产执行		试验数据		DFMEA分析		刷写任务
		概念管理		产线刷写数据		仿真求解		质量管理		试验执行		DFMEA报告		车辆注册
	竞品 BM	价格管理	新技术 NTP	技术信息	标准法规 SPRS	外部标准	工艺 MEDS	工艺管理	性能 PDIS	指标库	认证 PHDS	整车参数	刷写诊断 FDS	刷写模式
		销量管理		技术点		企业标准		定额管理		性能集成		公告申报		诊断程序
		产品竞标		技术成果		标准化		资源管理		性能校验		CCC认证		刷写权限
工具	工程软件/求解中心+云桌面										

图 1 产品创造协同平台数字化架构

（一）市场/规划/研发一体化

在流程方面，基于支持市场/规划/研发一体化实现产品创造业务的协同，通过识别市场/规划/研发业务流程，建立业务活动规范与准则。共识别并建立规范产品战略规划流程、需求管理流程、项目预研与规划流程、产品概念与定义流程、新技术流程 5 个流程。

在数据方面，通过标准化实现市场、规划和研发工作语言的一致，建立福田汽车统一的全局特征库。

在系统方面，建立了竞品管理 BM（竞品分析）系统、需求工程管理系统（REMS）、新技术管理系统（NTP），并实现了基于业务流程的数据流贯通，实现了市场/规划/研发一体化。

（二）设计/仿真/验证一体化

在流程方面，基于支持设计/仿真/验证一体化实现产品创造业务的协同，通过识别设计/仿真/验证业务流程，建立业务活动规范与准则。识别并建立规范产品开发与验证、过程设计开发与验证、项目管理、项目质量管理、模块管理共计5个流程。

在数据方面，通过数模实现产品的数字样机并建立性能指标库、仿真项目库、试验项目库及其之间的关联，实现设计、仿真、验证业务语言的一致。

在系统方面，建立了产品数据管理（PDM）、仿真数据管理（SDM）、试制管理平台（TMP）、试验数据管理（TDM）、性能设计集成系统（PDIS）、三维设计数字化转型（DT）等系统，实现设计/仿真/验证一体化。

（三）研发/制造/服务一体化

在流程方面，基于支持研发/制造/服务一体化实现产品创造业务的协同，通过识别研发/制造/服务业务流程，建立业务活动规范与准则。识别并建立规范生产启动与量产准备、营销工程域上市启动、采购工程开发与验证、项目财务管理共计4个流程。

在数据方面，依托BOM系统统一零部件定义，统一BOM行和BOM列，统一研发、制造、服务领域语言的一致。

在系统方面，建立了数字化工艺管理（MEDS）、制造过程失效模式及影响分析管理（PFMEA）、服务BOM及配件图册管理（EPC）、服务技术文件管理（STMS）等系统，实现研发/制造/服务一体化。

（四）支持三个一体化的五大平台

支持三个一体化的信息系统共计29个，隶属于五大平台。如果将整个产品创造数字化平台比作乐队，PCMS即为乐队指挥官，DT、BOM和工具为乐队的乐器，PLM、R-Portal即为乐队奏响的交响乐曲。通过PCMS平台的建设，将产品创造域项目管理的组织、计划、交付物、工时、绩效统一纳入管理，截至目前，共计管理3467个项目，约1270人参与工时填报及项目绩效评价。

项目管理PCMS：基于产品创造流程，以项目为主线牵引研发及职能工作的开展，已在福田汽车全面推广，共计3514个项目已纳入管理，并实现了组织、绩效、工时线上管理。其中，组织是指建立基于项目的全员组织图，将工程师在每个项目中投入的精力权重固化至系统中，实现项目与人力资源匹配的信息化管理；绩效是指在系统中逐层评价工程师项目绩效并反馈，确保客观、公正、透明；工时是指将工时与项目、人员、进度关联，提高工时管理精准度，实现人员组织、请假出差等数据的自动化同步，嵌入工时标准费率，为项目固定费用核算提供依据。

全配置 BOM 管理：将车型产品以特征和物料的方式进行最小颗粒度的定义和表达，实现车辆产品在不同领域和阶段的管理；已在福田汽车全面实施推广，共涉及 15 种 BOM 形态，其中产品规划输出组合规划和型谱（平台车型、工程/规划车型），产品工程输出 CAD-BOM、E-BOM、TBOM，采购工程输出采购 BOM，成本输出 BOM，制造工程输出 P-BOM，销售工程输出销售配置表，服务工程输出 SBOM。

全三维协同设计 DT：全三维协同设计平台实现三维设计和 2D/3D 数据的一致，输出高质量 DMU（内燃动车组）数字样车，依据整车功能分组规范（VPPS）创建管理整车结构（VAS），按照自上向下设计，开展整车及模块全三维/二维数据设计及发布，形成匹配整车研发流程定义的数据成熟度（TG0、TG1、TG2）管理、提供 DMU 数字样车审查手段及问题管理、平台实现了与 FBOM、PLM 研发核心 IT 平台的打通，将三维数据与 E-BOM 关联实现工程 BOM 可视化，为下游工艺、仿真、试制、服务、配件、采购等部门提供三维产品模型，目前系统积累数模约 20 万个，共计 3600G。

产品创造业务中台 PLM：PLM 平台是支持整个产品创造域的运营平台，以支持市场/规划/研发、设计/仿真/验证、研发/制造/服务三个一体化和全过程的标准法规、质量管理业务活动；实现产品创造域端到端流程打通，核心为 3 个一体化，其中市场/规划/研发一体化由 REMS、BM、NTP 系统组成，设计/仿真/验证一体化由 PDM、SDM、TMP、TDM、PDIS、DT 系统组成，研发/制造/服务一体化由 MEDS、PFMEA、EPC、STMS 等系统组成，同时辅以全过程的质量管理（QCTS/DFMEA）及法规政策管理（PHDS/SP）系统。

研发门户 R-Portal，根据业务数据化和数据业务化两条线推动双轮驱动产品创新数字化螺旋上升不断迭代，以服务项目和职能为抓手，实现一站式服务。整体 R-Portal 架构分为前台、中台、后台，以前台的业务场景为抓手，以项目/BOM/性能主数据的数据治理中台为手段，以业务数据化的后台系统为基础，聚焦为研发域用户提供一站式服务的目标，反哺业务，实现数据的可见、可理解与可用；同时检验业务数字化的质量，拉动业务数字化系统的改善，推动产品创造数字化建设不断迭代螺旋上升。

三、实施效果

产品创造的数字化协同平台中多个子系统获得国家软件著作权，该平台研究成果入选全国两化融合贯标管理体系智能化制造类优秀创新实践案例，同时采用此成果研发的福田汽车中重卡内燃机项目获得了"2022年度北京市科学进步奖一等奖",并在福田汽车全面推广应用,含中、重、轻、微、皮卡、VAN、新能源等全系列产品线,其中重大新平台包括M4、M5、P4、VM2、A6、祥菱Q等,项目范围涵盖市场战略、产品规划、产品工程、制造工程等13个工程领域。该平台极大地推动了市场规划研发、设计仿真验证、研发制造服务等业务的动态联动,大幅提升了产品订单交付质量和效率,并节约了成本,全面提升了福田汽车行业的竞争力。

(一)经济效益

产品创造数字化研发协同平台DCP的建立,使福田汽车更好地响应客户的需求及适应市场的变化,促进了业务流程及数据的标准化、规范化,缩短了新产品的研发周期。实现了产品开发项目任务的统一下发、回执、变更等规范化管理,减少了数据重复录入,提升了产品开发项目的工作效率和质量,降低了人工成本。缩短新产品研发周期60天到150天;工作效率和工作质量总体提升20%以上;高效利用数据,减少数据重复录入工作量60%以上;降低人工成本约30%。

此外,截至2023年8月底,平台共积累数据:项目数量2233个、项目计划104073条、整车BOM2400余个、平台车型1000多个、工程车型3000多个、销售车型5000多个、特征值超5200、零部件2000000余个、整车数模2000余个。

(二)社会效益

在项目建设过程中,福田汽车采用开放合作的模式,敞开大门办事,充分借鉴了包括一汽、二汽、重汽、蔚来、理想等行业成功经验,吸取了行业失败的经验教训,在充分考虑自主可控的同时也积极引入行业最新技术与平台,如基于微服务的项目管理平台、基于云原生的轻量化平台等,广纳优秀人才,以及获得10余家优秀合作伙伴的鼎力支持,如安庆希锐信息科技有限公司、烟台易云网络科技有限公司、甘棠软件系统(上海)有限公司、北京讯利创成科技有限公司、山东山大华天软件有限公司、广州易行数字技术有限公司、南京易之恒软件技术有限公司,走出了一条具有福田特色的企业产品创新数字化转型之路,建设了中国商用车行业领先的产品数字化平台,起到了行业示范和标杆的作用,同时为福田汽车和中国汽车制造业培养锻造了一批业务与数字化融合的复合型人才,加快了中国商用车行业数字化转型。

面向能源行业的人工智能中台

申能（集团）有限公司

一、企业概况

申能（集团）有限公司（以下简称申能集团）创建于1987年，1996年成立集团公司，注册资本200亿元，是上海市国资委出资监管的国有独资有限责任公司。创立30余年来，申能集团始终将保障上海能源安全和国资保值增值作为核心使命，秉持"锐意开拓、稳健运作"的经营理念，逐步发展成为一家涉足电力、燃气、金融、线缆、能源服务与贸易等领域的综合性能源企业集团。截至2020年年底，公司系统全资和控股管理企业逾100家、员工近1.7万人，其中二级企业15家，包括申能股份、上海燃气（集团）有限公司（以下简称上海燃气）、东方证券、上海电缆研究所（以下简称上海电缆所）等。截至2020年年底，申能集团总资产2099亿元，所有者权益1059亿元，当年实现营业收入447亿元，归母净利润58.2亿元，连续19年名列中国企业500强。

申能集团以电力产业、油气产业、金融产业及战略性新兴产业四大板块为核心业务，坚持"锐意开拓，稳健运作"的经营理念，按照"产融并举、多元创新、协同共赢"的发展路径，深入构筑战略新优势，深耕上海市场，融入长三角一体化发展大局，加快全国布局和国际化拓展，努力将公司打造成立足上海、面向全国、具有国际竞争力的综合性能源产业集团。

二、主要措施

（一）平台建设背景

随着国家"双碳"目标和数字化转型策略的推进，申能集团积极响应国家号召，先后建设智慧城市和智慧能源相关的多个数字化项目。申能集团还成立了智慧能源工程技术研究中心，涉足智慧电力、智慧燃气和能源大数据等多个研究领域，积极探索新兴技术在能源和其他新兴产业中的应用价值。

在数字化层面，申能集团已经通过各种平台项目构建了高效、统一的数据共享和管理体系，加强了各系统间的数据流通与集成，为数字化申能奠定了坚实基础。与此同时，在智能化方面，申能集团结合大数据平台和业务系统，利用人工智能技术辅助数据分析与决策，并围绕业务需求深入挖掘各种应用场景，取得了一定成效。

伴随人工智能技术的发展，能源行业的人工智能应用也呈现爆发态势，申能集团的需求迅速增长。随之而来的是数据量的急剧增加，使得数据治理和分析变得越加困难。只有借助智能化技术，申能集团才能在大数据中挖掘潜在价值，从而进一步推动业务发展和创新。此外，能源安全关系国计民生，能源行业的数据信息安全不可松懈，申能集团需逐步从采购进口商业套件过渡到从硬件到软件均具有高可靠性、自主性的软硬一体化解决方案。

在人工智能应用迅猛发展的过程中，申能集团也面临着一系列挑战，如人工智能人才的短缺、系统单位的重复投资建设及相关硬件资产的管理等。

因此，建设一个集中、统一、高效的人工智能中台势在必行，实现人工智能应用生产要素的聚合与流转，满足不同业务的人工智能技术应用需求，在坚守自主可控原则的同时，为申能集团进一步推进数字化转型提供有力支持。

（二）人工智能中台的建设策略

申能集团人工智能中台将以"全局规划、小步快跑、快速推广"的策略推进建设，即收集申能集团的人工智能应用开发需求，从集团层面集中统一建设人工智能中台，在此基础上，以最少时间与最小成本验证使用人工智能中台构建应用的可行性，并在验证过程中对平台进行必要的迭代更新。随后在申能集团内部进行推广，快速进行规模化应用，让创新的价值辐射更广范围。

（三）人工智能中台的建设内容

人工智能中台的架构如图1所示。

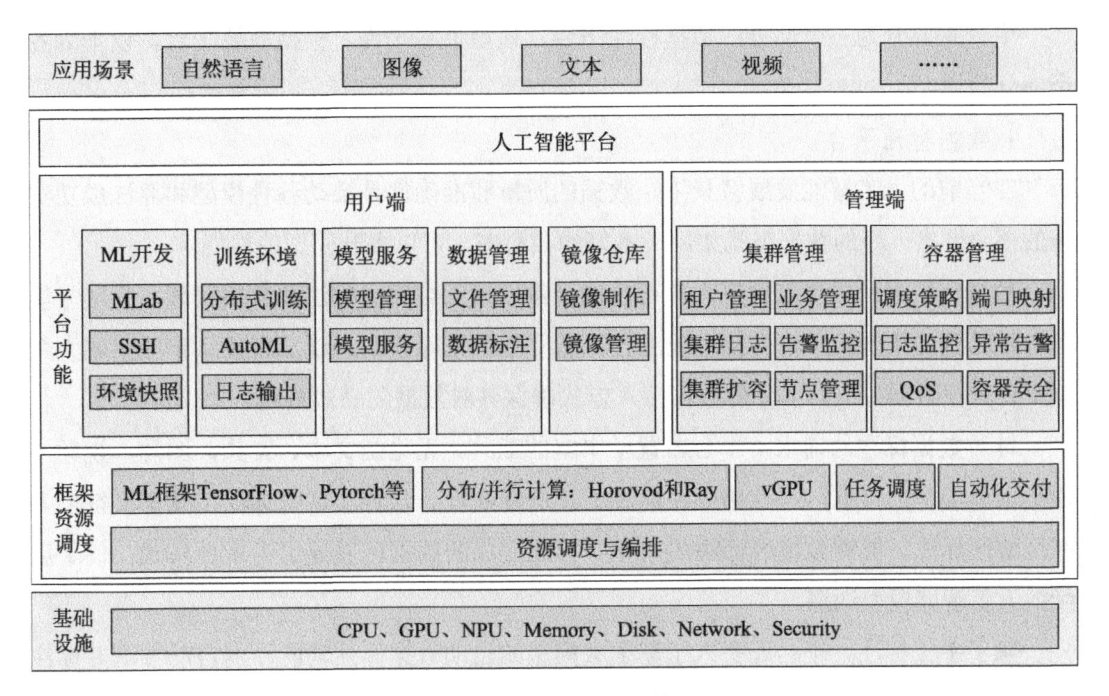

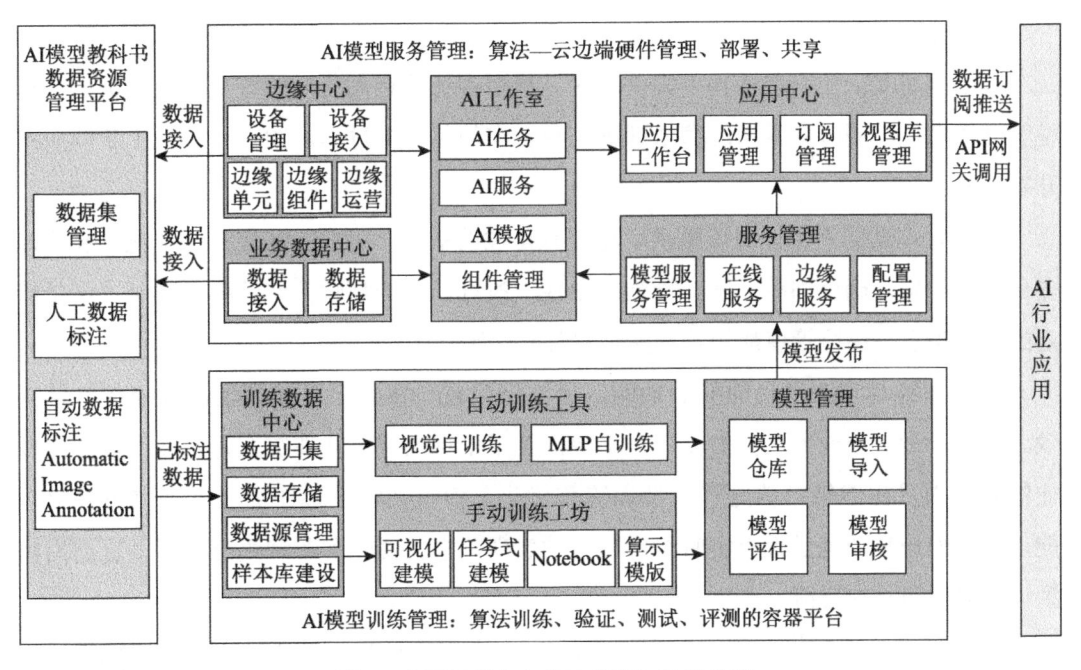

图 1 人工智能中台的架构

人工智能中台的功能模块及其关系如图 2 所示。

图 2 人工智能中台的功能模块及其关系

中台主要分为三个部分：数据标注平台、模型训练平台、模型部署平台，以下为各个部分的说明。

1. 数据标注平台

在当前的人工智能发展背景下，数据的质量和准确性是推动各种模型和算法成功实施的核心要素。好的数据集就如同一本好的教科书，可以提升模型的性能。

数据标注平台主要包含三大核心功能：数据接入、数据标注和数据管理。为了方便各种数据源的接入，平台支持本地上传、从外部数据库读取，以及直接从申能集团大数据平台进行数据拉取。多元的数据接入方式确保其对数据的高效利用。

针对数据标注的需求，平台内置了丰富的工具。无论是文本、音频、图片、视频，还是表单类型的数据，都有相应的标注工具进行处理。同时，这些标注工具都支持多人在线协同标注，能有效提升标注的效率。标注完成的数据可以导出为多种格式，便于后续的人工智能模型训练。

除了手工标注，平台还引入了基于大模型的自动数据标注功能，能自动预测并标注数据，极大地提高了数据处理的速度和效率。

数据标注平台不仅解决了数据标注的基本需求，还通过多种创新功能为提高数据的利用率和标注效率提供了有力支持，是训练一个可靠的人工智能模型的重要基础。

2. 模型训练平台

模型训练是人工智能应用开发的关键。模型训练平台具备环境管理、模型训练、模型管理等功能，同时其常用的算法训练工程旨在简化训练过程，同时保持人工智能应用开发专业性。

环境管理功能为模型训练提供了稳定且可控的基础，用户能够根据需求配置和管理多种运行环境，确保训练算法在恰当的条件下执行。无论是软件库的版本控制，还是特定的硬件需求，环境管理都能为其提供完善的支持。

模型训练是训练平台的核心功能，让数据配置、参数配置和模型训练变得简单高效。同时，为方便业务人员的使用，平台内置了多种预置算法训练工程，使得非算法专业的业务人员也能轻松地进行模型训练和优化。模型训练模块还提供了训练可视化功能，允许用户在训练过程中实时查看模型的表现、损失变化和各种关键指标，进而为模型调整提供即时的反馈。

模型版本管理功能确保了模型迭代的连续性。在人工智能模型的多次训练和迭代后，模型版本管理可帮助用户详细追踪每个版本的性能指标与特性，以及帮助用户了解影响模型性能的要素，并辅助用户在应用时选择模型版本。

模型训练平台为用户提供了模型训练相关的一系列工具，同时预置算法训练工程，方便业务人员上手训练或迭代模型。

3.模型部署平台

模型部署平台为用户提供了一套全面、高效的解决方案，确保人工智能模型能够顺利地从原始的开发和训练环境迁移到生产环境中。这个迁移经常被视为机器学习的一个重大挑战，因为它涉及许多的技术细节和环境配置。模型部署平台能有效简化这一过程，让用户可以将更多的精力集中在模型的优化上，而非部署的烦琐步骤上。

（四）人工智能中台应用试点案例

1.能源安全应用试点：天然气管网胶片档案数字化管理系统

申能集团旗下企业上海天然气管网有限公司（以下简称管网公司）是上海的主要天然气输气管网投资、建设和管理主体，负责接收并供应天然气。

焊缝是输气管道建设的关键，焊缝质量通常通过X射线无损检测技术进行检查，过程中会产生大量胶片，管网公司一般委托第三方对胶片进行评定，并对评定的结果进行抽检。

通过人工智能中台，针对管网公司输气管道建设产生的胶片开发胶片字符识别算法与胶片缺陷识别算法，与管网公司胶片档案数字化管理系统集成，能帮助管网公司归档胶片，形成结构化数据库，使得胶片更易检索。同时，引入人工智能技术对胶片上的缺陷进行识别，能有效辅助管网公司对委外单位的工作进行检查。目前，缺陷算法针对无缺陷胶片的剔除率可达70%，剔除准确率达到100%，能有效降低管网公司复检的强度，使得复检从抽检到全检转变。

在管网公司建设胶片档案数字化管理系统的过程中，使用申能集团人工智能中台能确保信息安全，关键数据不外传。同时训练调用中台的算法与算力，能为管网公司节省训练所需的人员投入与硬件投入。

2.能源保供应用试点：浦东销售公司燃气日用量预测

申能集团旗下企业上海燃气浦东销售有限公司（以下简称浦销）是供应上海浦东地区燃气的单位，其日常需要对地区的用气量进行预测，以安排采购与供应计划，预测的准确性关系到燃气供应的稳定性。

燃气采购主要依赖下游用气量预测。过去预测常基于传统统计或人工经验，导致预测不准和响应延迟，现在的燃气日用量预测系统采用先进的数据分析和机器学习技术，能进行高精度的多维度预测，大幅提高预测的准确性、效率和可靠性，助力优化供应计划，确保高效、稳定的燃气服务。

浦销使用人工智能中台，基于历史燃气用量、气象、节假日等信息，开发了一个燃气日用量预测应用，并与浦销的大数据平台结合，每日自动生成预测报表，预测准确率（偏差小于5%）高达80%，为浦销的采购与供应计划安排提供了有力支撑。

在开发过程中使用了申能集团的人工智能平台进行建模、部署等工作，有效节省浦销的开发成本。同时，浦销的应用经验，可通过人工智能中台与集团内具备其他相似业务的单位进行共享，加快人工智能应用的推广与普及。

3.能源保供应用试点：外三机组设备预测性维护

申能集团旗下单位外高桥第三发电厂（以下简称外三发电厂）是上海电力供应的重要机构，其对设备的稳定性要求极高。任何非必要的停机都会导致成本增加，严重情况下可能导致每日计划供电量无法满足需求。

在过去，外三发电厂需要专人对机组运行数据进行监视，并及时发现异常，这主要依赖工作人员的经验，主观性较强，容易有误判、漏判的情况发生。同时，现机组是计划检修，检修时间之间相隔较长，无法实时判断机组情况，潜在的故障问题可能会被忽视。

通过引入基于人工智能中台开发的机组设备预测性维护平台，使用算法实时综合分析大量参数，量化设备状态，为工作人员提供数字参考，更好地了解了设备的运行状态，有效降低了误判、漏判的情况发生，避免了因误判、漏判导致的非计划停机问题。此外，通过提前预知潜在的设备故障问题，外三发电厂可以合理计划设备检修时间，最大限度地提高设备的可靠性和稳定性。

机组设备预测性维护平台的优势在于其能够实时监测设备状态并自动分析大量运行数据，以此来评判机组设备的运行状态。外三发电厂能以预测性维护为基础，提高设备的可靠性和稳定性，确保持续稳定的电力供应，为发电站的高效运营和长期发展提供支持。

4.安全生产应用试点：蓝能工厂生产安全智能监控

浙江蓝能科技有限公司（以下简称蓝能）是申能集团旗下企业，主要生产氢能应用相关装备。蓝能生产的气罐产品压力多为45兆帕～90兆帕（即450千克～900千克压力），生产过程中需要对其进行充气测试，制造过程中需要密切监控生产安全，及时发现安全隐患，防止危险事件发生。

以往工厂通常需要专人定期进行生产现场巡视，以求发现潜在的安全隐患。由于工厂面积大，检查人员精力有限，往往不能对工厂总体情况进行全天候监管。

伴随智慧安防软件应用，巡检人员可对厂区进行全天候不间断的实时监控。智慧安防软件能够自动检测异常情况并发出预警，有效减轻巡检人员的工作压力，提高安全隐患的发现率。

申能集团及其旗下单位有许多类似场景可应用智慧安防软件，基于人工智能中台开发的智慧安防应用对比市面同类产品，部署成本更低且识别效果更优。

三、实施效果

人工智能中台是申能集团进一步推动数字化转型的重要基础设施，其建设有重大意义。

（一）有效提高数据利用率

人工智能中台能接入包括大数据平台在内的多种数据源，并能基于已有的数据进行分析与算法开发。通过对数据的洞察，可以了解到一些潜在的应用需求，并通过人工智能中台开发对应的应用，使得数据成为企业"金矿"，用"AI + 大数据"推动业务的数字化变革。

（二）共享算力基础，避免重复建设

人工智能中台具备强大算力，能集中管理计算资源，有效降低申能集团内部人工智能应用开发所需硬件与维护的成本，同时避免因应对相似需求而在多个部门之间发生的重复建设，实现资源的最大化利用。

（三）支持全信创环境，信息安全自主可控

人工智能中台支持全信创环境运行，一方面保障信息安全，另一方面能有效摆脱对国外人工智能开发软（硬）件工具的依赖，避免断供风险。

（四）预置常用算法训练工程，加速算法开发

人工智能中台预置了多种常用的模型训练工程，使得懂业务的技术人员也能通过中台定制开发算法，简化了算法的开发过程，确保了算法的高质量与稳定性，从而缩短算法的开发周期。

（五）应用人工智能部署平台，缩短部署时间

借助人工智能中台提供的完整 AI 部署工具链，能高效地部署模型，缩短 AI 应用的部署周期。

（六）相似场景快速迁移，高效复制先进经验

人工智能中台支持模型复用。当某个业务线开发出有效的模型或算法，其他部门可以迅速地复制并应用这些先进的经验和方法，能实现跨业务的知识共享和快速推广。

目前，人工智能中台已投入使用超过 8 个月，基于人工智能中台开发的试点应用投入使用超过 6 个月，为申能集团节省硬件购置成本 400 多万元，节省项目开发成本 100 多万元。

综上所述，申能集团搭建的人工智能中台，能有效承接集团内部的人工智能应用需求。在保障数据安全的同时，加速能源领域的人工智能应用落地，节省人工智能应用的建设成本，为申能集团及其旗下企业进一步深化数字化转型提供重要支撑。

现代大型制造业企业计量管理数字化转型

潍柴控股集团有限公司

一、企业概况

潍柴控股集团有限公司（以下简称潍柴控股）创建于1946年，是中国领先、在全球具有重要影响力的工业装备跨国集团。拥有潍柴动力、陕汽重卡、潍柴雷沃智慧农业、法士特变速器、汉德车桥、火炬火花塞，以及意大利法拉帝、德国凯傲、德国林德液压、美国德马泰克、美国PSI、法国博杜安、加拿大巴拉德等国内外知名品牌，海内外上市公司8家、股票11只。全球员工10万人，年营业收入超过3000亿元，位列中国企业500强第86位、中国制造业500强第31位、中国跨国公司100大第18位。

主营业务涵盖动力系统、商用车、农业装备、工程机械、智慧物流、海洋交通装备六大业务板块，分（子）公司遍及欧洲、亚洲、北美等地区，产品远销150多个国家和地区。重型发动机、重型变速器销量全球第一，农业装备销量中国第一。拥有内燃机与动力系统全国重点实验室、国家燃料电池技术创新中心、国家内燃机产业计量测试中心、国家内燃机产品质量检验检测中心、国家商用汽车动力系统总成工程技术研究中心等国家级平台。

二、主要措施

（一）转型目的及创新点

1. 目的

计量是工业的"眼睛"，是质量强企的核心支撑。潍柴控股历经70多年的发展，探索出了富有特色的"四位一体"计量管理模式，实现了计量标准化管理。随着潍柴控股数字化转型推进及规模扩大，原先采用手工记录、简单系统单一面管理的模式造成数据信息传递、共享及统计分析难、滞后，且计量业务全凭人员经验及责任心，测量设备的计量管理（测量设备受检率、测量设备受检一次合格率）有效性不足。

2. 创新点

围绕着使用单位、实验室两个实体，策划测量设备信息、运输、数据管理 3 个信息化系统，实现企业近 8 万余件测量设备的计量管理、实验室数据信息化与数据化管理及测量设备收发的自动存储与运输，助推企业从研发、测试、制造、市场销售等模块高质量发展，实现企业计量管理信息化、数据化、自动化管理模式落地，为现代企业计量信息化管理模式提供了样板。潍柴控股系统与数据传输运行逻辑如图 1 所示。

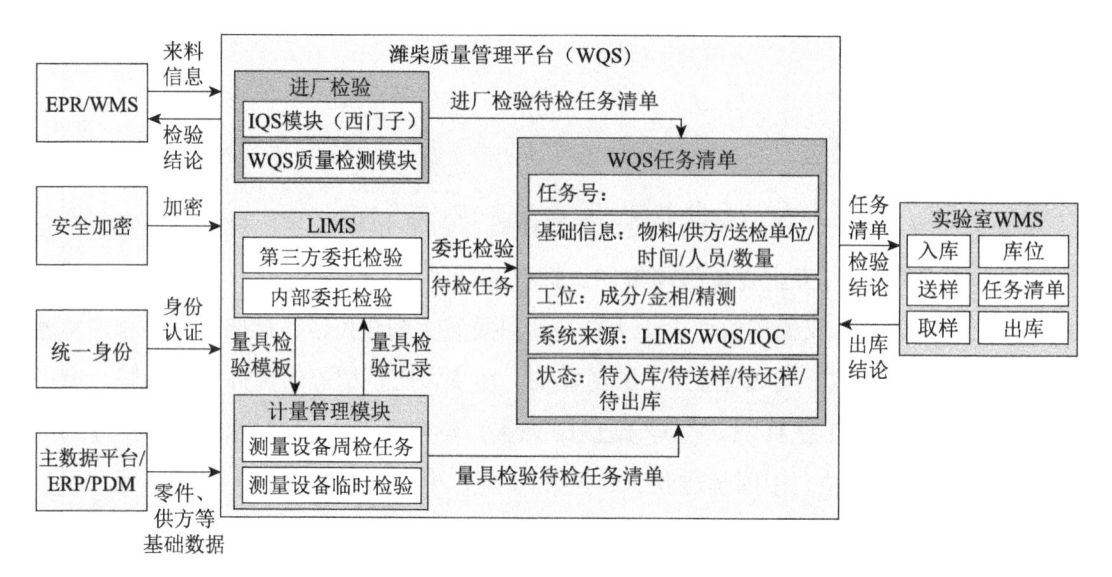

图 1 系统与数据传输运行逻辑

开发潍柴质量管理平台（WQS）测量策划与实施管理模块，搭建起测量设备、测量过程、测量软件等全生命周期的数字化管理平台，将手工记录全部转化为在线记录，同时基础数据实现周期自动驱动管理。

开发实验室管理系统（LIMS），搭建起涵盖面向三方客户服务、检验流程管理、计量校准流程管理、电子原始记录、实验室资源管理、质量体系管理、移动端管理、仪器设备数据集成及决策分析管理等信息化管理模块，确保计量过程可控与有效。

开发实验室智能物流系统（WMS），实现业务单位送检与实验室系统的无缝衔接，且测量设备在实验室内的自动存储、运输与返回。

（二）创新做法

1. 自主开发潍柴质量管理平台（WQS）测量策划与实施管理模块

基于计量管理的内容，将测量设备基础数据、测量设备检定/校准管理、业务流程管理、过程控制管理固化到系统内，实现由线下管理转化为线上管理。

（1）将计量管理信息标准化，并实施系统信息化管理。

策划与开发计量信息模块，将检定专业分组、技术人员、计量器具分类、送检人员、生产厂家、收发人员、使用单位、实验室信息等维护到系统中，确保各模块信息数据统一身份。

开发计量器具检定模块，建立基于 A/B/C/T 类测量设备检定/校准的基础计量信息，与潍柴 OA（办公自动化）系统互联，检定计划自动推送检校信息；实验室通过系统查看工作计划、测量范围、使用单位、状态等基础信息及检校历史记录。

开发基于潍柴特色"7x+2"计量管理模式的关键测量过程管控信息化管理模式，将过程识别、过程监控计划、过程台账、过程的监视及追溯固化到系统中，通过系统管理测量过程。

搭建检测软件管理模块，实现了检测软件数据及信息的集中管理，解决检测软件明细、清单及测试、确认都是人工登记、汇总、测试造成的出错率高、数据分散等问题。

设计开发了计量器具检定、新计量器具送检、量具流程申请模块，对测量设备采购、验收、发放、使用、分类管理、计量确认、临时送检（送修）、变更、报废等进行计量管理，通过 WQS 系统，测量设备的分类、登记、新增、删除、查询等工作实现了信息化的升级，测量设备台账信息、测量设备的管理状态、检定状态实现了实时监控。

开发计量器具报表分析模块，实现质量目标的自动采集、统计，实现量检具与测量过程基础数据与检验数据的报表展示及周期监控。

（2）搭建标准基础信息流，实现了多位一体系统化管理模式。

以 WQS 基础数据为信息源，打通了实验室管理系统（LIMS）、实验室物流系统（WMS）、外协件检验系统（WQM）等多个系统的信息流，实现了多位一体信息化管理模式。例如，测量设备计量确认，WQS 系统自动生成周检计划，将周检计划推送给各单位送检人员、计量管理人员，各单位送检人员按照周检计划的有效日期送检。

当测量设备送检至实验室，WQS 将相关信息推送至 WMS、LIMS，WMS 按照 WQS 的实验室信息自动进行测量设备配送，检定校准人员在 LIMS 中按照 WQS 推送的任务清单开展检定校准工作。

在 LIMS 系统中完成检定校准工作，检定校准结论自动推送至 WQS，在 WQS 中打印合格标识，结束检定校准工作。

检定校准工作完成后，测量设备通过 WMS 回归立体库，送检单位取回，信息反馈至 WQS，测量设备计量确认工作完成。

2. 自主搭建潍柴特色实验室管理系统（LIMS）

实现了面向第三方客户服务、检测流程、计量校准流程、实验室电子原始记录、实验室资源、质量体系、移动端、仪器设备数据集成及决策分析管理9个模块线上管理，业务特色与实验室系统结合。一是解决线下管理难问题；二是实现实验室针对8万余件测量设备、测量软件、测量过程等记录与证书无纸化管理；三是实现实验室人、机、料、法、环、测全要素的线上管理模式。

（1）基于能力，搭建面向第三方客户服务的模块。

在LIMS中开发面向第三方客户服务的模块，实现在线能力查看、委托预约、任务进度查询及费用初步核算，并与WMS互联，确保外部客户与实验室资源的互联及利用效率。

（2）开发检测流程管理模块，满足委托分类多、项目多的需求。

在LIMS中，分金属检测、非金属检测、计量检测、计量校准、理化检测、整体部件检测6个流程，系统内形成合同评审、审批、自动记录与形成报告及打印、成本初步核算，委托方通过WQS形成委托流并可查看检测进度等。

（3）将检测业务流系统自动化管理。

在系统中搭建计量校准流程管理模块，通过在WQS内标准化测量设备信息并自动推送给LIMS，在LIMS中实现校准任务发起、接收及报告编制、审核与批准及盖章，实现校准流程自动化、信息流标准化与无纸化。

（4）将检测原始记录、证书/报告全部标准化与电子化。

在LIMS中搭建实验室电子原始记录模块，合并通用的原始记录、部分设备实现数据自动抓取、温湿度自动抓取，同时数据长期无纸化保存。解决实验室的各类原始记录近1000种、每年的记录达到120000份采用手工记录模式问题。

（5）实验室基础信息系统化管理。

在LIMS中搭建资源管理模块，建立信息化数据档案，结合CNAS实验室管理内容要求与潍柴特色的管理模式，分项目制定管理标准，解决人员、设备、样品、方法、计量标准、库存、供应商、文件、环境、客户均采用线下记录模式工作量大且内容不完整、信息缺少问题。

（6）实验室体系管理系统化。

在LIMS中搭建认可体系管理模块，涵盖内部审核、质量监督、不符合工作、纠正措施、新工作评审、不确定度、期间核查、能力验证、供方管理、客户投诉、风险机遇、外部审核、预防措施管理等，年初制订计划后上传，系统按时间节点自动形成计划进行管理。

（7）现场出检采用平板记录信息。

潍柴控股有多于 27 个计量现场，大量的测量设备需要实验室人员出检，回实验室后进行记录整理、形成报告等。在 LIMS 中搭建移动管理模块，通过平板移动端，实现出检任务查询、现场照片上传、连接 LIMS 信息暂存及上传功能，做到实物流与信息流一致。

3. 搭建实验室智能物流系统（WMS）

打通送检测量设备与实验室之间的收发渠道，实现测量设备检定/校准和检验样品等物资以料箱形式的存取、跨楼层配送和信息管理，通过多层货架存储提高存储的利用率，并通过 AGV（自动导向车）柔性化输送将产品自动识别、自动出入库、自动配送、智能管控和高效率运行。

（1）策划并推进建设计量理化实验室智能物流货架存储系统。

搭建货物储存立库，根据零件的尺寸分两类料盒（大盒与小盒），一侧是人工收发货物口，另一侧是 AGV 智能物流小车送货口，实现人机分享，代替人工交接。另外，基于智能堆垛机系统，通过立库管理系统实现检定/校准件、检测件的自动存储、货物状态的监控。

（2）搭建 AGV 智能物流运输系统，AGV 小车与调度系统无线互联。

测量设备（A、B、C、T 类）进入货架，实验室根据系统推送的检定/校准、检测等任务，通过手持终端叫检测件，AGV 小车根据信息自动从智能货架上取样后推送到各实验室送料口，实验室的人员扫码解绑；样品检定/校准、检测完成后，系统自动叫 AGV 小车，AGV 小车在出料口接收货物后返回智能货架。

（3）策划并搭建实验室自动收发料系统。

针对进厂检验件，指定在制样中心进行分拣，通过手持终端叫 AGV 小车后，自动推送到各实验室，检验后回转仓库按照 3 个月留样的要求进行存放。

（4）实现 AGV 小车不同楼层间的信息交互与运输。

35 个实验室分别分布在 3 个楼层，检定/校准件、检测件若通过人工送取会浪费大量的人工与时间。通过信息化手段实现 AGV 与货梯信息交互，实现小车到二楼和三楼送货、收货、运输等功能。

（5）实现测量设备一码复用，终身使用与追溯。

测量设备实施一个二维码终身确定制，检验人员打印一次后贴在测量设备上，下次校准时依然使用相同的二维码。

（6）策划 WMS 智能管理大屏，实时对过程进行监控。

从管理、调试、执行三个维度联动，打造系统运行显示大屏，可实现系统实时数字孪生展示，对出入库数量、出入库效率、仓库使用率、入出库监控、警报监控等进行显示。

三、实施效果

（一）管理效益

潍柴控股历经 70 多年的发展，建立适合自己发展的实验室，涵盖热学、电学、力学、几何量、检测、物理、化学等领域的 35 个专业实验室，检定 / 校准能力 500 余项，并搭建企业最高计量标准 31 项，为研发、制造、市场等 20 多个部门、8 万余测量设备计量服务。通过 WQS、LIMS、WMS 的搭建及互联，实现了计量管理在信息化系统中的固化。一是确保测量设备、测量过程及测量软件计量过程管理标准化；二是确保潍柴控股测量设备按照计量要求进行周期检校管理，满足研发、制造及市场对测量设备需求；三是测量设备、测量过程及测量软件数据得到积累，为下一步计量管理提供了数据支持。

（二）经济效益

测量设备、精密检测及理化类进厂检验、原辅料进厂检验及委托检验物料（除较大件外）实现 100% 物料自动运输，业务实现送检至送检单位后，货物自动进入货架并通过 AGV 小车自动运输，撤销收发人员 1 人，减少年度近 8 万余件测量设备人工运输，预期收益为 156 万元。

（三）社会效益

中国的国有大中型企业都建有自己的计量管理模式，为企业高质量发展提供基础计量服务支持，科技要发展、计量需先行，信息化、数字化管理模式是企业计量管理下一步的发展方向，潍柴控股计量管理数字化模式为大型制造型企业提供了创新样板。

基于数字化管控平台的生产运营管理

宁波钢铁有限公司

一、企业概况

宁波钢铁有限公司（以下简称宁钢）始建于2003年的宁波建龙钢铁有限公司，先后历经2006年杭钢重组、2009年宝钢并购、2015年股权调整杭钢增资再次控股宁钢，现属杭州钢铁集团有限公司下属杭州钢铁股份有限公司的全资子公司。宁钢是一家从原料到炼铁、炼钢、连铸、热轧等工序配套齐全，以及生产装备水平国内领先的钢铁联合企业，年产钢400万吨。

宁钢始终致力于技术创新和产品创新，创建成立省级技术中心、院士工作站、宁波市企业工程（技术）中心等创新平台，积极探索CCUS（碳捕集、利用与封存技术）和生物质炭冶炼等低碳技术，推进产品高端化发展。形成以优特钢、冷轧深冲钢和汽车钢为核心的高附加值主轴产品群，以市场为导向，开发出高技术含量、可实现进口替代的产品13个，优质特色产品比例从2016年的28.86%提升至2022年的56.52%。

宁钢近3年主营业务收入超560亿元、利润超31.5亿元、税收缴纳超18.9亿元、研发投入超21亿元、数字化项目投入超3.3亿元，是宁波市纳税50强与宁波市制造业纳税50强企业。

二、主要措施

宁钢以"1+5+X"数智化转型示范工程为主体，采用工业互联网、大数据、云计算、物联网、AI和5G等技术，全方位、系统化推进智慧管控中心、智慧能源、智慧环保、智慧安保、总图信息化及智慧物流、设备智能运维等系统建设，将自动化、信息化、数字化、智能化技术进行有机集成，初步达成了运营管理的智慧化。以工业互联网平台为基座，通过集成CRM（客户关系管理）、电子商务、产销一体化的ERP平台、高级计划排产、采购及原物料供应辅助决策等各类系统，将数字智能技术深度应用于钢铁制造环节，借助制造装备的智能化和生产的自动化贯穿宁钢销售、计划、设计、采购、生产、仓储物流等整个供应链流程，打造基于供产销一体化的敏捷交付能力，实现行业内最短交付期。

（一）构建"1"个智慧大脑，助力数字化决策

按照运行环境高扩展性、易运维性、高安全性进行设计，搭建数据中台，建构宁钢智慧大脑，实现智慧决策。数据平台采用新一代信息与通信技术（ICT），打通全流程各产线的自动化控制系统、过程自动化系统和业务管理系统，各类数据应采尽采，建立数据规则把所采数据全部放入数据湖，实现数据的汇集、处理和共享；可视化碳排放管理通过对全流程各工序碳排放贡献率、强度、密度、变化趋势、总量和结构对比的多重元素进行分析，为调整"双碳"路径及产品结构提供多维度的决策依据；通过管理分析决策模型，剖析各单元不同工况条件下能耗实绩及变化原因，为能源结构调整、生产工艺控制、生产计划调整等节能降碳措施提供决策与技术支撑。

建立历史扰动因素问题库和解决策略库，进行炼钢、连铸、热轧生产过程动态智能调度，从而实现大规模敏捷定制的智能生产计划调度体系；利用模型、大数据分析技术，通过制造成本、盈利能力、市场研判等内外部数据，建立各类业务、管理和决策分析模型，对分析结果进行可视化展示，打造宁钢智慧大脑。通过智慧大脑对经营数据进行分析、提炼、预测、实现智慧化展示，为运营管理提供"一站式"决策支持。

（二）建设"5"合一数字化管控平台，实现智慧化运营

宁钢 INS 智慧管控平台以数据平台为核心，构建公司级统一、高效、集中、专业的集生产、物流、能源、环保和应急响应于一体的五大管控平台。基于工业互联网平台，集成现场和各专业系统的数据，面向用户提供现场看板、管理驾驶舱、即时通信、报表中心、主题分析和信息推送等功能，支持早调会汇报及相关职能部室、生产厂、决策者对各层级的数据需求，并为客户、供应商及相关政府部门提供信息推送服务，实现对全厂生产工序、物流调度、能源平衡、环保监测、设备运行和安全防控等业务的实时监控、集中调度和高效协同，提升智慧化运营能力。

1. 建设智慧能源管控平台，实现能源利用高效化

以赋能"极致能效"创建为理念，围绕能源利用效率最大化、能源消耗成本最优化为目标建立分析模型和指标体系，为日常生产和管理者的决策分析提供完整、准确、真实的信息，将数字化应用与节能降耗、减污降碳深度融合，打造钢铁流程能量流全过程

优化集成平台。

基于水、煤气、风、气、电等能源介质的三级计量网络的能源管控，对能源调度在线管理和能源实绩管理进行一体化设计，涵盖能源体系管理、基础能源自动化、能源动态管理、工序能源精细化管理、组织碳管理 5 个子系统，构建智慧能源系统，实现宁钢各种能源介质的生产、储存、输配和消耗的全面监测、动态调度、全生命周期管理，实现能源流可视、可控及过程网络集成优化。

以能源流程管控智能化及多维度协同节能为总体目标，对能源流转全过程进行动态跟踪，实现能源流转全生命周期管理。建立宁钢全流程碳排放管控的信息体系，精准计算从物料采购、产品生产、绿色制造及营销过程中的碳排放数据，实现对碳配额总览、配额分解、配额余量预测预警管理等功能。

智慧能源系统发挥着积极作用，取得了显著效果。能源加工转换效率提升 1%~3%，生产水复用率超 97%、煤气回收率达 100%。

2. 建设智慧环保管控平台，实现全域环保管控智能化

以绿色制造为理念，以"一个平台""一张网""四个在线"为载体，打造基于工业互联网的宁钢智慧环保平台，包括大屏展示、业务管理系统和环保 App 三部分。利用 GIS（地理信息系统）、大数据、5G 等新一代信息与通信技术（ICT），融合宁钢厂区三维地图，汇聚无组织排放监测数据、视频监控数据、生产实时数据、环保治理数据等多种信息，覆盖全厂 203 套环境监测设备，实现对环保管理的数字化、智能化管控。

"一个平台"：打破信息壁垒，将全厂 33 个有组织排放监测点、170 套无组织环保监测监控设备数据与生产、治理、监测三维证据链等业务深度融合，在一个平台里实现环保管控统一指挥。

"一张网"：基于工业物联网，实现生产设施、治理设施、排放监测、视频监控等数据的全时空采集，建设环保智慧管控系统，掌控全厂环保情况，将环保异常情况从事后追查变为事前可预警、事中可报警、事后可追溯。

"四个在线"：利用"生产、治理、监测"同步运转管控体系，实现环保设备在线、环保治理在线、环保监控在线、环保预警在线。

3. 建设物流管控平台，实现物流业务精准化

以"精准高效"的物流服务为理念，按照"标准统一、高度集成、服务共享、智能可视"的集成平台建设思路，搭建宁钢三维总图地理信息共享服务平台。建立三维总图数据和业务数据链接关系，将相关专题业务数据在可视化页面上进行集中、集成、共

享，实现全厂相关数据的集成监控联动；利用总图数据库，建立数字工厂基础平台，为工厂的规划、设计、施工提供现状图和综合管网图，并将总图数据按专题发布成各种地图服务，供其他业务系统调用，实现全厂地理信息资源的统一建设和管理。

基于宁钢三维总图地理信息共享服务平台和总图信息化及智慧物流系统的宁钢高精地图数据和编辑等功能，建设车辆运输可视化及业务管控系统，实现宁钢厂内运输车辆的可视化管控和运输任务的线上流转，推进物流管控业务的数字化、智慧化转型。

基于高精的厂区地图和高精度定位芯片，使车辆定位误差由原先的超 10 米缩小至 1 米左右，实现精准管控。通过服务器集群引入大数据处理技术，整合计算资源，选取通用型数据库存储海量高并发的定位数据，并与全国道路货运车辆公共监管与服务平台数据对接，实时展示调度全厂车辆、机车装载物料等的生产运营动态，全面掌握物流运输动态，为全局智能物流管控提供支撑。通过混合开发框架实现 Android 与 iOS 两个平台的移动端 App 及微信小程序，达到厂区物流车辆业务流程及监测移动化管理。

4. 建设设备运维平台，实现设备控制远程化

基于工业互联网构建设备智能运维平台，实现以大数据分析等增值服务为基础、以数据为核心的设备智能运维新模式。

采用端—边—云模式系统架构，打破软（硬）件壁垒，结合预知与预警技术，构建以专业人员为主的设备智能运维新体系，实现智能运维新模式。以数据为牵引，开展基于设备风险管理的点检、状态分析、预警、报警、故障定位、专家诊断等平台化管理，以提供大数据分析等增值服务为基础，开展机器学习、深度学习，强化模型的训练与优化，并建立大数据专家模型库，实现远程推送、专家指导的智能协同功能。

宁钢智能运维平台通过接收 L1 设备运行数据和 EAM（企业资产管理）系统的设备完整履历，对设备的运行状态数据、异常记录、故障记录、专家处理事件、日志等信息进行完整记录，实现对设备维护履历、维修履历、备件更换履历的信息集成应用，以时间轴的方式展示设备履历，切实做到设备的全生命周期数据的完整性。深化点检定修制管理，构建设备风险管理标准化体系，并以数据为牵引，开展基于设备风险管理的点检、状态、检修、备修等平台化管理，实现远程推送、专家指导的智能协同功能；诊断专家通过远程访问宁钢设备智能运维系统，根据设备状态进行专业诊断分析，出具诊断结论、诊断报告、体检报告。

5. 建设安保管控平台，实现安全风险管控动态化

以"安全风险实时感知、动态评估"为核心，构建安保管控平台。

宁钢智慧安保管控系统借助 5G、大数据、物联网、数字孪生、人工智能等新兴技术手段、构建大数据安保管控平台，通过建立完善的风险动态评估指标库，运用风险动态评估模型进行超前量化风险动态，实现对宁钢安全风险的动态评估、分析、监督、管控的全流程闭环管理，加速宁钢安全生产从静态分析向动态感知、事后应急向事前预防、单点防控向全局联防的转变，全面提升生产本质安全化水平。

（三）建设区域集控中心"X"，实现智能化生产

宁钢建有各生产单元区域集控中心，基于"采用先进技术和求真务实"的理念，将各生产单元分散的操作室、操作台进行重新规划、集中布置，促进各生产单元集控化、数字化、智能化。

1. 智慧高炉数字化车间

宁钢高炉集控中心采用了多个钢铁行业首创和领先的智能化技术，是宁钢实现钢铁智造的一项创造性成就，也是杭钢集团数字化改革工作的一项建设性成果。智慧高炉的建设实现了四个改变：聚焦技术领先，使高炉"黑箱"生产"看不着"变"透明化"；聚焦行业领先，使高炉操作"靠经验"变"用智慧"；聚焦成本领先，使高炉管理"单一性"变"体系化"；聚焦绿色领先，使高炉节能降耗"践行者"变"示范者"。宁钢《先进过程控制》获评工业和信息化部"2022年度智能制造优秀场景"。《宁钢高炉系统数字化车间》获评"浙江省宁波市数字化车间"。

2. 连铸智能工厂

以智能化生产为目标，采用新一代信息与通信技术（ICT），实现了连铸生产的数字化、网络化和智能化。在浇钢这一关键生产工序中开发了漏钢预测模型、二次冷却模型、无人浇钢模型、自动开浇模型等智能化模型进行生产控制并提高了劳动生产率，在恶劣环境的工作岗位引入工业机器人（大包滑动水口智能安装机器人、结晶器自动加渣机器人、连铸板坯自动喷号机器人）以践行以人为本、降低安全风险、提升生产效率。《宁钢2#连铸智能工厂》获评"浙江省2022年智能工厂"。

3. 智慧余能发电厂

宁钢余能发电厂智慧集控中心是"1+5+X"示范工程中"X"部分的首个项目。该智慧集控中心的投运，标志着宁钢余能发电厂已经实现了发电系统主辅运行生产全流程、全过程集中监控，在不同层面上进行串联打通、信息耦合，提升了大发电系统的可靠性、安全性、智慧性，提高了劳动生产效率，进一步降低了现场作业风险，提升了员工的工作环境。凭借最新的集成技术、操作站和服务器的搭设实现了发电作业区流程管

控和监视，智慧电厂雏形初见。《基于远程集控管理模式的智慧集控中心在电厂的创新应用实践》管理创新成果获得"2022年度中钢协一等奖"。

三、实施效果

宁钢"1+5+X"转型示范项目通过设计、工艺、生产、采购、销售、安全、环保等业务流程模块化，形成排产算法模型（APS）、生产数据分析模型、环保数据分析模型、节能模型、风险管理知识库等，助力产品全生命周期的最佳经济运行，实施成果显著。

（一）建设效益

不合格品量相比实施前下降 10.5%：（实施前同期产品不合格品量－实施后同期产品不合格品量）/实施前同期产品不合格品量×100%=（0.85-0.76）/0.85×100%≈10.5%。注：按月统计，以实施前同期产品不合格品量 0.85 万吨、实施后同期产品不合格品量降至 0.76 万吨计算。

应急响应平均时长缩短 33.3%：（实施前应急响应平均时长－实施后应急响应平均时长）/实施前应急响应平均时长×100%=（30-20）/30×100%≈33.3%。注：按实施前应急响应平均时长 30 分钟、实施后应急响应平均时长降至 20 分钟计算。

吨钢综合成本降低 0.675 元：实施前同期产品不合格品量－实施后同期产品不合格品量）×吨钢增值/月产量=（8500-7600）×300/400000=0.675 元。注：按月统计，以实施前同期产品不合格品量 0.85 万吨、实施后同期产品不合格品量降至 0.76 万吨、月吨钢增值 300 元、月产量约为 40 万吨计算。

吨钢综合能耗降低 0.25%：（实施前吨钢综合能耗－实施后吨钢综合能耗）/（实施前吨钢综合能耗）×100%=（595-593.5）/595×100%≈0.25%。注：按实施后吨钢综合能耗 593.5 千克标准煤/吨、实施前吨钢综合能耗 595 千克标准煤/吨计算。

二氧化碳排放量减少约 7400 吨：根据工序能耗折算，同口径吨钢综合能耗下降 0.75 千克标准煤。年减少二氧化碳排放量约 7400 吨。

（二）管理效益

构筑协同生产新业态。基于工业互联网建立网络化制造产业链资源协同系统平台，实现钢铁企业同上下游资源和需求的有效对接，实现企业基于订单的内部资源合理调配，以及各产线和供应链的并行组织生产；基于资源协同的可持续优化制造服务系统，实现钢铁产业链创新资源、生产供给和服务能力高度集成，显著增强资源和服务的动态整合与柔性配置水平。

（三）社会效益

通过建设铁钢轧数字车间、智能管控平台、设备智能运维系统等，打造全流程多模型的智能化生产模式，针对生产组织技术难点，基于大数据技术、数学模型的市场资源平衡、科学制订生产计划建设APS，智能编排基于动态平衡的产、供、销一体化计划实现模型和数据驱动的业务优化和创新。

宁钢通过"1+5+X"数智化转型示范工程的创新应用，将大数据、工业互联网、人工智能、网络安防等新一代信息与通信技术（ICT）与传统生产制造技术进行了深度融合，实现了以数字化促进传统生产车间向智能化升级，对生产车间从工艺设计、生产调度、制造执行、质量控制、安全管控等生产和管理方式都赋予了崭新的模式，对传统制造业的数字化转型起到良好的标杆示范作用。

基于数字驱动的直升机装备智能工厂建设

昌河飞机工业（集团）有限责任公司

一、企业概况

昌河飞机工业（集团）有限责任公司（以下简称昌飞公司）始建于1969年，隶属于中国航空工业集团有限公司，具备研制和批量生产多品种、多系列、多型号直升机和航空产品零部件的能力，是中国直升机科研生产基地和航空工业骨干企业，主要产品有直-8、直-10、直-11、AC313、AC311、AC310等直升机，中国大型运输直升机和第一款专用武装直升机都诞生在这里。"昌飞造"多次参加重大阅兵，接受祖国和人民检阅，并走出国门参加国际救援行动。昌飞公司具有雄厚的科研生产和技术实力，是国家企业技术中心、工业和信息化部首批"智能制造试点示范单位"、国防科技工业高效数控加工研究应用中心，自主开发了具有完全自主知识产权、行业领先的昌飞制造系统（CPS），信息化系统的应用基本覆盖所有业务领域，智能物流配送、精益制造生产线、数字化集成制造、复合材料加工、直升机动部件生产等处于国内先进水平。

二、主要措施

（一）梳理面临的问题及难点

昌飞公司是以直升机整机生产制造的航空主机企业，多年来根植于传统航空机械制造业，承担了多型直升机的整机生产，其中的核心机加件包括关重件、寿命件和飞行安全件等产品，该类产品存在少批量、多品种、结构复杂、质量要求高、加工工艺流程长、制造过程复杂且周期长等特点，其生产制造过程还处于数控自动化加工阶段和数字化、智能化制造还有一定差距，核心竞争力不强。在昌飞公司直升机生产制造全过程中，核心机加件占整机生产总工作量的10%以上，占制造总成本的30%以上，由于历史原因，昌飞公司传统机加车间较多，核心机加产品类型存在重叠，部分相似产品在不同车间加工，存在工艺技术不统一、质量控制方法不一致、操作人员技能水平参差不齐、制造资源利用不充分、生产分配及物流周转过程等待浪费等现象，在很大程度上影响直升机整机的准时生产交付。

（二）实施智能工厂建设总体规划

开展智能工厂建设整体策划。昌飞公司智能工厂规划（见图1）以创新驱动发展为理念，以工业化与信息化深度融合为抓手，通过业务场景梳理、整合、重构并结合少人化、无人化工作要求，以直升机智能制造的物理制造系统和虚拟信息系统为主攻方向，分步搭建具有自主知识产权、完全自主可控的柔性智能生产线和生产单元，建成具备"状态感知、实时分析、自主决策、精准执行"特质的智能化生产制造系统，包括建设"旋翼系统智能车间""智能物流配送中心""关重件数字化车间"，并实施"复材制造""智能铆装""整机装配"车间的升级改造，形成一套智能生产单元、柔性智能生产线及数字化车间建设的方法策略，为直升机装备智能工厂建设打牢坚实基础。

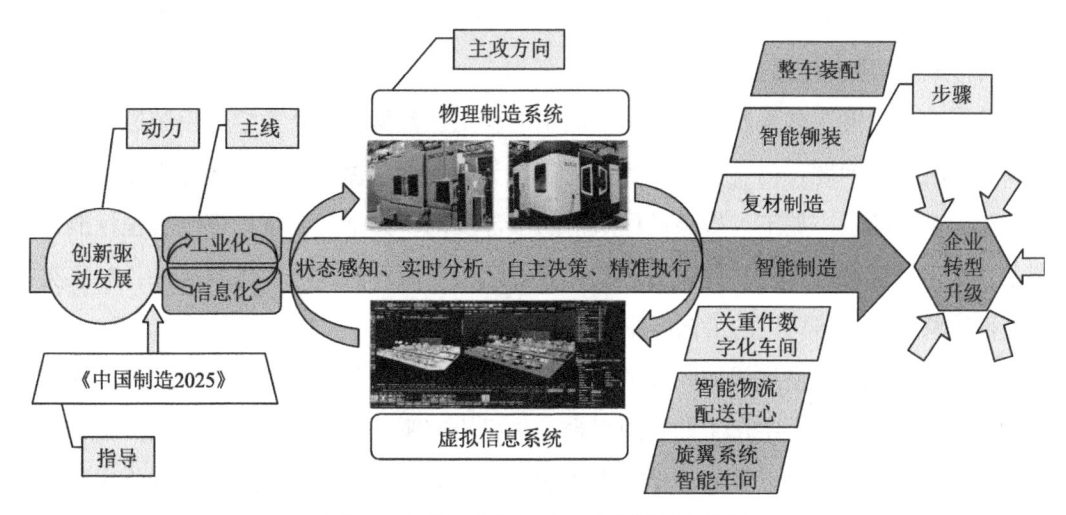

图1　直升机装备智能工厂规划整体思路

规划智能工厂总体建设目标。昌飞公司智能工厂规划目标通过智能物流配送系统和高度集成的制造执行系统实现关重件加工、旋翼系统加工、铆装、总装等直升机制造全流程的三流合一（实物流、信息流、价值流），加速昌飞公司从"智能车间"向"智能工厂"迈进。通过配置一套智能仓储与物流系统，实现各智能车间、生产线和配送中心的物料数字化管控和精准自动配送方式；通过自主研制的高度集成 MES 和基于 MBD 检验检测质量管理系统，实现与制造过程融合的检测执行、数据采集和关键质量特性的过程管控，以及制造车间资源优化利用和生产组织高效运行，最终实现在数字驱动条件下的直升机装备全流程智能制造。

明确智能工厂实施技术路径与策略。从工艺分析、产线构成、驱动逻辑、风险防控等方面明确智能制造技术路径，并通过标准方法和步骤梳理智能制造车间和生产线建设工作流程，明确实施策略，将整个过程划为三个阶段，即以工艺为主线的方案策划阶段、以生产线建设为主线的实施阶段和以生产业务流程为主线的制造全流程打通阶段。

（三）搭建数字化工艺管理平台

分类分簇直升机产品序列。针对直升机核心机加件具有的小批量、多品种典型特性，以零组件结构相似性、材料相似性和工艺相似性为基础，开展直升机核心机加件的分类分簇，将产品按功能结构、材料、形状规格、制造工艺等相似性和规律性进行分类，遵循结构上相似、功能上接近、工艺上相通的基本要求形成若干产品簇，构建具有某些共同属性的产品集合或复合产品。按此方法将昌飞公司在产的 2 万多项核心机加件分为 22 类，每类分成若干个簇，建立直升机机加件的生产工艺组织方式由"离散制造"向"成组柔性制造"的管理基础。

针对文件式的工艺编制无法实现产品制造和工艺数据与各个数字化系统进行有效关联和深度融合的问题，昌飞公司在标准化工艺设计平台的基础上建立基于某类/簇零组件，包含工艺准备、加工、检验过程所需的工艺规范、典型工艺规程等全流程标准工艺指令，从工艺资源、工艺文件、工艺流程等方面按组成对象类、对象类属性、对象类关系进行抽象，形成结构化的工艺组织形式。

通过结构化工艺参数设置，能够对工艺的组成部分进行独立的编辑、管理、存储、应用及共享，搭建了数字化工艺管理平台，从而快速驱动工艺编制。工艺人员编制的不再是工艺文件，而是可以灵活存储、调用的工艺数据，实现多系统间的集成化应用，通过细化工艺颗粒度，可以灵活输出各类工艺数据，进而有效打通设计、生产与管理的各业务系统，实现生产线的数字化运转，提升管理效率与水平。

（四）重构智能排产资源管理流程

从计划、组织、协调、管控、考核及信息化层面考虑生产管理过程业务范围、阶段及相互关系，绘制生产管理逻辑图，明确流程驱动要素和输出结果。自动排产的基础数据来源于工艺指令、检验规程等，包括制造对象、资源、周期、流程、要求等，自动排产的输出结果包括生产计划、库房资源预警、配送任务、质检任务等。

智能排产基本业务流程依据年度任务使其在满足交付节点的要求下，让各月生产资源利用相对平衡、设备利用率达到目标要求，在此基础上形成了四周滚动排产计划、三日滚动执行计划。该业务流程主要解决资源利用问题，并输出结果，包括任务清单、预警清单、材料和刀具需求清单等；四周滚动排产计划解决以各生产线设备利用率最高为基础的备料、基准制备资源协调、产品生产顺序确定的问题；三日滚动执行计划明确配送任务、生产执行任务、质量检测任务等。智能排产过程中涉及工作日历、设备能力、产品工序流程及周期、刀具寿命管理、产品成组信息、仓储能力、产品质量检测管理要求、产品防锈要求、外单位生产定时配送要求等，在生产线工序排产、MES 全流程排产时明确输入输出，按照操作过程提供可视化界面，形成信息化需求。

（五）开发数字化柔性生产线系统

在智能工厂建设前期，统一生产线所有加工设备及自动化设备的网络接口、刀具接口及工装接口，在把生产设备进行整合集成的基础上，设计开发具备"数据贯通、执行准确、过程可控、状态可视"等智能特征的、自主可控的数字化柔性生产线系统，采用 MDC 数据采集技术构建数据共享中心，并以此为基础构建了具备"信息共享、动态感知、实时分析、精准决策"为特性的数字化分析平台，实现生产线信息自动获取、计划自动生成、任务自动派发、资源自动调配、质控自动触发、异常自动预警、数据自动分析、运营自动核算、现场 3D 可视化呈现等功能。

打通与车间生产执行管控系统（MES）、生产线工控系统和 WMS 的信息传递路线，经过接收并自动排产下发加工任务为起点，生产线工控系统与 WMS 同步接收任务指令，生产线工控系统按排产任务自动更换夹具，自动推送 NC 程序代码，WMS 进行物料配送。以数字化的手段对生产线的柔性加工能力进行管控升级，从而整体化地提升生产线的综合生产能力，如图 2 所示。

（六）升级产品数字化检测手段

基于直升机核心机加件的特点，在历史加工过程中积累了大量与检测业务相关的经验与知识的基础上，梳理典型结构件检测要素、检测特征及对应的检测方法，针对多条数字化智能柔性生产线，设计开发以在机测量为主，并与现有生产管理系统、MDC 等系统集成的检测方法，具备以任务创建场景、以场景驱动业务过程、以业务过程驱动数据流转、以数据分析驱动质量管控的功能，对产品生产制造过程检测要素的全面检测形成一套与生产过程相融合的"在机—离线"检验业务的全过程数字化管控系统，实现质量问题的精准追溯、实时反馈、快速处理。

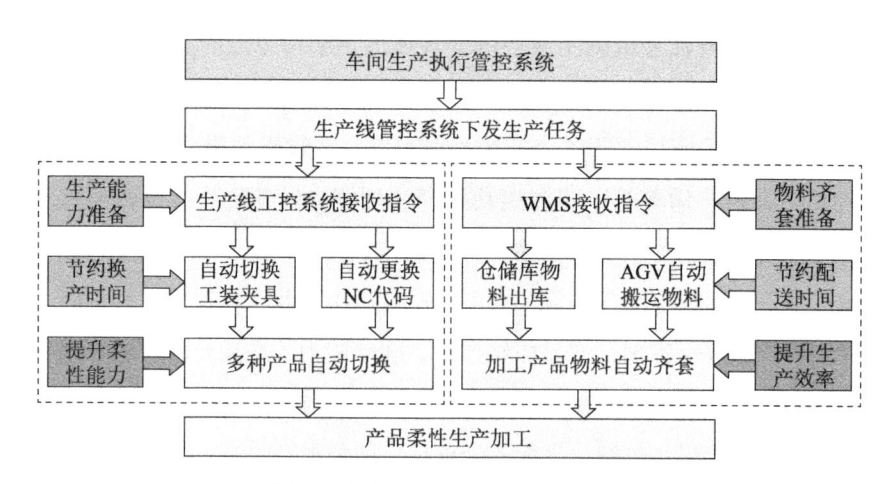

图 2　数字化柔性生产线系统设计

（七）重塑岗位数字化能力模型

相对于传统加工，数字化条件下的制造车间涉及机器人、智能仓储物流等自动化装备和 MES 等软件系统，需要的人员更趋向于智能制造相关专业综合型人才，尤其是具备信息化、自动化专业基础的人员，如自动化装备维护工程师、IT 运维工程师、机器人应用工程师等。为了适应基于流程的业务分工合作的需要，真正做到在车间人数少量的前提下快速响应并及时处理现场问题，昌飞公司在车间人员岗位配置方面以流程交叉融合重塑岗位数字化能力模型为基础，设置信息化工程师、电气化工程师、软件系统应用、机器人编程、自动化装备维护等岗位和多专业工种。

（八）智能工厂主要实施项目

制定"点、线、面、体"的智能制造推进分步实施路线，选取瓶颈车间和关键产品，建设智能车间并积累经验，再快速推广复制，逐步打造智能工厂。在智能工厂建设过程中，坚持从制约生产或影响质量的痛点出发，实施关键重点环节的智能制造，减少人为因素干扰、提高生产效率、稳定产品质量，提升核心环节生产制造能力。

以动部件智能车间建设为试点，开启智能制造模式试点建设。旋翼系统作为直升机核心部件，是昌飞公司制造模式转型发展的瓶颈。昌飞公司选取旋翼系统作为智能制造的切入点，建成了由多条单件流节拍生产线、柔性制造单元及脉动式部件装配线，以及 3 个数字化库房和 1 套智能物流系统组成的动部件智能车间，通过应用智能扫描配准、自适应加工、自动检测和补偿等先进制造技术，实现了生产过程的精准制造；通过计划驱动、智能排产、智能仓储物流配送等信息化技术应用，实现生产运营全流程数字化管理和精确运行。该智能车间建设项目荣获"工业和信息化部首批智能制造试点示范车间"。

构建企业级智能物流配送中心，实现智能制造模式的新突破。针对部、总装仓储管理资源浪费大，配送作业不及时、不精准的突出问题，昌飞公司搭建集"采、储、配"等功能于一体的智能仓储配送中心，自主开发了智能物流配送系统，将立体库、配送、生产有机集成，统一调配资源使用、规范标准业务流程，保证超过90%的直升机零部件不受外界环境干扰地准时自动配送到生产现场，实现传统仓储功能向现代物流现场管理和服务功能转化，使昌飞公司仓储配送管理全面迈入精准化。

开启关重件数字化车间建设，实现智能制造模式的深化推广应用。针对机加件多品种、批量小，以及传统制造模式质量不稳定、生产效率不高的问题，在借鉴旋翼系统智能车间建设经验的基础上，创建产品分类、分簇、工艺的生产线设计方法，打造标准数字化工艺设计平台，分步建设具有自主知识产权、完全自主可控的数智化生产线，并组建由多条专业化数智生产线、二级仓储与物流系统、车间级智能 MES 及质量集成检测系统等构成的关重件数字化车间，实现关重件螺栓 / 小铝合金零件产品无人值守自动化加工。

三、实施效果

（一）大幅提升企业生产组织效率

从"十二五"至今，昌飞公司通过数字化生产转型改变了传统的生产管理方式，数字化程度大幅提升，降低了对人工的依靠，实现了车间的数字化高度集成运行、高效生产组织及资源优化利用，满足了车间精益和节拍生产要求，有效提升了生产组织效率，缩短了直升机核心机加件和整机生产周期。关键动部件生产制造周期由 9 个月减少至 5 个月，缩短制造周期 44% 以上，人员配置由 220 人减少至 190 人；复合材料桨叶产量逐年提升 15%～20%；智能配送中心仓储配送人员从 110 多人减少到 80 人，配送计划准时完成率达 99.6%，库存周转效率提升 25.8%，库存存货总额同比下降 27.5%，直 8 系列整机生产周期缩短近 30%。

（二）为制造企业数字化转型提供经验

目前，昌飞公司已经建成"旋翼系统智能制造""智能物流配送中心""关重件数字化车间"三大智能制造示范窗口，加速了直升机核心机加件制造由信息化向数字化、智能化制造的升级，为机加件车间传统生产组织方式的转型升级提供示范作用，推动后续同步开展"复材制造""智能铆装""整机装配"车间的智能制造改造升级，初步建成具备智能制造生产系统的智能工厂，实现直升机工业制造体系跨越式发展，为航空制造企业数字化转型升级提供了有益的经验和借鉴作用。2021年，昌飞公司荣获国家级"智能制造标杆企业""智能制造优秀场景"荣誉称号。

白酒工业互联网平台应用

安徽古井贡酒股份有限公司

一、企业概况

安徽古井贡酒股份有限公司（以下简称古井贡酒）位于安徽省亳州市，是中国知名酒企，也是中国第一家同时发行 A、B 两只股票的白酒类上市公司。

古井贡酒以白酒为主业，拥有古井贡、黄鹤楼、老明光、珍藏酒四大品牌，浓香、清香、明绿香、古香（烤麦香）、酱香 5 种香型。2022 年，实现营业收入 167.13 亿元、利润总额 44.70 亿元、上缴税费 53.07 亿元。在"华樽杯"中国酒类品牌价值评议活动中，"古井贡"以 2270.27 亿元的品牌价值继续位列安徽省酒企第一名、中国白酒行业第四名。在智慧企业建设方面，先后获得"国家智能制造优秀场景""国家大数据试点示范""国家级特色专业型工业互联网平台"等荣誉。

二、主要措施

古井贡酒以"站在月球看地球，跳出古井做古井""与高手过招，与巨人握手"的思维方式，与华为、腾讯、德勤、SAP（思爱普）等数字化服务龙头企业开展战略合作并吸取他们的宝贵经验和建议，实施"一把手"工程，并以业务主导应用，全面助推数字化古井贡酒转型，形成了独具古井贡酒特色的"1+2+5+N"数字化管理新模式，全面推进"白酒＋互联网"的工业互联网平台建设。

（一）以特色数智化引领古井贡酒高质量发展

"1+2+5+N"数字化管理新模式：以 1 个数字化转型战略为指导、2 个平台为支撑、5 个能力为基础、推动 N 个开放应用，致力于构建感知、连接和智能的白酒工业互联网平台，助力古井贡酒高质量发展，如图 1 所示。

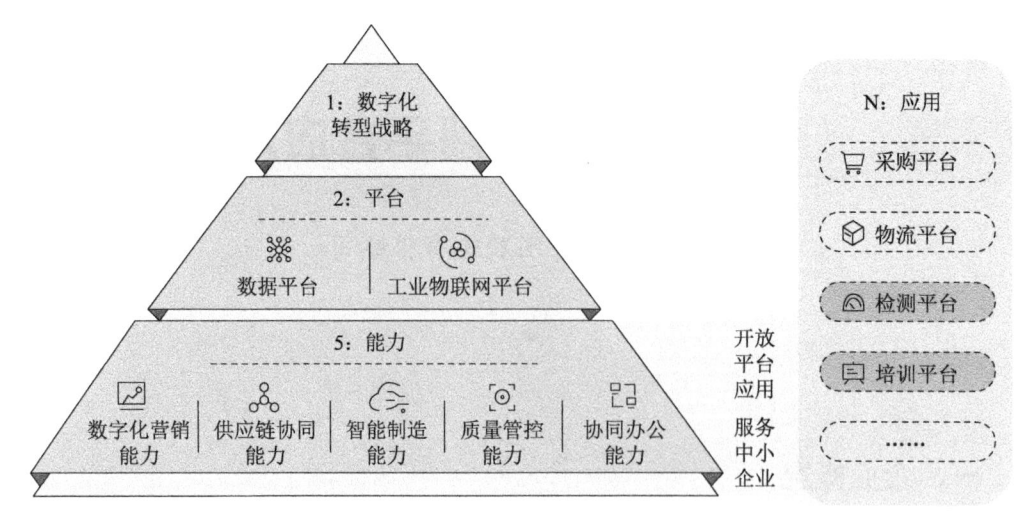

图1　"1+2+5+N"数字化管理新模式

1. 制定1个数字化转型战略

数字化转型战略是核心，数据治理是基础，数据智能是方向。数字化转型要从战略选择和规划入手，成功的数字化转型是由战略驱动的，而不是由技术驱动的。数字化转型要对准战略方向、支撑战略、实现商业目标，这是数字化转型的起点和终点。古井贡酒的战略5.0就是建立前端引流、中端体验、末端结算的新模式，进而对全部产业进行一体化打造。员工都变成消费者的服务员，企业和消费者直接互通、互动。

2. 搭建2个支撑平台

搭建数据中台和工业物联网平台两大支持平台，建立中心化支撑平台，有效整合IT和OT数据资源，实现生产过程中设备、传感器、监测设备、CRM、ERP等数据的采集、建模、分析与应用，建立了一个集成、连接、管理、智能化的数据运营体系，全面优化生产管理、提高生产效率、降低生产成本、提高数据利用效率、降低数据管理成本。

3. 打造5个基础能力

（1）数字化营销能力。首先，搭建全球呼叫中心，构建集团一站式服务平台，统一窗口为用户提供优质服务，做好与核心消费者互动，增强消费者的服务体验。其次，通过CRM会员系统建设，构建集团白酒、酒店各业态统一会员体系，以用户为纽带互联互通、信息共享，同时，整合集团统一微信公众号，重构云商官方商城、积分兑换商城，打造线上统一订单中心和库存中心。最后，借助云计算、大数据等技术手段，实现基于用户画像和行为分析，为个性化精准营销提供数据支持，以白酒业态为依托，协同商旅、金融等业态互联互通，促进协同发展。

（2）供应链协同能力。供应链协同能力通过整合供应链上不同环节的相关方，搭建端到端的供应链平台，打通供应链上下游数据，实时监控供应链状态，重构企业资源计划、供应商关系管理、人力资源管理、资产管理和财务管理等应用功能，实现库存管理、订单处理、产品追踪、物流配送、支付结算等一切业务在线化、一切业务数字化、一切数字业务化，有效优化了供应链的流程，降低了错误率，提高了协同效率、运营效率、经营水平和竞争力。另外，在生产成本核算方面，供应链协同能力的打造实现了订单到生产线的细粒度追溯，从而为古井贡酒提供了对业务数据的分析能力和追溯能力，实现了业务与财务信息的自动、实时、集成统一处理。

（3）智能制造能力。立足古井贡酒传统手工车间酿酒模式，基于传统纯粮固态发酵工艺，对酿酒生产环节进行智能化改造，建立全自动立体发酵智能酿造车间，实现生产环节的数字化与智能化。借助5G、边缘计算、云技术等新一代信息技术，在智能园全面推广应用，实现设备上云、全连接。5G核心网、UPF+MEC（多路访问边缘计算＋用户平面功能）下沉部署到IDC（互联网数据中心），实现数据不出园区，生产设备联网率达96%以上，数据自动采集汇聚到工业物联网平台，以数据驱动赋能业务，并结合机理模型建立工业App，对工艺进行固化、优化。

（4）质量管控能力。平台通过质量管理系统（QMS）、SAP-ERP、数据分析平台（商务智能报表）、数字化营销系统（CRM）、一瓶一码赋码系统等进行数据集成，企业的采购、制曲、酿造、勾储、灌装、售后等各项业务流程和数据可实现无纸化、信息化、数字化。借助平台提供的智能化检测系统，不断规范检测业务及过程，进一步提升企业自身检测分析能力，提升白酒等制造企业的物料检测能力，并运用"共享＋改进"模式，规范供应链的管理，提升供应商供货质量。借助平台的全生命周期质量智能化管理模式，建立产品质量监督及追溯体系，实现从产品生产、完工入库、仓库转移、销售出库、物流配送、经销商销售等全过程的跟踪。

（5）协同办公能力。协同办公包括日常办公、资讯管理、流程管理、信息共享等方面。协同办公能力通过建立邮箱、知识和档案管理等协同应用，打造业务在线化、流程自动化的协同办公平台。网络协同应用的高效运行和快速响应打破了时空限制，能够提高工作便捷性，促进管理升级，进而实现了以用户为中心、以标准化为基础的"管理制度化、制度流程化、流程表单化、表单信息化"目标。

4. 开发和开放白酒工业互联网平台N个应用功能

古井贡酒基于感知、连接和智能的工业互联网平台，依托自身资源优势，面向亳州乃至省际周边中心企业，开发打造采购、物流、检测、培训等平台，开放集采服务和物流服务，为产业链上下游及相关周边各产业提供数字化服务，为中小企业提供更多的数字化支撑，助力中小企业数字化转型。

（二）全方位服务和保障数字化转型落地见效

1. 对标学习，转化思维，营造数字化氛围

为推动数字化建设工作，古井贡酒以"请进来、走出去"的方式，邀请数字化龙头厂商、专家顾问分享数字化转型经验及建议，对标学习数字化转型成功企业案例，不断转变思维意识，营造数字化氛围。借助 5G、大数据、云计算、物联网等新一代信息技术，构建以用户为中心、可持续消费体验的新模式！

2. 落实"一把手"工程，基于战略驱动数字化转型

古井贡酒深刻意识到，数字化工作是系统性的"一把手"工程，更需要全员参与。因此，在"数字化古井"战略启动时，古井贡酒就成立了以董事长为组长、总经理为执行组长的"数字化古井"建设领导小组，制定了高管团队全程参与、核心业务骨干共计 360 余人全职参与、一线业务人员共计 520 余人兼职参与的建设策略，以及可量化执行的项目管理制度、考核方案，保障"数字化古井"建设有规可依、按规运行。

3. 以业务为主导，保证数字化系统建设落地见效

在推进"数字化古井"建设过程中，古井贡酒探索形成了"业务主导和推广、IT技术实现"的数字化系统建设经验。在数字化建设的前期，先把专家"请进来"，组织开展多轮次的数字化专题培训，提高业务单位对数字化建设的认识，营造数字化管理氛围；然后，业务单位负责人"走出去"，参与数字化建设的调研，切实感受数字化系统带来的效果，树立进行数字化转型的信心和决心。业务单位既要提出数字化项目的实施需求，也要负责数字化系统的应用推广，以保证数字化建设的成果。IT 部门在整个项目实施过程中负责系统架构及技术实现，以保证数字化系统建设的质量。

4. 推进网络安全建设，为数智化平台安全稳定运行保驾护航

结合三级等保测评，古井贡酒通过对公司网络架构和网络安全项目的建设打造综合网络安全管理体系，实现了互联网出口的统一、安全防护的统一，最大限度地降低了互联网风险，部署了完备的互联网安全设备，为局域网提供了安全、稳定、高效的网络环境。

优化调整网络架构，实现"四网分离"，即办公网、生产网、安防网及数据中心网四网分开，对重点的生产网按照高可靠的双回路改造，实现生产网络双链路网络优化，

监控网络物理隔离，生产、办公网逻辑隔离，利用高速率、低延时、大连接的企业私域5G，提供"端、边、管、云、用"整体解决方案及信息采集、数据传输、数据分析等系列创新服务。

按照建设"两地三中心"机房模式，在总部和合肥建设机房，打造稳定、安全、可靠的混合云，保证高度的数据完整性，提升网络稳定性，为工业互联网平台提供安全、可靠、稳定、高速的网络环境。

三、实施效果

（一）经济效益稳定增长

数字化建设为古井贡酒经营指标强势增长提供保障，2020年、2021年、2022年分别实现收入102.92亿元、132.70亿元、167.13亿元，保持20%以上增长。在全自动立体发酵智能酿造车间，相同产能下生产人员由传统酿酒车间的1100人减少到60人，人均产能提升20倍，投料产出比提升4.3%，人均效益是手工车间的13.3倍。在智能园区，完成同等产能，生产工人由10909人减少到1289人，人工费用节约7.69亿元/年；降低网络布线复杂度，仅5G监控一项，运维量降低45%，降低成本约1000万元。

（二）管理效益显著提升

通过质量管理平台、ERP和SRM集成应用，工作效率提升30%，追溯效率提升68%，实现自动分析预警和问题闭环管理，顾客满意度评分（百分制）由87分增长到91.2分。通过数字化转型，打通端到端全业务链协同管理，建立横向协同的"供、产、销、存"运作体系，让数据驱动管理提升，助推内外协同创新，助力业务与财务一体化运营，供应及时率提升20%、企业整体运营效率提升60%、协同办公效率提升80%。

（三）赋能产业链转型升级

围绕厂家、经销商、终端门店等渠道主体和消费者，打通了数字化营销与SAP/ERP系统，探索并形成了S2B2b2c数字化白酒营销新模式，订单流转效率提高80%；货物流向全程在线，无须人员走访、督查。通过"全球呼叫中心+古井服务"打造的敏捷服务平台，使用智能语音技术，让客户只需拨打一个电话号码，即可直接与客服人员进行通话沟通，反馈客户诉求。同时，智慧服务还能将客户的信息、需求自动归类、分析，从而提供更为精准的服务回应。

基于智慧供应链的医药流通共享协同平台建设

南京医药股份有限公司

一、企业概况

南京医药股份有限公司（以下简称南京医药）成立于1951年，1996年在上海证券交易所上市，是中国医药流通行业较早上市公司，现已发展成为跨地区、网络型的集团化企业。南京医药立足大健康产业发展，以医药批发及医药零售为主营业务，现有约80家分（子）企业，市场网络覆盖江苏、安徽、福建、湖北等地及西南部分地区，业务覆盖近70个城市，在区域市场积累了丰富的医药商业运作经验、资源和品牌知名度，全国行业规模排名第七位，居2022年《财富》中国500强第281位。

二、主要措施

（一）建设物流基础设施

建设南京医药中央物流中心，全面实施WMS/WCS（仓库管理系统/仓库控制系统）系统，并配备AGV机器人、自动化立库、自动分拣、条码/RFID等，实现物流作业信息化、自动化、智能化，曾作为2017年度物流标准化试点单位，得到行业一致认可。2018年10月南京医药中央物流中心正式投入使用。

其中自动化仓储设备（3500平方米立体库货架、6100平方米多穿库货架、动线传输线等，AGV自动拣货机器人（32+配套设施设备），标准化托盘2万个、周转箱3万个、叉车26台、运输车辆25辆。

南京医药中央物流中心采用物流仓储资源整合的创新模式，由南京医药中央物流中心统一仓储管理与物流配送，从而整合药品仓储和运输资源，上下游互相渗透，实现多仓协同配送。解决了物流资源分散带来的协同配送、信息共享困难的问题。

（二）建设物流标准化体系

一是管理标准化。各方将在托盘标准化、业务管理规范标准化等方面进行统一管理，通过可视化系统进行销售、物流、质量等监控全程追溯，提高供应链标准化水平。

二是设备标准化。统一物流相关设备标准，包含标准化的冷链运输车辆（2.55米～2.6米）、标准化的托盘（1.2米×1米）、包装箱（60厘米×40厘米）、周转箱（框）、货架、叉车等物流设备。

三是托盘使用标准化。建立托盘共用系统，完善托盘回收网点，加速托盘在上游供应商、药企，下游医院、药店供应链成员企业内的循环利用，实现物流和资源高效循环。

四是业务流程标准化。把标准托盘、周转箱作为供应链物流单元、计量单元、数据单元，进行采购订货、物流运作、计算运费、收发货和验货，减少中间环节和货物损耗，提升供应链单元化水平。

（三）统一信息采集体系

信息标准化对医药流通行业的转型升级极为重要，为保证在信息传递过程中数据格式的统一，缩短数据处理时间，加快决策速度，要统一应用GS1（国际物品编码组织）代码和药品监管码，建设基础数据管理平台，定义上下游供应链核心业务对象，逐步实现主数据统一后的商品补货、订单、结算、运输的全程跟踪追溯。

（四）建设供应链云服务平台

南京医药自主研发为上游供应商、下游客户及企业自身业务人员提供供应链综合信息服务的互联网云平台。将医药生产企业、物流企业、流通企业、零售终端企业原本各自独立的业务信息系统"孤岛"，通过标准化的企业电子数据交换（EDI）接口连接起来；将原本的产、供、销企业变身为一个个虚拟的部门，形成一个以互联网云服务为支撑、桌面及移动办公为触点的"虚拟企业"，从而实现医药供应链上的信息共享、业务协同、合作共赢，极大提升供应链团队的作战能力，为新医改下的信息化创新做出有益的探索和尝试。

（五）建设药事服务SPD供应链延伸服务平台

医院药品和耗材供应链管理模式（SPD）是指通过信息系统的标准化建设和院内物流流程再造，以及条码识别技术的应用，使院内物流作业规范简化、提高作业效率、降低差错。第一，通过SPD系统，药品医护人员、患者的对应关系得以建立，实现对药品供应全程跟踪与可视化。第二，利用互联网、物联网技术实现订单电子化、物流条码化，帮助医院和供应商之间实现业务、信息的协同与共享。第三，由南京医药提供专业的物流延伸服务，优化物流人力配置。第四，通过将院内的物流系统与供应商企业的 ERP 系统对接，客户下达的采购订单经过协同服务平台，发送给供应商企业的 ERP 系统，在 ERP 中生成销售订单草案，再经过业务员的销售确认后产生销售订单，并根据销售订单生成物流作业指令，产生的配送单再通过协同服务平台转换为客户所需的到货通知单，发送到客户的物流系统中，客户直接在自己的物流系统中对到货进行验收入库。

（六）建设医药电商服务平台

一是建设面向上游工业的院外分销平台，吸引并促进商业公司、终端客户、监管单位、零售连锁等多种类型机构的协同合作，并能根据不同的组织类型进行服务定制。

二是建设面向社会化单体、社区卫生服务、镇村卫生站和连锁药店等统一部署，统一使用的集团 B2B（合作与企业之间的商业模式）电子商务系统，提高信息传递速度。

三是建设针对零售门店会员的 B2C（企业直接面向消费者的电子商务模式）、O2O（线上到线下的商业模式）电商平台，就客户、供应商、品规等各类资源实现统一共享与集中管控，提供用药咨询、健康管理、轻问诊服务等。

四是针对医院患者服用中药饮片时面临的煎药和配方的困难，开展中药饮片煎药服务业务创新，建立中药饮片煎药服务中心，通过聚合健康服务提供商、健康产品生产供应商、配送商、医师、药师、健康顾问和消费者，使平台成为服务各方的互联网应用平台。

（七）建设供应链上下游协同平台

供应链上下游协同平台是供应链云服务平台的子平台，提供上游供应商、药企流向的数据服务，实现药企的数据直连连接，及时了解自己的供货品种的销售流向情况，特别是品种在终端客户中的细分份额及可销库存等，南京医药各节点库存与每月、每周甚至每日的消耗量，对供应商的备货策略、采购策略、生产策略都有直接的影响；为下游医院客户提供供应链协同对接服务，将医院的物流系统与下属企业的 ERP 系统对接，客户下达的采购订单经过协同服务平台，发送给下属企业的 ERP 系统，在 ERP 中生成销售订单草案，再经过业务员的销售确认后产生销售订单，并根据销售订单生成物流作业指令，产生的配送单再通过协同服务平台转换为客户所需的到货通知单，发送到客户的物流系统中，客户直接在自己的物流系统中对到货进行验收入库。同时为药品供应链上的各类客户可随时通过手机及时掌握药品的交易及物流情况；为南京医药自身业务人员提供销售支持服务，并实现手机移动化的支持，在与客户进行业务洽谈时，可随时查阅当前的经营品种、价格、库存等实时数据，提高工作效率。

三、实施效果

2019 至 2022 年项目实施期间，南京医药供应链及物流管理水平显著提高。与供应链相关部分的营收在原有基础上增加一倍至 2 亿元左右，2022 年企业总营收规模达到 500 亿元。平均库存周转率下降 10%、供应链综合成本下降 10%、订单服务满意度提高 5%、重点供应商产品质量合格率达到 100%，托盘、周转箱等供应链单元标准化率达到 100%，重点用户系统数据对接畅通率在原有 50% 的基础上提升至 80%，单元化物流占供应链物流比例由 50% 提高至 80%，装卸工时效率提高 20%。

油田生产指挥调度业务的数字化转型

中国石油天然气股份有限公司塔里木油田分公司

一、企业概况

中国石油天然气股份有限公司塔里木油田分公司（以下简称塔里木油田）成立于1989年，目前为我国陆上第三大油气田和西气东输主力气源地，也是新疆最大的油气田企业和中国石油最具发展潜力的地区公司，主要在塔里木盆地从事油气勘探、开发、销售及新能源等业务，公司总部位于新疆库尔勒市，作业区域遍及南疆五地州，员工总数9638人。截至2022年年底，已累计发现和开发轮南、塔中、哈得、克拉2、迪那2、英买力、克深2等32个大中型油气田，探明油气储量当量35.13亿吨，生产原油1.55亿吨、天然气3976亿立方米，油气当量4.72亿吨，向西气东输供气超3200亿立方米，向南疆供气超500亿立方米，上缴税费超1815亿元，为保障国家能源安全和促进国民经济发展做出了重要贡献。

二、主要措施

（一）立足业务需求，精细论证数字化转型路径

1. 制定生产作业现场数字化转型路径

按照"业务主导、信息统筹、应用为本、双轮驱动"工作方针，推动生产自动化、业务信息化、管理集约化、决策智能化，实现"数字化代替人干活、削减安全风险、降低劳动强度、提升工作效率、推动提质增效"。

一是对数据采集补充完善，提升数据采集覆盖率；二是开展自动化改造，减少需要人工频繁操作的工作，大幅降低劳动强度；三是通过油气生产物联网全覆盖，中小场站实现无人化运行；四是改造完善视频监控系统，实现油区内部"看得见"；五是改造无

线集群对讲系统,实现油区内部"呼得通";六是完善改造数据传输通信系统,搭建油区内部数据传输高速公路。

2. 制定生产指挥调度业务数字化转型路径

构建形成"纵向联动、三端协同"的数智化生产指挥体系,围绕"基础业务全面上线、监控处置自动预警、智能分析辅助决策"三个层面持续开展数智化建设,用好油田智能运营中心、四个专业区域管控中心及采油气管理区数智运营中心,通过这些平台实现远程监控、组织、协调、调度和应急各项工作。

以智能生产与应急指挥平台建设为抓手,将生产运行业务全面转入线上运行。同时积极督导采油气管理区数智运营中心建设,将智能生产与应急指挥平台模块积极下沉至各采油气管理区,助力各层面生产指挥调度工作全面提速提效。

(二)坚持目标导向,保障智能生产与应急指挥平台开发的功能满足预期

基于梦想云、数据湖、应用大数据分析及可视化集成等技术,集成汇集7类52套专业信息系统和数据银行各类型生产数据,根据塔里木油田六项主要生产运行业务(油气产运储销运行管理、重点工程项目运行管理、生产保障业务管理、生产关系协调、突发事件应对处置、对外公共关系协调),塔里木油田生产运行管理部门、数字和信息化专业管理部门、信息系统承建方联合开展智能生产与应急指挥平台建设,建成了主平台(PC端)153个功能模块,大屏端10类应用场景及移动端7个功能模块。

PC端开发建成生产调度、生产保障、应急管理等生产运行业务16个业务模块,将生产运行领域生产调度、生产保障、应急管理三大业务从"线下"搬到"线上",助力油田生产动态掌控更全面、计划管理更高效、生产协调更流畅、应急管理更有力。

生产调度业务开发完成生产总况、产销一张图、在线调度、生产计划、油气生产、储运销售、重点项目、组织协调等模块,共计153个子菜单页面,方便把控油田生产各项工作的关键节点、强化跟踪督办,确保各项生产任务落地、年度生产目标完成。

生产保障业务开发完成用车管理、道路管理、电力运行、通信管理、综合预警、捐赠管理6个模块,共计108个子菜单页面,通过电路讯网一张图及时掌握电路讯主要运行态势,同时可将自然灾害信息精准推送并提示相关单位做好防范。

应急管理业务开发完成应急资源、风险监测、应急处置、日常管理、知识库5个模块,共计54个子菜单页面。实现平时对应急相关报表"线上"填报、汇总,战时"线上"报送应急抢险相关信息并在大屏端显示,助力高效应急指挥。

1. 建设智能生产与应急指挥平台大屏端

结合具体的应用需求，大屏端开发建设了 10 类应用场景（生产总况、物探动态、钻探动态、产能建设、油气生产、油气运销、生产保障、综合预警、在线调度、应急指挥），既可直观呈现塔里木油田生产全景和现场实况，又可通过厂站逐级钻取、信息关联、视频交互等技术，为高效开展生产指标管理、阶段调产保供、重点施工协同、应急救援指挥等工作提供各方面信息支撑和辅助决策。

2. 建设智能生产与应急指挥平台移动端

为进一步提升智能生产与应急指挥平台使用的便捷性，针对生产值班、生产指令、生产协调、任务督办、生产异常、应急指挥、道路导航业务场景开发移动端功能，使得现场管理人员在作业现场就可对相关业务进行线上确认、审核、办理，确保各类业务均可及时在线上运行。

（三）构建数智化生产指挥体系，助力生产管控提质提效

1. 全面推进油田数智化生产指挥体系建设

目前，塔里木油田已构建形成较为完善的数智化生产指挥体系，顶层是油田智能运营中心，负责勘探开发产、运、储、销全链条运行调度和重点生产单元实时监控，通俗来说就是"可视、可监、可调"，但不直接控制。第二层级由 4 个专业管控中心、9 个采油气管理区数智运营中心构成，这 13 个中心进行本业务领域或区域生产要素的直接控制、全量监视和全过程跟踪。最终实现"全业务实时感知、全过程监测预警、全方位调度管控、全链条进阶跃升"的"四全"目标。

2. 实施生产现场数字化转型

一是通过油气井智能远程启停、一体化注水、工况智能诊断、安眼工程等技术研发应用与不断完善，提高井场生产自动化水平；通过手动操作改自动、机泵远程启停、远程集中控制、预警报警等系列技术的攻关应用和站内设备、工艺的自动化改造，实现了以天然气处理站或联合站为中心站，按照流程归属对上游中小型无人值守场站远程集中监控，紧急情况"一键关停"。截至目前，已累计建成中小型无人值守站 124 座，覆盖率 99%。

二是通过对采油气管理区视频监控系统进行改造，油气站场 1300 余路视频监控接入塔里木油田统一建设的音视讯平台，实现采油气管理区内生产运行、重点项目建设全过程数字化监控。

三是通过完善采油气管理区无线集群对讲系统，实现管理区各井站能够"呼得通"，人员精准定位。

四是完善塔里木油田光传输骨干环网、办公网、无线通信，构建高稳定传输网络，提升生产一线网络覆盖率，持续补强油田"信息高速公路"。

3. 建设专业管控中心、采油气管理区数智运营中心

一是建设专业管控中心。建成的钻完井远程管控支持中心可对百余口正钻井实况进行监控、调度；油气运销调控中心可对长输管道、阀室、大型场站、压气站进行监控、调度；电力调控中心可对变电站及电路线路进行监控、调度；运输调控中心可对货运、客运、特车状态进行监控、调度。

二是建设采油气管理区数智运营中心。按照塔里木油田管理层级扁平化改革思路，已出台采油气管理区数智运营中心建设模板，制定了三方面业务数字化运行机制。①管理业务全面线上迁移，形成基于线上工作的标准化、规范化业务流程，逐项解决流程运行中的堵点、断点，保障业务全流程在线高效运行。②监控控制区域集中，监视控制大厅值班人员通过系统大屏端和DCS（分散控制系统），全方位监测重要生产数据动态、关键指标完成情况、重点项目进度、井站过程参数等，全面掌握生产运行态势，及时发现异常并进行处置。③调度指挥过程辅助，生产组织过程中，依托在线调度、油气调控等应用，高效跟踪、收集、传递生产动态信息；根据系统辅助分析信息、预警提示，及时进行生产调控；在跟踪协调过程中，利用任务督办、生产协调等应用，随时掌握重要事项办理进度，督促工作落地、闭环销项；在异常处置过程中，利用应急指挥功能模块，引导应急响应过程、跟踪事件态势、调度应急资源。

4. 建设智能运营中心

塔里木油田智能运营中心与总调度室合署办公，从生产运行的角度来讲，智能运营中心是塔里木油田的生产指挥中心和应急指挥中心，日常状态下负责做好值班值守、信息汇总等8个方面的工作，应急状态下融合指挥、联动支持等4个方面的工作，实行调度7×24小时联席坐班，6名主管全年不间断带班值班，百名备勤专家24小时轮班值班工作制度。从数字化转型功能发挥角度来讲，智能运营中心又是一个油田级共享支持和协同调度平台，同时也是塔里木油田数字化转型智能化发展的一个重要引擎。

塔里木油田智能运营中心与专业管控中心、采油气管理区数智运营中心是业务对口单位，也可以理解为上下级关系。智能运营中心向专业管控中心、数智运营中心发出相应的工作指令，落实到位后需向智能运营中心进行反馈；同时也会对专业管控中心、数智运营中心数智化建设情况进行定期的督导。而专业管控中心、数智运营中心若在本单

位本领域相应的生产要素出现异常时需及时向智能运营中心汇报情况，紧急状态下智能运营中心需从油田层面协调资源组织解决相关问题。除此以外，智能运营中心通过接入关键生产要素，可对从勘探开发产运储销全业务链的计划执行情况进行监控，同时对专业管控中心、数智运营中心关键生产要素全面感知监测。

三、实施效果

（一）社会效益方面

自塔里木油田智能运营中心及智能生产与应急指挥平台投用以来，通过接入现场实时参数、监控画面、三维模型等各种生产数据，可逐步将分散在全探区的 3000 余个油气井站变成一个有围墙的工厂，进而实现全油田生产运行"可视、可监、可调"，集中呈现油田生产运行领域数字化建设成果和数字化转型、智能化发展状况，成为彰显现代化一流公司形象的重要窗口。仅 2023 年 3—7 月，智能运营中心已承接各级领导的指导检查交流活动 80 批次、700 余人次。由此，塔里木油田生产运行领域数字化转型也已成为可供当前行业内外借鉴的典型案例，对促进行业内外数字化转型具有重要的参考价值。

（二）管理效益方面

1. 生产现场数字化建设方面

一是提升本质安全水平。通过数字化建设，无人值守站实现了井站间资料自动采集、油嘴自动调控、现场故障自动报警等功能，降低了安全隐患，安全环保水平不断提升。二是提升基层员工幸福指数。数字化、智能化技术替代了大量现场重复性、危险性工作，员工告别过去劳动强度大、工作效率低，例如通过实施数字化巡检，单井巡检频次由原先的 1 次 / 天转为操作巡检，巡检工作量大幅减少 70%。集中驻守、集体生活、正常轮休，生产生活条件持续改善，员工幸福指数显著提升。

2. 生产指挥调度业务数字化建设方面

一是生产动态从"报表"升级到"场景"，信息不过滤、数据更精准，生产态势更直观，生产指挥整体效率提升 15%。二是管理手段从"线下"迁移到"线上"，工作流程化，管理向精细化转变，调度更高效，业务衔接更流畅，生产运行工作效率提升 20%。三是管理模式从"逐级"过渡到"贯通"，管控一体化、牵引更有力，生产组织更主动，生产组织效能提升 10%。

（三）经济效益方面

通过生产现场数字化建设，近两年优化、节约用工约 156 人，每年节约成本 4680 万元；节省车辆使用费预计 130 余万元；减少机采井作业费用 900 余万元；降低抽油机能耗，年节省电费 80 余万元；及时远程调参提高泵效，预计年增油 0.6 万吨；提高单井生产时率，年增油 2 万余吨。合计每年创造经济效益上亿元。

面向军工企业能力现代化的自循环数据资源体系构建

四川九洲电器集团有限责任公司

一、企业概况

四川九洲电器集团有限责任公司（以下简称九洲电器）始建于1958年，是国家"一五"期间156项重点工程之一、国家保留核心科研生产能力的地方军工骨干企业、国家某识别系统三代总师单位。成立65年来，九洲电器产业领域从建业之初以某识别为核心，逐步发展到某识别、空管、特种对抗、卫星通信与数据链、指挥控制、信息系统、微波射频等多个领域，先后承担了大运、航母等100多项国家重大工程任务，参与国家、军用标准制定37项，荣获"国家科技进步奖特等奖""国家级企业管理创新成果一等奖"等重大奖项近100项。2007年、2016年两次荣获中共中央、国务院、中央军委联合颁发的"某工程重大贡献奖"；2020年荣获国家国防科工局"某工业突出贡献奖"；2022年荣获"国防科技进步奖一等奖"。九洲电器现拥有总资产91.86亿元、净资产32.9亿元，有职工2652人。2022年九洲电器实现营收58.18亿元，保持持续稳定增长。

二、主要措施

（一）建立管理新机制，激活数据服务内生动力

1. 成立三级责任制的管理机构

成立以九洲电器主要负责人为主任、信息化分管领导为常务副主任、各业务部门第一负责人为成员的数据管理委员会，作为九洲电器数据管理的决策机构，主要负责审议数据战略目标、体系规划、标准规范，监督数据战略推进实施等；成立数据管理部，定位为数据资源统一管理部门和业务部门的数据伙伴，主要负责数据管理体系的具体落地

和日常管理工作；将数据质量与数据应用等职责写入各业务部门职能职责，直接对本业务领域的数据质量负责，并对本业务领域数据拥有解释权和变更权，形成数据管理委员会管总、数据管理部主管、各业务部门主治的三级数据管理新架构，系统性地保障数据驱动工作的组织清晰与责任落实。

2. 建立以总纲为牵引的制度流程

建立基于核心业务价值链的《数据管理总纲》，明确数据产生、管理、应用、奖惩等基本政策、原则、标准等，以总纲为牵引，陆续建立和完善了数据架构管理、数据质量管理、数据分类管理、数据安全管理、数据生命周期管理等规章制度12份；结合管理制度与数据在业务中流通的卡点问题，建立完善了数据质量管理、数据稽核、数据清洗、数据分析利用、物料编码申请、主数据维护、BOM数据变更等流程26个，形成了以业务应用和能力提升为导向，从数据生产到数据消费的闭环流程体系，持续推进数据共享利用和效率提升。

3. 对标提升形成能力改进PDCA循环

引入数据管理能力成熟度评估（DCMM）认证，将数据管理工作与国家标准体系认证相结合，通过对标国家标准有效促进组织、流程、技术与数据的融合，持续释放数据价值。每年进行能力成熟度评估认证，邀请外部数据专家对内部数据管理工作进行体系化的审核与评估，形成能力等级分析报告及优化改进建议；结合分析报告及改进建议制订次年数据管理能力提升目标及提升行动计划，从而形成能力有效提升的PDCA循环，推动九洲电器数据资源体系有效运行和持续优化。

（二）健全数据新标准，促进数据质量阶跃式提升

将数据标准纳入九洲电器标准化体系进行统筹管理，结合国家数据管理能力成熟度评估模型，将企业数据标准分为管理标准、主数据标准、交易数据标准、观测数据标准4类。管理标准由数据管理部根据数据治理进度制定发布，主要包括管理总则、元数据管理标准、数据分类与编码标准、质量管理标准、数据开发与建模规范等；主数据标准由业务归口管理部门会同数据管理部制定和发布，主要包括客户、供应商、物料、人员等主数据标准；交易数据标准由业务管理部门会同数据管理部在业务或流程上线时同步发布，主要包括设计、工艺、财务、质量等各业务数据管理标准；观测数据标准由归口统计部门会同数据管理部在发布指标时同步发布，主要包括经营指标、利润指标、质量指标、产能指标等标准。

同时采用"面向对象"的方法，使一个数据的组成定义清楚、组成的标准定义准

确，确保每个组成信息准确，从而使数据"具象化"。基于对数据质量的独到理解，九洲电器 2022 年成功参与了国家主数据质量标准编制工作。

（三）推动数据新治理，提升分域数据供给能力

以面向对象的业务架构为基础，借鉴敏捷开发方法，创新性提出分域治理、分域供给的数据治理新模式，改变传统"运动式"的数据治理模式。业务部门以项目全生命周期管理为主线，面向年度生产任务和能力提升要求，有针对性地进行本业务领域的数据清理、完善、结构化、标准化等工作，做到数据即治即用、即用即有，形成高质量数据支撑业务目标实现的正向示范，并通过持续迭代，使全域数据准确、干净、可用，形成企业数据资产，最终实现核心业务数据链的"码码相通、环环相扣、处处相连"。2020 年以来，累计完成 300 多种产品的 300000 多条关于设计、工艺、物料、供应商等方面的数据治理，数据业务化流通使用率整体提升 223%。

九洲电器数据分域治理架构如图 1 所示。

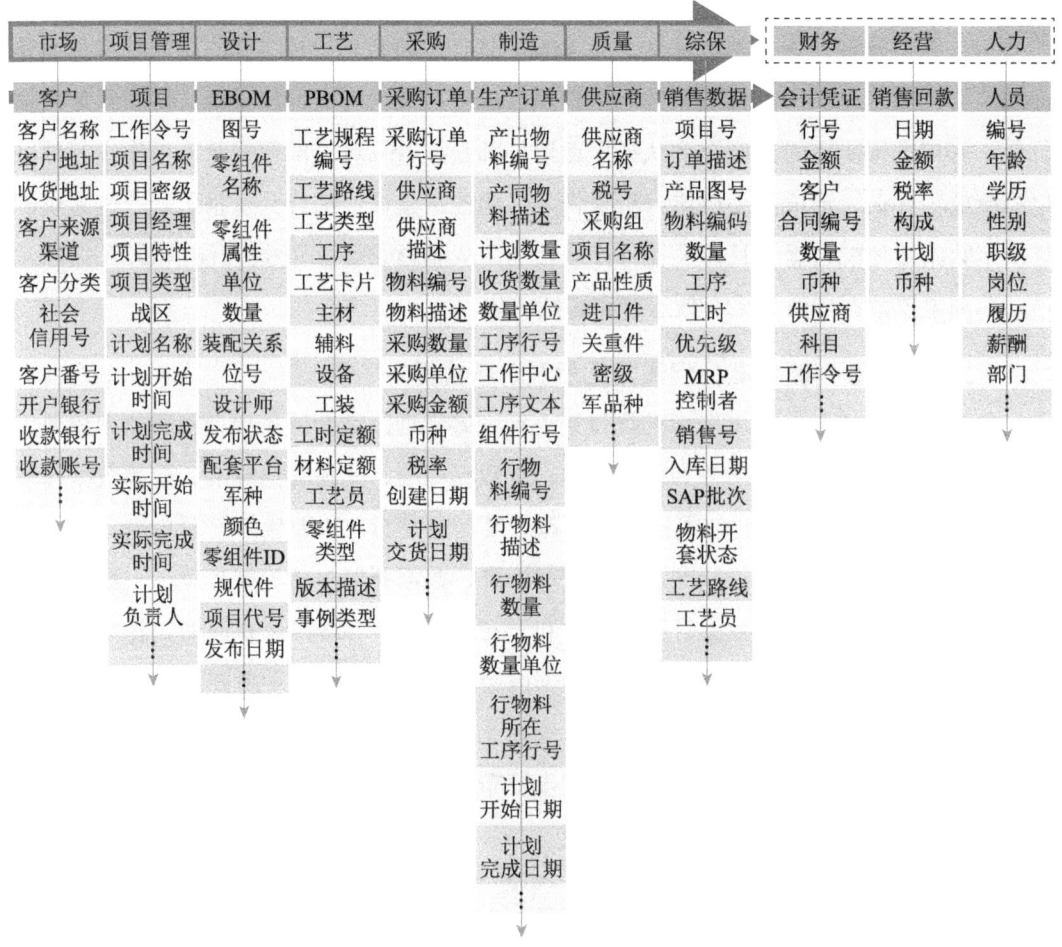

图 1 九洲电器数据分域治理架构

（四）培育数据新应用，推动业务管控能级跃升

1. 面向业务协作推进全域数据端到端可靠传递

面向业务交易的应用，即数据被上下游业务系统使用的情况，是九洲电器当前核心业务在线协同最主要的应用方式，也是业务管理人员使用数据的主要方式，由九洲电器数据管理部根据各部门数据供应情况，以纳入数据中心统一存储管理的数据资产目录进行统计发布。用户可在业务应用系统使用相关数据，也可以通过自然语言搜索快速找到需要的数据。各业务数据由唯一的数据源提供，不再从一个系统复制到另一个系统，保障数出一孔、同源可信、全域可用。

2. 面向决策分析推进数据柔性可得与多维穿透

面向决策支持的应用，即数据被用于业务管控分析的情况，是反映九洲电器管理现状，推动管理现代化的应用方式，也是各级管理人员使用数据的主要方式，由九洲电器数据管理部根据各部门自动化统计分析的业务指标数量进行统计发布。基于自动化统计分析的业务指标，通过可视化方式形成适应各业务层级决策支持的数据地图。各业务数据地图综合反映业务的进度、质量、成本、效益等信息，并可根据分析需要柔性定制和自定义生成。用户无须关心数据背后复杂的逻辑结构，只需按业务逻辑组合数据指标，通过敏捷的数据获取帮助管理人员快速掌握整体状态、发现业务瓶颈、分析问题实质、采取有效措施，为企业的战略决策与业务运营提供可量化的、科学的数据支撑，提升"挂图作战"的业务能效。

3. 面向管理创新推进自助式数据增值服务

面向自助消费的应用，即数据被用于管理创新等增值活动的情况，是形成九洲电器数据资产乃至对外进行数据服务的应用方式，也是推动全员全面数据创新的主要方式，由九洲电器数据管理部根据各部门提供的数据服务情况，以服务目录的形式统计发布。通过数据服务的方式，用户只需要定义"做什么"而不是"如何做"，只需通过"拖、拉、拽"的方式就可快速生成各种业务关联逻辑、生成各类业务分析报告，通过数据组合的方式挖掘和探索业务创新发展的可能性，以更有效地发挥各业务部门的主观能动性，更好地将数据分析消费与业务运营改进相结合，有力支撑各业务现代化发展。

（五）夯实数据新底座，汇聚多维连接数据资产

1. 建立面向连接共享的数据湖

业务应用系统为数据湖的源系统，聚焦于业务数据的产生和单一维度的数据交互；数据湖为跨系统、跨部门、跨企业的数据应用平台，聚焦于数据模型的建立和多维度数

据交易，并能通过多维度的数据分析反哺应用系统质量提升和效率提升，与应用系统形成相互协同、相互促进的迭代演进关系，并在军工安全保密管控要求下，实现数据低成本、高效率、易扩展的存储、分析和多维度重构能力，让数据更易获取，为业务可视化、分析、决策等提供数据服务。

一是定义发布数据入湖标准。建立包括明确数据责任单位、发布数据规范、定义数据密级、明确数据源、评估数据质量、注册元数据等数据入湖标准，确保入湖数据安全可用。

二是建立数据湖。基于九洲电器数仓平台进行扩展，部署对象存储，使用存算分离架构，构建统一的数据湖，打造湖仓一体架构，实现结构化数据、半结构化数据、非结构化数据的统一存储，并支持用户自助分析、实时分析、关联分析，让数据应用更加灵活、便捷。

三是推动数据入湖，实现数据"逻辑汇聚"。按照数据入湖标准，率先推动经营、客户、方案、产品、采购、生产等主题业务数据入湖，并在入湖过程中结合自动提取基础元数据、人工补充定义元数据、智能提取完整元数据等技术手段，实现元数据采集、元数据存储、元数据应用的统一元数据管理能力，提升和保证数据湖的数据质量，避免陷入数据沼泽。

2. 构建按需获取的数据服务

基于九洲电器数据开发能力及数据服务管理能力，将入湖数据按照业务对象、资产关联等方式进行数据建模，并按照业务需求构建数据服务，以数据服务API、数据推送等形式提供给数据需求部门，更为柔性、敏捷地满足九洲电器现代化能力体系建设要求下各部门灵活多样的数据消费诉求，各类数据服务平均响应时间少于3秒。各部门能直接调用已建好的数据服务进行自助分析，场景人效至少提升30%，更有效地发挥业务部门主观能动性，促进业务通过数据改进优化、持续创新，进而形成数据驱动的业务新模式。

三、实施效果

（一）构建了高效利用的数据要素资源体系

九洲电器目前已沉淀10大业务域数据资产26万条，数据主题模型520多个、数据服务100多项，有效促进了高质量数据与高质量业务发展的有机融合，发挥了数据新生产要素对传统生产要素的配置优化、连接创新、协同提能等方面的关键作用，对国有企业以数据激发改革发展活力、推动企业高质量发展有较好的示范作用和借鉴意义。2022年年底九洲电器通过国家《数据管理能力成熟度评估模型》（GB/T 36073—2018）和《智能制造能力成熟度模型》（GB/T 39116—2020）三级能力评估认证，是四川省首家取得两个三级能力资质的军工企业。

（二）企业现代化管理水平大幅提升

面向军工企业能力现代化的自循环数据资源体系将数据驱动作为业务高质量发展的着力点，形成了九洲电器业务创新发展、增量发展的第二曲线。跨系统监督合同履约率提升至80%、LTO闭环追溯率提升至90%；产品元器件统型率提升至86%、设计质量问题下降60%；无纸化工艺率提升至80%；供应链协同业务线上化率100%；生产过程可视化调度覆盖率提升至95%；质量管控能力整体提升152.6%，项目成本核算准确率提升至95%，企业现代化管理水平大幅提升。

（三）数据驱动企业高质量发展成效显著

通过数据的乘数效应、倍增效应，九洲电器顺利实现了效率提升、能力提升、质量提升、成本降低、利润增幅提高、投入产出率提高的"三升一降两提高"发展目标。2022年九洲电器关键技术成果提升262.5%、研发投入产出比提升52.6%；产品交付能力整体提升106.9%、平均产出效率提升68.3%；成本核算效率提升42.5%、项目人均利润提升29.2%，有力支撑了九洲电器高质量发展。2022年九洲电器实现营业收入58.18亿元，同比增长7.48%；利润总额2.57亿元，同比增长73.84%，连续三年实现高速增长，相对2019年，九洲电器营收累计增幅46.9%，利润总额累计增幅314.5%，顺利实现"营收跨两步、利润翻三倍"的高质量发展目标。

实现汽车后市场全时运营服务的运营平台建设

江铃汽车股份有限公司

一、企业概况

江铃汽车股份有限公司（以下简称江铃汽车），是集整车及零部件研发/制造/销售/服务于一体的中国汽车行业劲旅，是中国商用车领军企业，也是乘用车标杆新势力。于1993年成为江西省第一家上市公司，并于1995年引入外资战略合作伙伴美国福特汽车公司（以下简称福特）。江铃汽车始终坚持双品牌战略：福特品牌包括全顺系列、江铃福特MPV途睿欧/SUV撼路者/领睿等；JMC品牌包括轻卡（凯锐/凯运/顺达）、皮卡（新宝典/域虎7/域虎9）、轻客特顺/福顺等，致力于以用户体验为核心，打造智能网联技术新高地，营造智慧互联生态，实现人、车、生活完美互联。

二、主要措施

（一）立项背景

江铃汽车作为江西省制造行业标杆，紧抓机遇，前瞻布局，自2020年起积极开展企业全面数字化探索与实践，努力践行"科技引领、创新驱动"发展战略，制定全产业链数字化目标，基于"智连客户心""数驱价值链"两大抓手打造核心竞争力引擎，在新一轮产业和技术变革的风口，在汽车行业步入人工智能时代的今天，拥抱数字化、促进转型升级已成为汽车产业发展的必然趋势，致力于让生产制造更智能，用户响应更敏捷，产品研发更高效。按照国六排放要求，江铃汽车的国六产品已标配车联网，为实现全时运营服务奠定基础；随着汽车后市场以养代修的模式变革，顺应预见性主动服务的未来趋势，提出行业内首创的全时运营服务，为客户、经销商及主机厂合作共赢共创价值。

（二）面临的问题及难题

客户车辆有隐患，无提示，导致出勤受限；当车辆出现小问题时也需要进站，严重耽误工作；缺少贴心的服务管家，无法线上进行车辆诊断；全车检需要长时间等待，严重影响客户通勤。数字化项目涉及面广，包含有智慧保养、故障报警、故障预警、道路救援、江铃智行/福特派/智慧车队 App 服务、夜间服务等项目，所有运营数据都散落在不同的平台，数据分析耗时长，对于运营决策不利。主机厂一键式调度系统难：大屏与业务系统暂未打通，处理业务需在各业务系统中处理，效率低；主机厂联系经销商/维修站/客户系统无法记录，跟进情况难以确认。经销商全方位准确直连客户难：原经销商业务管理系统（以下简称 DBS）推荐预警/故障/保养线索零散，真实客户反馈车辆问题分散，无法统筹管理，效率低。

（三）核心要求

实现提前对车辆进行智能判断检测，故障隐患预先提醒，提升车辆安全性，提高出勤运营效率。优化售后服务的线索触达客户策略，降低 4S 店无效回店率，提升售后的服务质量。将大屏与各业务系统贯穿，实现一键式调度业务流程，实时监控车主车辆健康状态及运行情况，提前介入处理车辆问题，以养代修，实践 Always-on 直联客户服务理念，归集业务结果和客户反馈，挖掘数据价值为拓展更丰富的业务内容提供数据参考。

数据全方位追踪：通过全时运营系统明细跳转江铃经销商业务系统 DBS，每条售后服务的线索可通过短信、电话、App 等渠道，推送给经销商或客户，打通江铃经销商业务系统 DBS 并回传记录，系统可记录每条明细的已发行为，进行分析。

数据阈值报警：针对大屏中需及时跟进的模块，设定阈值，达到阈值后自动触发邮件、短信告知运营人员，通过大屏报警提示进入详情页面。

（四）项目技术方案

总体设计采用"一个引擎，一个基建，两个平台，多块屏，多端用"总体架构，基于接收数据中台（以下简称中台）的基础数据、RDS（关系型数据库服务）诊断数据，车联网数据等，进行数据建模/清洗/分析。通过江铃生态（江铃智行 App/智慧车队 App）、福特派 App 站内消息、手机消息栏、短信、企业微信等渠道推送保养提醒、报警、预警信息给用户。

（五）主要功能设计

1. 智慧保养

预见性服务平台（以下简称预见性平台）抽取中台工单数据、车况等数据，根据保养模型进行计算，将生成的保养线索给经销商及用户分阶段通过不同渠道进行推送。用户完成保养预约之后，将不再进行保养提醒。经销商结束保养订单后，邀约用户进行评价，进而完成保养业务闭环。

2. 故障报警

当远程诊断系统获取到来自车辆的故障报警信息时，将故障报警推送到数据中台，数据中台推送到预见性服务平台。自有一套对故障的分类规则，利用此规则判断此次报警信息的严重程度，选用不同的推送方式与用户端、DBS、智慧客服等系统进行一系列交互，最终达到信息闭环，提升用户体验。

预见性平台接收中台传输的报警数据，进行逻辑判断，区分一级故障、二级故障、三级故障、四级故障；按照设定的逻辑分渠道推送消息。

故障紧急程度区分原则如下。四级故障——严重影响车辆及人身安全的故障，如高温、低油压、电动车动力电池高温等；三级故障——影响车辆行驶的故障，如无法启动、无法行驶或性能受限（限扭）、无助力、无制动等；二级故障——不影响车辆行驶，仅部分功能受限的故障，如娱乐系统、空调系统；一级故障——只做故障线索留存，不做推送。

3. 故障预警

在远程诊断系统中逐渐增加根据车辆信号等多方面因素，预测车辆零部件何时会出现故障的模型。当发现有故障可能发生时，远程诊断系统也会将故障预测信息通过中台转发给预见性平台，预见性平台启动故障预警流程向用户发送预警信息。预见性平台接收中台传输的预警数据，进行逻辑判断，通过 App、短信分别给用户推送消息。

4. 车辆体检

用户可以通过 App 对车辆进行线上检测，手机 App 触发体检，预见性平台收到体检任务后，给中台发送体检指令，进行车辆自检，等完成后，返回自检结果到预见性平台。范围覆盖各大系统：发动机控制系统、变速器控制系统、远程服务系统、制动系统、悬架系统、转向系统、胎压监控系统等。

5. 全时大屏

系统平台组件：全时运营系统采用阿里云平台组件进行告警、监控等。数据平台技术体系如图 1 所示。

DataHub：阿里云流数据处理平台数据总线 DataHub 是流式数据（Streaming Data）的处理平台，提供对流式数据的发布，订阅和分发功能。可以对各种移动设备，应用软件，网站服务，传感器等产生的大量流式数据进行持续不断的采集，存储和处理。数据总线 DataHub 服务基于阿里云自研的飞天平台，具有高可用，低延迟，高可扩展，高吞吐的特点。

Flink：作为实时计算的一个流式计算引擎，可以处理多种实时数据，主要的应用场景就是将各种不同的实时数据源中的数据进行实时的订阅、处理、分析，并把得到的结果写入到其他的在线存储之中，可直接生产使用。整个系统具有速度快、数据准、云原生架构及智能化等特点，是一款非常具有竞争力的企业级的产品。

Hologres：大数据设计的实时交互式分析产品，支持数据实时写入、PB 级数据进行高并发低延时的分析处理和超高 QPS 点查能力，满足数仓分析、服务一体化需求。致力于高性能、高可靠、低成本、可扩展的实时计算引擎研发，提供海量数据的实时数据仓库解决方案和亚秒级交互式查询服务，广泛应用在实时数据中台建设、精细化分析、自助式分析、营销画像、人群圈选、实时风控等场景。

Redis：云数据库 Redis 版（ApsaraDB for Redis）是兼容开源 Redis 协议标准的数据库服务，基于双机热备架构及集群架构，可满足高吞吐、低延迟及弹性变配等业务需求。

MySQL：阿里云关系型数据库 RDS（Relational Database Service）是一种稳定可靠、可弹性伸缩的在线数据库服务。提供了容灾、备份、恢复、监控、迁移等方面的全套解决方案，解决数据库运维的烦恼。

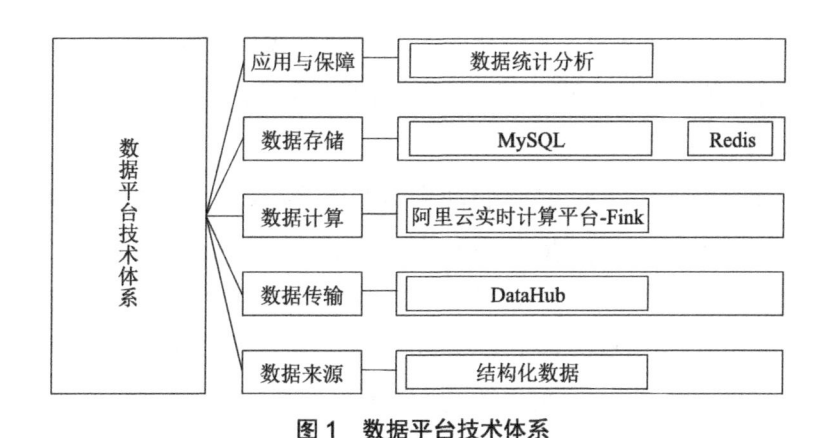

图 1 数据平台技术体系

数据抽取：DBS 系统、江铃预见性平台系统将数据同步到江铃的数据中台，数据中台通过 DataHub 实时同步全时运营系统。全时运营系统 BI 大屏页显示的是售前售后等统计数据，而全时运营系统的 Web 端显示的是明细数据，因此 BI 大屏页有下钻到全时运营系统的 Web 页面的功能，全时运营系统包含车辆预警数据、车辆故障数据、道路救援数据、夜间服务 /App 预约数据及智慧保养数据。

以预警单为例，当 DBS 生成一个预警单通过数据中台写入 DataHub，阿里云实时计算平台 Flink 实时读取 DataHub 里面的数据，先对预警单的状态进行判断，只处理预警单的待响应、申请关闭和已关闭状态。如果是待响应或未关闭的状态，需要实时计算它的超时待响应或未关闭时间，多长时间算超时，可以在全时运营系统的管理后台配置。计算出待超时未响应或超时未关闭时间写入 Redis，超时时间就是 Redis-key 的过期时间，监听 Redis-key 的过期时间，假设过期时间为 24 小时，如果 24 小时之内预警单还是待响应的状态，说明该订单未被处理，这个时候需要通知响应的维修站赶紧处理，如果在 24 小时内处理，则将该 Redis-key 删除。另外需要将原始的业务数据写入 MySQL 数据库。

（六）主要技术创新点

全时运营基于中台的基础数据，自主研发故障预警模型：蓄电池更换预警 /DPF 堵塞预警等；自主研发故障报警模型：故障报警 /碰撞报警等；主机厂一键式调度监管维修站，将以维修站跟踪为主的售后服务模式，转化为主机厂同步追踪维修站售后闭环的服务模式。

基于全时运营引擎 eCare 提供高效算力的方法：全时运营平台抽取车联网 /RDS 远程诊断及基础车况等数据，定制化设计算法模型，研发的聚合算法引擎，为快速计算汽车各固件预警数据提供高效算力和性能服务；eCare 技术研发应用系统，具备成熟数据清洗、模型训练、预研判分析等高效能力，支持解决海量数据处理的难题，实现将预处理数据进行预警结果输出。

基于云原生微服务架构 /CICD（自动化部署集成）全时运营平台打破工业领域限制，采用云原生微服务 Spring Cloud +K8S 软件架构方式，将大型应用程序按功能模块拆分成多个独立自治的服务，服务之间相互协调 /配合，独立部署，服务间采用轻量级的通信机制相互沟通 RESTful，各个微服务之间是松耦合的，每个微服务仅关注于完成一件任务并很好地完成该任务，每个微服务代表着一个小的业务能力。同时引入 CICD 机制，采用了自动化集成 /部署 /运维机制，节省人力成本，实现高效平台运行。

基于大屏主机厂一键式调度监控维修站售后闭环服务：基于预见性主动服务将业务线索同步推送用户 /维修站端；基于大屏实时在线一键式调度监控维修站，全方位追踪售后闭环服务。实时大屏采用 Flink 实时计算，Max Compute 大数据分析数仓，进行实时/离线计算，数据聚业和数据治理，Hologres 海量数据存储和查询，Datahub 海量数据交互等。

三、实施效果

江铃全时运营系统搭建实施后，各业务前台陆续与全时系统进行了集成与对接，一方面丰富了汽车后市场的闭环生态，提升了全时系统的业务价值；另一方面也增强了主机厂端对经销商端管控力度，提升了服务站对车辆问题的处理效率。

（一）预见性平台实施效果

预见性平台已正式实施，截至 2022 年 12 月底，预见性平台系统累计为超过 29 万辆商用车和乘用车进行全时运营服务，推送超 60 万次与维修保养相关的线索，累计触发车辆体检超 19 万次；有效提升产品质量，V348pro 车型千台故障率下降 1 个点；提供车辆故障主动预警服务，车辆故障预测、电池电量监控获得客户广泛认可。

生态系统丰富，江铃智行 App/智慧车队 App/福特派等多个系统应用互联，支持用户触发车辆体检操作、查阅驾驶日报月报数据；保养、报警、预警线索通过 App/智能外呼/短信/企业微信等渠道提醒，让用户出行无忧；同时 DBS 生成报警单、预警单，维修站有服专人员跟进；

（二）全时大屏系统实施效果

目前全时大屏系统运用已实时上线，极大地强化了主机厂端全时运营的能力，同时已完成实施链路打通，数据实施集成、加工、计算。能够快速响应各类数字化业务场景。践行数据可控、安全保障、高可复用原则，持续支持各类业务场景。通过以下路径：企业微信、智能外呼、短信及邮件等，对车主、主机厂运营人员、经销商人员进行推送，提升了主机厂及维修站对客户的响应率。

能源碳效数智化服务平台建设

国家电网有限公司客户服务中心

一、企业概况

国家电网有限公司客户服务中心（以下简称国网客服中心）于 2012 年 7 月成立，下设北方分中心、南方分中心、信息运维中心、"网上国网"运营中心 4 个基层单位，负责 95598 电话及智能互动网站服务、网上国网建设运营、大数据分析应用和新兴客户服务等工作，承担各省 95598 服务质量监督、检查和评价，开通电话、网站、"网上国网" App 等服务渠道，提供人工、在线客服、智能机器人等多种服务方式。

二、主要措施

基于"网上国网"App 海量用户数据与统一服务入口优势，依托能源碳效服务产品建设成果，建设能效服务 e 助手——能源碳效数智化服务平台。

（一）扎实开展能效分析服务相关业务，助力能源利用提质增效

一是能效账单推送。能源碳效数智化服务平台为全网 433 万个高压用户每月推送能效账单，基于 243 项基础数据建模，提供能效诊断评分，简明直观、一目了然。从峰谷、负载、容量、变损、力调等专业维度进行可视化分析，开展同行业能效对标，智能推荐能效改善建议及综合能源解决方案，提供分布式光伏、电能质量治理等能效辅助工具，助力用户降本增效。累计推送诊断结果 1.24 亿次，成为国家电网有限公司深化"供电＋能效"服务的有力抓手。为客户经理提供能效走访工具，用于查看管理辖区内企业用户能效数据，可按照行业类别、综合评分筛选待走访用户，记录走访结果，为节能潜力用户设定标签，现已挖掘节能潜力用户 56 万人，引导用户开展综合能源节能改造。

二是能效水平评价。搭建全网统一能源碳效评价标准、以百分制评分方式量化企业能效水平，挖掘能效数据价值潜力。能效账单整合 243 项营销及采集系统数据，筛选影

响企业用能水平相关指标，将企业的基础信息（地区、行业等）、设备信息、（容量、电压）、电量信息（峰谷时段电力等）、账单信息（电价、力调罚款等）、地区内同行业用电情况及政策优惠作为评价企业能效水平的数据基础。

三是能效提升服务。提供能效分析、能效诊断和能效提升建议一站式能效服务。划分能效评价、因素分析、电费电量、用能建议4个分区，对企业用能进行全方位展示。能效评价区从各方面用电评分加权求和得出企业能效的百分制综合得分，以红、黄、绿三种颜色区分低中高得分区间，简洁、鲜明地展示出企业的能效得分，让企业对自身能效水平一目了然；因素分析区从企业用电和变压器设备等角度，提供定制化能效分析服务，并将企业与同地区同行业范围内其他企业进行比较，让企业对自身能效变化情况和在行业中的能效水平有了全面的了解；电费电量区展示企业的总量费、电费分类及各时段电量电费占比，同时进行当期电费与上期、去年同期电费的比较，帮助企业了解电费构成和波动；用能建议区向企业展示能效优化空间，给出优化提升建议，让企业清晰地看到能效提升的路径。

（二）提供碳排放分析服务，助力企业绿色可持续转型

一是精准赋能企业用户，提供一站式碳效分析服务。针对当前用能企业碳排数据不能及时掌握、自身碳排水平不清晰的现状，以企业能耗数据为依托，通过碳排综合指标（月度/年度）、行业地区排名统计、电碳地图、培训取证、企业征信、产品碳标识认证等，为企业提供一站式减碳数字化服务，支撑打造了一批楼宇、高耗能工业等特色减碳服务专区。例如从天津市住房城乡建设委陆续接入2000余座楼宇综合能源信息，建立楼宇档案信息，以楼宇为单位，从物理指标与生态指标双维度展开可视化分析，并联合天津科技金融中心，打造省级绿色金融服务专区模式，在线评估企业碳资产水平，制定绿色融资方案，切实解决绿色企业融资痛点，助力天津市克赛斯工贸有限公司获得绿色信贷授信500余万元。

二是为企业用户提供"绿能分析"服务，促进可再生能源消纳。网上国网试点宁夏公司根据省公司业务需求，贯通宁夏电力交易中心绿电交易数据，每月为市场化企业用户提供可再生能源数据可视化展示：①市场化交易（双边）、自备电厂替代、绿证认购、转让交易等交易类型对应的可再生能源使用总量；②月度可再生能源使用总量趋势分析。网上国网试点湖北公司，根据省公司业务需求，为分布式光伏企业用户提供光伏发电量查询、光伏消纳情况（自发自用电量与发电量对比）、光伏消纳趋势分析等服务。现已为16878家企业用户提供该项服务。

三、实施效果

1. 经济效益凸显

一是助力企业降本增效。通过能效账单产品有数有例地为企业提供能效水平展示及节能降耗指导，引导用户自发节能降耗，大力宣传"双碳"理念，强化客户节能意识，助力"双碳"目标达成。企业参考用能建议自行调优，帮助中小企业节省用电成本。二是助力客户经理现场走访减负增效。通过能效评分实现能效提升潜在用户精准筛选挖掘，节约了员工时间及环节成本，化解客户经理服务中不了解用户用能情况的窘境。三是助力挖掘综合能源业务。通过能效评分筛选，每月可挖掘市场化能效服务潜力客户引流至产业单位，以每户用户挖掘成本1000元测算，年均可节约用户挖掘成本数千万元。四是助力企业实现绿色融资。通过在线评估企业碳资产水平，助力相关企业获得绿色信贷授信数百万元。

2. 社会效益显现

通过大力宣传"双碳"理念，强化客户节能意识，促进全社会节能提效。树立标杆企业，引领行业，推动全国，形成点、线、面带动趋势。为政府提供客观数据，支撑政策制定，助力实现"双碳"目标。项目成功入选第二届绿色经济发展论坛2021年度"碳中和典型案例"、获得2021"金钥匙——面向SDG的中国行动"优胜奖、获得2021年度"十佳青年创新创意项目奖"，被人民网、央视网、新浪网、腾讯网等多家媒体报道。

基于生成式 AI 的电力"四全媒体"智慧数据库建设

英大传媒投资集团有限公司

一、企业概况

英大传媒投资集团有限公司（以下简称英大传媒集团）是国家电网有限公司的直属单位，于 2008 年由国家电网报社和中国电力出版社组建而成。国家电网报社成立于 2006 年 1 月 1 日，中国电力出版社成立于 1951 年，是中国成立最早的中央科技出版社之一。自组建以来，英大传媒集团随着国家电网有限公司的发展而不断发展壮大。目前，英大传媒集团拥有《国家电网报》《亮报》等两报七刊、电网头条"三微一端"等新媒体，年出版发行电力类图书、数字产品 3000 多种，开展专题片拍摄制作、品牌策划、展览展示等业务。

2022 年，英大传媒集团资产总额 24.52 亿元、负债总额 7.84 亿元、净资产 16.68 亿元；营业总收入 6.01 亿元、利润总额 8868 万元。资产结构平稳、盈利能力增幅较大，财务状况总体良好。

二、主要措施

（一）分阶段开展智慧数据库建设

近年来，生成式 AI 技术的不断发展和突破为多个行业带来新的机遇，它可以广泛提升生产效率、创造新的商业模式。英大传媒集团积极探索数字资源的整合利用，将人工智能技术与数字资源深度融合，逐步建成基于生成式 AI 的电力"四全媒体"（全程媒体、全息媒体、全员媒体及全效媒体）智慧数据库（以下简称智慧数据库）。

2020年，智慧数据库开展一期建设，打造了基础资源库。一是建成八类基础资源库，实现资讯、视频、图片、报纸、期刊、图书、音频、习题 8 类数据资源从加工管理到检索展现全流程功能，贯穿资源加工、入库、管理、发布、检索、展示及利用全流程，实现全类型资源自动标引、个性化管理与展示、多维度筛选及分权限管理等功能。二是形成基础数据规范，制定了重点数据标准及接口标准，形成标准体系表、数据归集接口规范、报纸元数据等 6 项数据标准。三是与英大传媒集团重点业务系统实现数据集成，实现历史数据资源及每日新增资源批量入库，标引上架资源量达到 45 万条。

2021 年，智慧数据库开展二期建设，实现智能化升级。一是实现资源检索应用智能化，基于人工智能及大数据技术实现资源从加工入库到检索展示智能化升级，提供资源智能加工、智能查重、智能检索、以图找图、智能素材及智能推荐功能，资源智能标引分类准确性达到 80%。二是制定全套新闻及出版数据标准，新增期刊元数据、报纸版面元数据、新闻出版数字资源唯一标识符等标准，共形成 15 项数据标准。三是完成英大传媒集团成立十多年来积累的全部重点历史资源入库，资源标引上架数据量达到 110 万条。

2023 年，智慧数据库开展三期建设，实现全面智慧化。一是构建资源利用智能生态循环，基于生成式 AI 技术实现智能写稿、智能生成提纲，进一步提升了智能标引、检索的准确性，实现资源从入库到使用再到生产的闭环生态链。二是形成对外输出数据能力，为英大传媒集团各生产系统提供智能化工具及数据服务，实现与融媒体技术平台投稿系统、电网头条客户端投稿系统数据资源对接。三是实现数据资源扩充，新增了包括素材资源及品牌资源在内的 8 类数据资源，增加了各省市电力公司投稿素材、记者采访素材、各记者站资源等未发布的素材，实现国家电网有限公司资源共享，截至目前，资源标引上架数据量达到 244 万条。

（二）基于数据优势，开发"四全媒体"智能展示功能

目前，智慧数据库的资源量为 244 万个，包含图片 128 万张、资讯 49 万条、描图 31 万张、视频 25 万个、图书 8.6 万本、报纸 5 千期等。这些入库的数据资源，主要由以下几部分构成：一是英大传媒集团所有新闻出版数字资源，包括记者采访素材、投稿素材、各记者站资源等素材资源；二是《国家电网报》《国家电网》等集团"两报七刊"创刊以来的所有稿件、图片资源，中国电力出版社自电脑排版以来的图书资源；三是历史资源，国家电网有限公司重大新闻事件、人物、电力项目的文字图片视频等资源；四是英大传媒集团品牌业务的展览、会议、模型、文创等品牌数字资源。

智慧数据库实现了"四全媒体"展示。一是全程媒体。智慧数据库涵盖全部历史新闻资源，每日将最新资源同步至数据库；涵盖每个阶段的新闻资讯，完整记录一个事件从发生到结束的全过程链条。二是全息媒体。基于全媒体展示技术多角度、多方位、多格式呈现数据，包含资讯、图片、视频、报纸、音频多种资源形式，为用户提供丰富、立体的数据获取体验。三是全员媒体。人人都是媒体、个个皆有话筒，库内资源涵盖国家电网各省市公司记者投稿资源，极大增强各地区记者站间的资源共享。四是全效媒体。基于大数据分析建立用户画像，资源推送精准高效，将文字、图片、声音、图像等信息交叉呈现，为受众提供更广泛的体验和释放更强大的效能。

（三）开发数据库智能化管理应用

一是实现数据自动归集、智能加工。智慧数据库与英大传媒集团所有生产展示平台实现了数据对接，实现了对数据资源的智能标引、自动分类，定期对入库资源进行查重检查，保证资源质量。数据智能加工准确率超过 80%，基于自然语言处理深度神经网络、机器学习、OCR 识别、模式识别、自动聚类等技术，实现内容资源的自动分词、自动提取地区、自动摘要、关键词自动抽取及远超人工的高效信息编目，无须人工干预即可实现数据智能标引。实现关键词库智能维护扩充，基于电力主题词表打造电力专业词库，根据用户标引行为及标引数据自动对关键词库进行扩充，使得标引数据更加准确。实现标引模型智能迭代升级，将机器与人工修正相结合，根据标引分类过程中用户标引分类行为进行模型自学习及持续迭代。实现数据质量智能提升，对已入库的资源进行智能查重并自动清洗，用户可配置重复比率。

二是提供数据多维度智能检索，实现以图找图。基于深度学习算法及图像识别技术，根据用户提供的图片快速查找到相似图片，大幅提升编辑人员找图的效率。提供智能检索，根据用户输入的关键词给出搜索词智能补全提示，提供检索结果智能排序，基于用户行为数据提供相似资源推荐、关键词推荐。提供多维度检索筛选，每类资源提供不一样的展示界面、高级检索选项、专业分类树、标签筛选选项、资源详情页及资源预览方式。

三是实现内容智能生产。基于知识增强大语言模型，实现 AI 生成提纲、AI 写稿及 AI 绘画功能。根据用户输入的任意关键词自动组合出一篇提纲或文章，文本内容具备上下文逻辑关联能力，可快速引用段落，也可一键插入图片及视频，快速帮助用户获取选题灵感，协助用户创作。可精准理解中文文本，自动提取段落关键词，智能生成 AI 绘图，AI 绘图及提示词自动入库至素材库，实现素材库智能扩充。

（四）建立全套新闻出版数据标准

参照国家电网有限公司统一数据模型的设计原则及思路，立足英大传媒集团实际，完成 15 项新闻出版数据标准建设工作。包含《标准体系表》《报纸元数据》《报纸稿件元数据》《图片元数据》《视频元数据》《报纸版面元数据》《图书元数据》《期刊元数据》《期刊稿件元数据》《音频元数据》《新媒体稿件元数据》《教材元数据》《数据归集接口规范》《数据服务接口规范》《新闻出版数字资源唯一标识符》。

英大传媒集团将数据标准制定纳入前期设计环节以指导智慧数据库建设，促进智慧数据库与英大传媒集团各业务系统，以及国家电网有限公司各省市融媒体中心、融媒体站的数据集成工作，规范各类资源传输方式、自动标引分类工作及智慧数据库前端数据展现方式。

（五）强化数据安全，建设权限控制及安全防护体系

采取严格的资源使用权限控制。一是资源加密防复制，对各类资源查看及下载进行控制，添加资源水印，对内容资源进行有效保护；采用随机块加密技术，防止图片和视频被拷贝和下载，在正文页进行特殊处理以提高破解的难度；采用基于策略的 RSA 加密算法，以防止通过数据库中的资源直接导出的方式破解版权保护机制。二是每个资源使用权限分离，拥有各自独立的使用审批流程，审批流程可灵活配置，采用机构、角色、资源的相互授权管理和验证关系，可进行多级审批，确保资源使用安全性。三是各资源库分级分类安全管理，采用人工标注与机器标引相结合的方式，完成对现有视频、图片等素材资源的分级标注，提供资源管理员、资源审批员、资源加工员、系统管理员多种用户角色，每种角色具备不同的操作管理权限。

采用严密的数据安全防护体系。一是隐形溯源，智慧数据库内所有资源均添加隐形溯源标记，溯源标记可通过后台程序解析，数据泄密与贩卖可追溯。二是防篡改日志，通过日志记录数据使用情况，记录用户操作行为及数据访问日志，可进行日志查询、导出等。三是 SQL（结构化查询语言）注入检查，采用 SQL 注入检查技术确保没有 SQL 注入的可能；采用跨站脚本检查技术，实施严格的参数检查机制。四是开展常态化安全监测，通过系统安全加固、常态化安全监测、定期开展渗透等方式确保数据安全。

通过分布式对象存储技术确保数据可靠性。采用分布式对象技术存放和管理海量的非结构化数据及文件类型数据，确保资源存储及管理安全可靠。一是支持多租户及分权限管理，确保不同业务系统、不同权限人员间数据隔离。二是具备数据防篡改能力，对于指定的数据（涉密数据、敏感数据）可实现数据防篡改和修改留痕的能力。三是易扩容，对象存储可随着数据量不断增加而灵活扩容，读取速度不受数据量扩充影响。

（六）广泛合作，推广应用

智慧数据库提供标准的数据接口及数据接入规范，与国网四川、陕西、山东省电力公司融媒体中心进行数据集成，并逐步扩大接入范围至涵盖国家电网有限公司，吸纳各单位资源，每日实现各地区新增资源实时入库。智慧数据库为各省公司提供国家电网有限公司资源智能标引入库、多维度检索、个性化展示、审批下载、分类管理、便捷再生产等数据服务，打破各单位间资源壁垒，实现统一归集，全公司共享，促进国家电网有限公司各单位内容再生产。

三、实施效果

（一）经济效益

2020—2023 年，智慧数据库为英大传媒集团新增加各种产品的销售收入累计达 3914 万元。新闻出版产品的成本主要是纸张、印刷、发行和内容资源生产，智慧数据库的使用大大降低了内容资源生产成本，三年累计增加利润 880.8 万元。英大传媒集团还为国家电网公司系统各单位提供镜像数据库服务，数据库根据动态变化的业务需求弹性扩展，增项数据按实际情况收费。

（二）管理效益

智慧数据库使得资源共享全面线上化，免去线下查找资源、填写纸质资源审批单、签字审批、U 盘拷贝等繁复工作，节约大量内容生产成本；智慧数据库的广泛应用，实现了资源共享的全面无纸化，从而大大减少打印机设备维护费用，减少碳排放，助力"双碳"目标的实现。

（三）社会效益

智慧数据库汇聚了国家电网有限公司所有新闻出版品牌内容资源，为英大传媒集团各种新闻出版品牌产品提供海量的内容数据资源服务，实现内容资源的统一归档、智能检索、重复利用，丰富了各类产品的内容表现形式。提升了新闻媒体传播力，实现了英大传媒集团品牌价值提升，提高了国家电网有限公司在社会层面的影响力、公信力、引导力，增强了市场竞争力，促进企业健康发展。

基于油气生产物联网系统的智慧油田构建

大庆油田有限责任公司第二采油厂

一、企业概况

大庆油田有限责任公司第二采油厂（以下简称第二采油厂）位于大庆长垣萨尔图油田南部，开发面积182.85平方千米，是大庆油田主力采油厂之一。自1964年11月建厂以来，第二采油厂原油产量连续30年保持900万吨以上高产稳产，创造了老区油田高效开发的辉煌业绩。2022年，第二采油厂优质高效地完成了各项工作任务，全年生产原油514.14万吨，外输天然气5.3亿立方米，水驱自然递减率和年均含水分别好于计划1.38个和0.12个百分点，聚驱增油52.4吨，好于计划4.4吨。截至2022年年底，全厂累计生产原油4.73亿吨。为应对新形势下企业发展，第二采油厂积极探索油田数字化模式建设，满足油田生产精准、高效管理的需求，推进智能化、智慧化管理转型，全面建设世界一流现代化百年采油厂。

二、主要措施

（一）采集与监控子系统建设

依托集团公司油气生产物联网系统（A11）建设，第二采油厂作为大庆油田试点建设单位，优选厂主力采油作业区——第三作业区作为试点开展系统建设。试点建设涵盖第三作业区所有井、间、站生产单元，包含1268口油井（抽油机井992口、螺杆泵井245口、电潜泵井31口）和461口注水井的数字化建设，91座计量间和29座站场（转油站13座、注入站9座、联合站6座、污水站1座）的数字化改造和建设。

同时，结合第二采油厂生产管理实际，确定试点项目建设总体目标。一是实现单井巡检方式转变。应用手抄器数据采集模式，实现巡井方式向车辆代步、手抄器采集的方向转变，提升巡井工作效率。二是建立联合站集中值守模式。通过在联合站建设中央控制室，并对现有各岗位控制系统的新建、改造、更新，同时强化值守人员业务技能培训，在联合站实施"多岗合一、集中监控"运行模式，达到管理增效的目的。三是实现生产报表自动生成。优化组合生产报表，精简报表数量。四是建设生产管理平台，实现数据统一管理和报表自动生成等功能。达到降低基层员工劳动强度、提升数据利用效率的目的。五是强化重点区域视频监控建设。通过井场、路口、站场等视频监控系统建设，完善全厂安防体系，对油田物资、人身安全进行有效的保护，建设平安、和谐采油厂。

利用传感、射频、手持终端等技术和设备，感知油气生产信息，建立覆盖油气生产过程的自动化采集与控制子系统。实现采集数据完善准确，过程控制精确到位，安全管理及时有效，系统控制稳定可靠。

该子系统在井场、计量间、转油站、联合站到外输等生产单元和环节安装智能仪表、电动执行机构、远程测控单元等设备，通过有线或者无线通信方式将生产数据传输至采集前端（工区上位机终端），其中井场生产数据采用手抄器的方式录入，在工区上位机终端完成数据统一接入，由工区上位机终端将采集数据统一上传到作业区级实时数据库，由作业区级实时数据库再上传到油田公司实时数据库，最终进入油田公司关系数据库。

1. 单井手持器数据采集系统建设

井场数据采集采用手持器及仪表，现场操作人员巡检时，根据设备仪表的读数人工采集手持器中，录入的数据存储在手持器内，巡检完成后，在工区通过统一的 Modbus 协议（串行通信协议）将数据一次性上传至工区上位机终端集中统一监控管理，再由系统软件实现数据的查询、报表生成及报表打印。

在手持器设备功能选择上，第二采油厂结合生产管理应用实际，确定了安全适用特性、智能辅助特性和物联网特性三大功能研发方向，编制了包含 20 项硬件和 15 项软件方面的技术规范，有效保障手持器设备灵活、稳定应用和应对未来发展的功能拓展。

2. 计量间数字化改造

在计量间安装 RTU（远程终端单元）设备，掺水汇管温度、集油汇管温度、集油头温度检测采用有线或者无线温度变送器，掺水汇管、集油汇管压力检测采用无线压力变送器，掺水汇管流量采用无线流量计；通过 Zigbee（低速短距离传输的无线通信技术）无线通信方式上传至 RTU，RTU 再通过 McWiLL（多载波无线信息本地环路）无线通信模块将数据传输到基站，再通过光缆上传到厂生产调度中心实时数据库。

3. 站场数字化改造

对已建设有 PLC 控制系统的站场，扩容现有控制系统；对未建设 PLC 控制系统的站场，新建 PLC 控制系统。按照生产应用需求，更新、增配数字仪表，实现各类生产数据的自动采集与传输功能。其中，单岗位站场采用数据自动采集方式，这类站场包括转油站、注入站和独立污水站。多岗位站场采用多岗合并、集中监控管理方式，利用 6 座联合站已有建筑，结合站场内部岗位空间分布情况，合理设立中央控制室。

同时，针对南五联合站和南 7-1 联合站的 2 座脱水站负荷率较低情况，对该区块脱水系统进行了优化简化及系统调整，在提高站库负荷率的同时，解决腐蚀老化及安全隐患问题。

4. 视频监控系统建设

视频监控系统分为路口视频监控和站场视频监控两部分。

路口视频监控点建设：选取第三作业区辖区 10 个重点外出路口设置定点枪式高清网络摄像机和抓拍主机，并配有频闪灯和闪光灯，安装于 L 形钢制视频杆上。采用有线方式将路口视频监控图像上传至厂生产调度中心，供各级管理部门调用，实现昼夜辨析车型、车牌、车体颜色、车牌自动记录、查询、筛选和车号检索等功能。同时，该系统也与公安系统实现互通，成为城市安全监控的组成部分。

站场视频监控点建设：在站场室外监控杆上安装室外高速球型网络摄像机及相关设备，并配置电源防雷和信号防雷模块；室内防爆场合安装防爆枪式网络摄像机，前端相关配套也需采用防爆设备，防爆等级不低于 ExdIIBT4；室内非防爆场合安装室内高速球型网络摄像机及相关设备。实现对站内外环境、泵房内设备运行状态监视及站场防盗、报警联动等功能。

（二）数据传输子系统建设

数据传输子系统建设包含有线网络和无线网络两部分。有线网络供站场生产数据和视频传输应用，无线网络供计量间数据传输应用。

有线网络：充分利用第三作业区近两年产能项目中的通信系统建设内容，对光缆衰减率大、无网络连接部分进行改造和新建。整体网络采用环状架构，实现每个网络节点均有两个出入链路，当一端链路出现故障时，可自动切换至另一个端口进行传输，有效保障生产数据不间断传输应用。

无线网络：为满足数字油田建设中井、间生产数据采集和视频监控的传输，以及油田保卫部门对集群调度通信的需求，同时为油田其他生产领域的信息化建设提供必要的基础网络支撑，采用 McWiLL 技术搭建覆盖第二采油厂全厂的无线宽带城域大网，在保障第三作业区油气生产物联网系统应用的同时，为未来全厂数字化建设提供网络传输基础。

（三）生产管理子系统建设

生产管理子系统能够集中体现油气生产物联网系统整体效果，功能需要贴近生产管理应用实际，做到实用、适用和好用。面向用户，生产管理子系统分为两个层级。

厂级生产调度指挥中心：部署作业区级实时数据库服务器，接收各作业区的运行数据，并上传至油田公司实时数据库。在厂监控中心部署大屏幕显示系统，满足厂级管理人员对全厂运行数据、界面及功能的调用，如表1所示。

表1　厂生产调度指挥中心功能

全局分析与决策支持	A11 汇总信息展示
生产分析与工况诊断	参数敏感性分析、工况诊断预警
生产过程监测	油井监测、供注入井监测、站场监测、集输管网监测、供水管网监测、注水管网监测
物联设备管理	物联设备信息检索、物联设备故障管理、物联设备维护
视频监控	视频展示、视频基础信息、视频分析报警、视频采集与控制
报表管理	报表模板、生产数据报表、物联网设备故障报表、系统运行报表
数据管理	数据集成管理、采集数据质量管理
系统管理	预警告警配置、用户权限、系统日志、数据字典等管理
运维管理	运维任务管理

作业区生产管理中心：部署作业区上位机监控系统软件及工控机终端、网络设备。完成作业区上位机监控系统的软件、硬件搭建。实现作业区所辖井、间、站生产数据的集中监控，满足作业区生产人员在作业区生产管理中心的集中监控，如表2所示。

表2　作业区生产管理中心功能

全局分析与决策支持	A11 汇总信息展示
生产分析与工况诊断	产量计量、参数敏感性分析、工况诊断预警
生产过程监测	油井监测、供注入井监测、站场监测、集输管网监测、供水管网监测、注水管网监测
物联设备管理	物联设备自动检测、物联设备信息检索、物联设备故障管理、物联设备维护
视频监控	视频展示、视频基础信息、视频分析报警、视频采集与控制

续表

报表管理	报表模板、生产数据报表、物联网设备故障报表、系统运行报表
数据管理	采集数据质量管理
系统管理	预警告警配置、用户权限、系统日志、数据字典等管理
运维管理	运维任务管理

三、实施效果

（一）经济效益

第三作业区在逐步适应管理模式变化的基础上，深挖人员潜力，用工效率显著提升，连年实现增井、增站、不增人。在井、间管理方面，计量间数据自动采集，简化了现场数据采集流程，节约管理人力资源，巡井员工可将更多的精力投入单井管理方面。同时，在近几年产能建设过程中，新增计量间继续按照A11系统方式建设，保障物联网管理模式的延续。系统上线运行后3年间，作业区新增油水井878口、计量间24座，节省用工99人。在站场管理方面，A11系统建成后，完善了站场现场数据采集点，降低了管理人员日常巡查工作量，人员数量得到有效优化。同时，在联合站集中值守模式下，进一步降低人员配备数量。系统上线运行后3年间，作业区新增站场8座，节省用工164人。全区累计节省用工263人，年节省用工成本4734万元。

（二）管理效益

1. 推进数据实时监测，强化生产管理

通过计量间数字化改造，实时监测计量间温度、压力、流量等参数，强化生产时率监控，有效指导常温集输等运行方案，保障年常温集输950口井，年可节气120万立方米、节电98万千瓦时，年可节约成本93.2万元。同时，借助数据波动预警功能，及时判断并发现管线穿孔等故障并进行相应的处理，较之前要将本队所有井全部巡检排查一遍，有效提高工作效率，年平均减少车辆巡检里程约3万千米，年可节约成本2.4万元。

2. 推进工艺流程优化，节约运行费用

将南五联脱水站改造为放水站，低含水油输至南7-1联脱水站进行电脱水处理，减少容器机泵13台，提高系统运行负荷率，年节约成本50万元。

3. 提升环境监视能力，减少产量损失

通过加密视频监控点位，完善安全防范基础设施，实现厂、作业区、班组三级监控管理，为油田安全生产提供保障。年平均减少盗油损失300吨左右，年可创效益56.55万元。

4.推进统一平台建设，确定数字油田模式

系统部署采集与监控子系统和生产管理子系统，涵盖井、间、站、视频等所有生产数据，规范数据传输、存储、处理等过程的标准，实现数据监测、现场视频监控、数据分析与管理等功能，并为下一步深化油田数字化建设提供良好的基础。目前，大庆油田正在依托油气生产物联网系统（A11）系统，开展油田数字化推广应用建设。

基于数字赋能的数智制造能力提升

北方导航控制技术股份有限公司

一、企业概况

北方导航控制技术股份有限公司（以下简称北方导航）隶属于中国兵器工业集团有限公司（以下简称集团公司），位于北京市经济技术开发区科创十五街2号，注册资本148932万元，是国家认定的高新技术企业、国家重点保军企业，是全国首家军工资产整体上市的企业。北方导航始建于1960年，2008年完成军工资产整体上市。北方导航以建设集团公司科技引领型先进企业为目标，构建具有导航特色的"8+3"技术体系和产业生态，推进基于以数据驱动的智能工厂建设，强化智能制造、数字化、信息化技术能力，构建产研一体、专业鲜明的导航与控制、军事通信、智能集成连接等相关产品研发产业化基地，努力成为集团公司弹药行业转型升级和装备信息化发展的主力军，为提升集团公司战略地位和行业地位提供重要支撑。

二、主要措施

（一）人机协同，特色应用，实现产品制造专业化

北方导航基于军品制造离散型、多业态、更新快、制造难度大等特点，以客户需求为中心，以"先制造再智造"为原点，以"高效生产一流产品"为目标，开展"总体规划、分步实施、迭代升级"的生产线建设攻关，通过梳理工艺流程、引入新型设备、合理调整布局、优化资源配置，构建多个人机协同产线，匹配多品种产品制造加工，实现制造自动化、管理少人化、生产连续化、过程信息化、成本效益化，满足用户需求，对公司整体军品生产能力提供了强有力的支撑。

1. 匹配单一型大批量产品加工，实现高效自动化生产

针对单一型、大批量产品机械加工，北方导航自主设计生产线建设方案，改变原有多工序、分散式加工，引入自动化生产线代替传统加工，有效提高生产效率，降低制造成本。生产线建设以需定产、以产定能，根据产品特性重新优化工序，引入单元集成加工理念，将多工序设备集合，自行设计开发专用夹具，用自动机械臂完成线内物流周转，搭建设备数据采集和在线检测系统，保障生产线和产品实时监控、记录和展示。智能生产线达纲生产后，相比传统加工方式，智能生产线制造工序由17序优化到7序，操作人员由17人减少至2人，生产效率提升3.6倍，单件制造成本降低50%以上。

2. 匹配多品种小批量产品加工，实现智能柔性化生产

针对多品种、小批量产品机械加工，北方导航在单一型大批量生产线的基础上自主设计并开展柔性化课题攻关。一是划定产品族，开展共线生产研究分析。二是优化产品定位工装，通过引入零点定位的新技术，实现不同产品的柔性快速装夹。三是拆分线内外作业，保障设备使用效率。四是为设备搭载智能排产系统，实现生产任务远程策划、实施跟进和异常反馈功能。该生产线达纲生产后，较之前生产模式，其生产运行成本降低40%以上，产品制造周期缩短50%以上，该生产线还被评为"2019年度兵器工业集团精益生产示范线"。

3. 匹配高精度功能性产品装配，实现数字可视化生产

针对高精度、功能性产品装配加工，北方导航采用单元化装配生产，自主设计生产线建设方案，将精益化理念、专业化装配、先进化检测、准时化物流和智能化物流融入生产单元。通过优化工序、集中布局，生产周转距离由原来的2.8千米缩短至400米。生产线率先引进质量信息管控系统，实现产品全生命周期质量可追溯，并将产品过程形成数据库，反向助推工艺技术持续改进。生产线采用数字仿真技术制作三维动画装配作业指导文件，并将其与工艺规程、作业记录、物料清单、装配时间、异常管理等集成在工位端电子智慧屏中，实现全过程无纸化作业。

4. 匹配多工序复杂性产品装配，实现人机协作化生产

针对多工序、复杂性产品装配加工，北方导航通过自主设计创新采用人机协同式装配生产线。针对40千克~70千克产品的搬运、周转、旋紧、压紧等工序，运用倍速链、提升机、机器人和自主开发工装器具，实现全生产过程自动化操作，极大地降低了工人的劳动强度。针对关重件装配工序，继续发挥人员作业优势，运用人机工程学优化作业界面，负载RFID技术、图像记录、装配MES管控，实现关重件装配作业实时可追

溯。针对原来产检分离的现象，生产线优化结构布局，运用在线检测和数据采集、分析技术，实现产、检一体化进行。运用人机协作生产线，作业人员减少五分之一，总体产能提升 2.5 倍。

5. 匹配应急生产保障型产品装配，实现任务及时化保障

针对军品科研产品周期紧、要求高的任务保障需求，北方导航总结各生产线设计、建设经验，形成"改＋创"的任务攻关模式。针对与成熟产品尺寸、功能相似的重点科研型号产品，以现有生产线硬件基础，自主开发功能模块、检验模块等软件程序，改造和制作专用装配工装，拓展生产线产能，截至 2023 年 6 月底，已拓展 5 种科研产品共线生产，实现与批量产品同质量管控、高效率生产、低成本转化。针对某异型重点科研产品，北方导航凝聚产线建设经验，运用数字仿真技术，对影响应急生产装配能力的诸多因素进行综合评估，识别装配瓶颈，最大限度地减少对装配场地、设备、人员需求，为作业顺序、工艺布局及物流路线提供可实施依据，创纪录地仅用 50 天完成军工产品智能装配生产单元建设，10 天完成产品装配任务，实现国家重点装备保障任务提前交付。

（二）数字赋能，数据驱动，实现运营管控一体化

北方导航统筹推进信息化应用和智能制造建设工作，秉承"能力是主线、集成是重点、数据是灵魂"的指导方针，分阶段打造保密网决策一体化、工控网管控精准化、互联网应用高效化的军工行业特色的"三网协同"运营管控模式，努力追求决策分析高效决策、运行管控共享信息、制造执行实时管控、过程控制动态感知、管理服务便捷操作，初步形成军工行业涉密背景下"数字赋能"的阶段式突破。

1. 聚合运营管控资源，提升数字化精准决策能力

基于运营管控系统推动数据驱动决策。在保密网中通过协同研发合作模式建设运营管控平台、信息门户系统、办公自动化系统、项目管理系统、成本信息系统、生产指挥调度系统、质量数据系统、数字档案系统、制造资源管理系统，打通从订单、计划、设计、工艺、制造、检验、采购、库存、成本核算等关键环节的数据链，提升了企业数字化运营管理能力，实现了全级次月度、季度、半年度、年度运营数据实时展示，通过数据分析，剖析运营管理中存在的问题，为顶层决策提供依据与支撑，实现企业管理的规范化、精细化、管控一体化，以数据驱动决策，进而有效推动企业数字化转型战略落地。信息系统总体架构如图 1 所示。

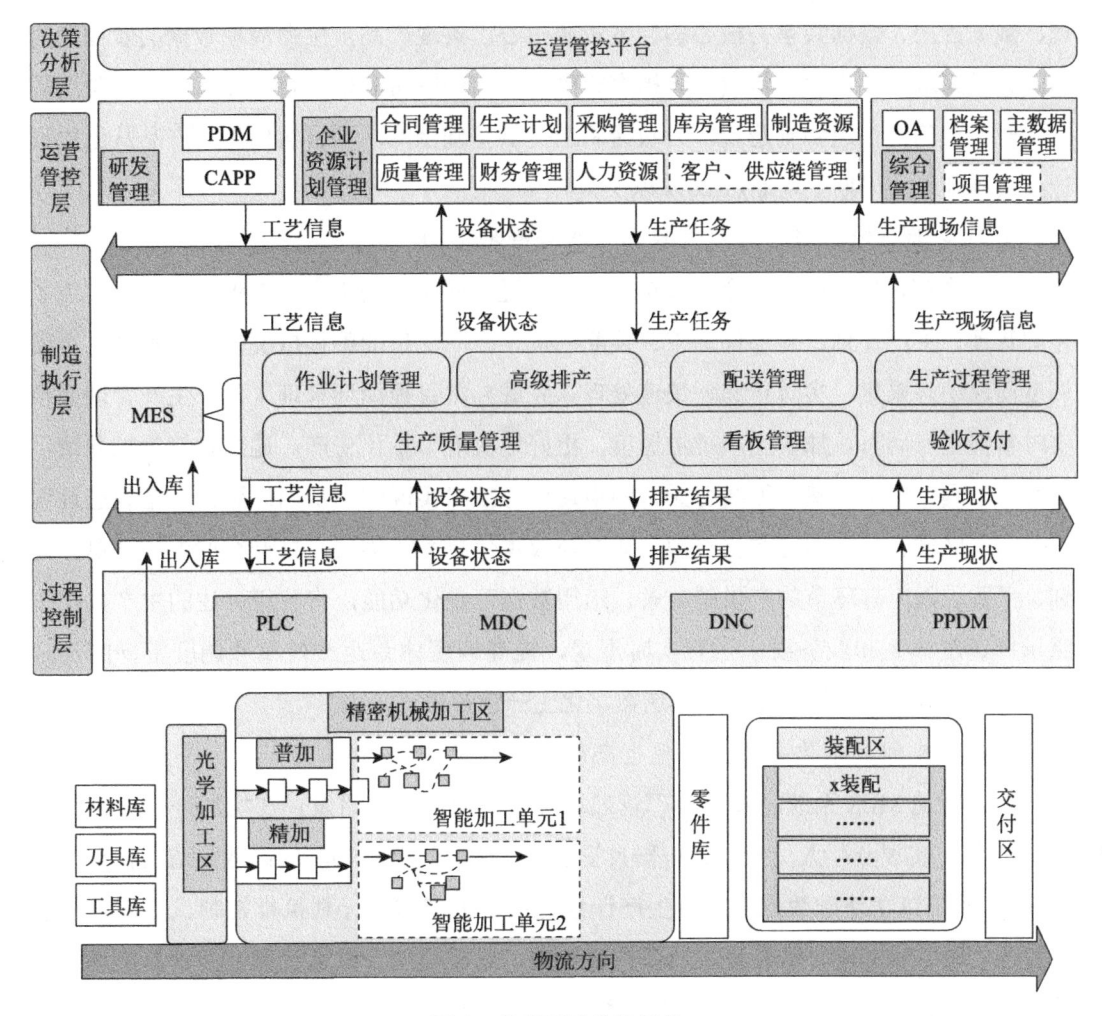

图 1 信息系统总体架构

2. 搭建数据共享平台,提升数字化设计工艺能力

基于产品数据管理系统实现数据产研管理规范化。在产品研发阶段,融合产品数据管理(PDM)系统和计算机辅助工艺过程设计(CAPP)系统;在产品制造阶段,延展产品生命周期管理(PLM)、主数据管理(MDM)系统和集成制造系统(CIMS)的技术应用,搭建设计、数据、制造集成的一体化平台。CAPP 系统通过与 MDM 系统集成,实现工艺数据统一编码,通过与 PDM 集成,将设计 BOM 完整接收,形成工艺 BOM,并自动下发至 PLM 系统和 PPDM 系统,使得生产管理和制造执行部门能够及时获取工程基础信息,打通设计与制造融合数据链条,实现产品设计、工艺端基础数据规范化、标准化、共享化;建立数字档案馆,形成一个集成数据采集、数据存储、数据管理、数据应用、数据共享为核心的档案资源中心，实现产品全生命周期数据的管控和应用；通过终端转化程序，将数字化档案馆中涉密文件脱密处理，将产品工序所需制造数据实时、准确地传递到制造端，为敏捷制造提供基础保障。项目实施后，产品从原始设计到成品制造的周期平均缩短 20% 以上。

3. 打通供产销全流程，提升数字化生产管控能力

基于生产调度系统实现全价值链监控。通过协同研发的生产指挥调度系统，实现了合同管理、生产计划、零部件加工、装配测试、产品交付的整体情况的监控管理，实现调度问题动态采集、实时传递、快速处理，完成异常管控闭环管理，便于生产管理人员实时掌握生产动态，加快生产推进速度，更好地实现节拍化生产。通过物流管控系统，应用二维码、电子标签、无线射频、网络通信等技术实现产品从出厂到出厂全制造过程的时间、区域、状态的可溯化管理。通过与成本信息系统集成，打通企业内部订单、计划、采购、入库等环节的产供销链条，运用数据可视化功能，将各级关注的生产数据按照指挥调度体系和业务要求进行实时展现，提高调度体系运转效率和调度指挥的及时性，转变传统的生产组织模式，打造数字化生产管控模式。

4. 搭建车间数字化平台，实现生产制造精益化

基于制造 MES 系统，实现分厂管理流程化。通过协同研发，在机加分厂建设机加 MES 系统，实现分厂人员—设备—器具管理有序化。综合机加车间离散制造的特点，机加 MES 系统包含基础数据管理、生产计划管理、生产作业计划执行控制、生产过程监控管理、设备状态及异常管理、质量检验管理、看板与统计报表管理、刀量具信息管理等功能模块，实现在产、在研产品谱系全覆盖应用，MES 系统通过对智能生产单元、普通加工设备进行实时监控、数据采集，形成精加分厂资源数据库，通过对数据进行分析、对比、反馈，持续优化计划、排产合理性，提高设备综合使用效率。

在装配分厂自主搭建装配 MES 系统，实现人员—节拍—产能管理信息化。自主搭建装配 MES 系统，系统包含车间计划下达、齐套分析、调度派工、装配作业、质量检验等业务流程，实现全装配过程的作业人员信息采集、装配实作工时提取和产品质量状态跟踪。系统上线后，提高对现场生产过程的动态跟踪和实时监控能力，辅助车间管理者进行管理决策，提升车间生产效益，满足企业数字化制造和精益化生产的管理需求。

5. 搭建质量数字化平台，实现质量管控智能化

基于质量数据管理信息系统强化质量管控。系统以保证产品质量为根本出发点，

结合企业产品特点,通过自主研发建设质量数据管理信息系统,实现质量信息数字化和信息化。一是自主攻关,破解智能化柔性装配生产线数据通信接口,为数据采集奠定基础;二是统一输出,依据生产制造需要建立标准数据配套、输出、采集的模板样表,实现基于统一模板的不同生产线标准化管理;三是数据采集,运用 SPC(统计过程控制)和 SCADA(数据采集与监视控制系统)技术,实时采集产品检测数据,通过数据建模展示检测分析结果,并利用统计分析的手段对产品质量进行实时评价和控制;四是数据管理,针对军工行业保密要求,采用"单向网闸,光盘摆渡"的模式,在生产线与质量在线检测系统之间采用单向网闸设置,保障数据只进不出,在质量在线检测系统进行质量数据分析及质量数据包的生成,质量数据包通过定期光盘摆渡的方式,向质量数据管理信息系统传递,通过两层隔离,实现工控网向保密网的数据包传输,形成多型号多批次产品生产过程数据库,保证产品质量,优化设计生产;五是数据应用,整合产品制造数据库,形成产品异常判稳规则,结合数据波动情况,及时找到隐藏的异常点,实现质量预防管理。

三、实施效果

(一)生产效率大幅提升

通过改变传统军工企业的作业模式,有效改善了军工制造生产能力窄口,解决生产计划突发情况多,生产能力不均衡,质量追溯原始不便操作,机械化、自动化水平低,信息采集、分析与可视化程度低等突出问题,建立与之匹配的智能制造先进管理体系。基层人员胜任关键岗位的培养周期平均缩短了一年,生产环节自动化覆盖率 80% 以上,实现生产线数据采集与分析达到 100%,制造加工效率、装配加工效率平均提升 2 倍以上,计划达成率提升至 95% 以上,一次交验合格率接近 100%。

(二)经济效益大幅提升

以精密加工、总装部装、检验检测及信息化管理为支撑的数智制造能力大幅提升,能够满足大批量订货需求,各智能产线投资回报率在 3 年以内,全员劳产率平均增长 25% 以上,产能连续增长 28% 以上,存货占用同比下降 15% 以上,生产环节降本额 2400 余万元,连续三年被集团公司评为"装备保障先进单位""经济效益突出贡献一等奖"。

（三）社会效益大幅提升

依托智能制造协同运行管理，北方导航在智能制造、信息化应用取得进展，分别被北京市和北京经济技术开发区评为"智能制造标杆企业"，同时建立健全智能制造形势下军工产品"1+6+N"质量管控模式，"'数字兵器'军工产品生产过程质量控制"项目荣获2020年度"中国质量技术奖二等奖"。2022年，公司取得AAA级两化融合管理体系证书，同时荣获北京市"2021年首都劳动奖状"。

智慧企业大数据管理平台赋能上市公司提质增效

大唐华银电力股份有限公司

一、企业概况

大唐华银电力股份有限公司（以下简称华银公司）隶属于中国大唐集团有限公司，主要以电力生产及销售为主，管理子企业共13家；管理发电装机总容量802.24万千瓦，华银公司目前已建立了涵盖生产、安监、燃料等为核心的信息系统应用架构，基本实现了电力生产、经营、管理等全业务的覆盖，并在应用中积累了大量的数据，奠定了华银公司智慧企业建设的基础。

二、主要措施

（一）构建智慧企业门户，加强业务协同

随着数字化、智能化技术的不断更新迭代，需要构建一套资源集约、协同高效的门户系统作为华银公司智慧企业信息管理与展示的载体。智慧门户系统以用户为中心进行构建，通过界面整合及流程集成，以实现业务应用的统一操作及信息融合，在用户画像和人工智能基础上，针对不同用户使用习惯建立个人标签，定制个性化的知识与服务并进行推荐，使其更具智能和智慧。智慧企业门户系统的构建为加强业务协同与数据全面共享提供了信息融合的平台支撑。

一是统一身份认证：提供用户实现一次登录、全系统通行的功能，在多信息系统集成的应用场景下，通过在门户系统中绑定业务系统的用户名和密码，为用户解决了多次登录和反复验证的问题，目前涵盖OA办公、安生、财务、法务等集团统建和华银公司自建核心业务系统。

二是统一门户首页：首页有系统集成应用、通知公告、行业动态、待办信息、生产类指标分层级展示、收发邮件、报销信息等栏目，并提供各栏目标题列表显示，用户点

击对应的标题，直接跳转到相应信息处理页面。

三是门户个性化定制：提供个性化内容和界面排版定制功能，可通过拖、拉、拽的方式定制，满足面向不同部门或角色提供个性化信息与服务，实现面向不同用户提供其所关注的信息与功能。

四是行业动态资讯：利用大数据爬虫技术，定期从各业务部门关心的电力行业资讯、政策文件、关键数据等数据源网站爬取数据信息，经过清洗、筛选和整合形成外部数据资源包，通过行业资讯栏目进行展示。目前支持的数据源包括国家能源局湖南监管办公室、湖南省统计局用电信息、中国电力企业联合会（以下简称中电联）、其他发电集团官网等。

（二）建设辅助决策中心，提升决策管控能力

目前，华银公司的生产经营管理决策仍主要通过工作调研和情况汇报等传统方式，依靠系统及数据的程度不高，加上业务壁垒和数据的人为干预等，导致管理滞后、效率低下、决策针对性不强。面临着既与多个信息系统数据相融合，又与业务需求相吻合，从数量巨大、种类繁多的业务数据中快速获取管理者所需要的信息，分解、量化各项重点管理指标和工作，以图形、表格、曲线等方式，直观展示管理现状，实时预警业务异动，达到管理者"全天候、全方位、全过程"掌握运营动态、把握运营方向、开展智能化管理的难题。

从华银公司运营管理层面出发，亟须开发基于大数据挖掘和多系统融合的辅助决策中心，以实现以下目标。

一是推行数据监测监控工作的实用化、常态化。辅助决策中心是在大数据管理平台已打通15套核心业务系统，形成10个业务主题的基础上建立的，通过筛选、提炼、融合，其覆盖范围为华银公司所有业务，为各级领导及管理者提供全面的、权威的数据服务，为各类分析、决策提供有力的数据支撑。

二是为华银公司领导和管理者提供实时的决策依据。辅助决策中心的建设充分考虑领导的思维、视角、便利、习惯等多重因素，设置了效率、效益、绩效、风险、进度、趋势等多维度的反馈和展示，具备指标构成分析、时间维度分析、单位横向比较等多种功能，灵活扩展查询维度，高度提炼各项专业数据。

三是提升跨业务部门工作协同效率。针对指标异常问题，及时处理并回应反馈意见，形成闭环管理。推动各类数据在公司内的协同融合，提升业务流程透明度，为各部门提升专业管理水平提供数据支撑。

华银公司智慧企业辅助决策中心建设采用先宏观后微观策略,以主动的、基于模型的决策分析方法,通过数据驱动智能决策。按照华银公司核心业务的主要条线,划分出1个领导驾驶舱和6个业务分析专题,分别是"领导驾驶舱"和"财务绩效""生产运行""安全监管""燃料供应""物资采购""市场营销"业务专题。

1. 领导驾驶舱

领导驾驶舱是为高层领导提供的"一站式"决策支持系统,涵盖各生产、经营管理领域核心指标数据和预算考核数据,包括总览、市场、燃料、生产、财务子板块,华银公司领导随时能直观掌握全公司安全生产和经营管理现状,为华银公司管理决策提供支撑。

2. 财务绩效专题

财务绩效专题主要是以各组织层级的营收、成本等财务数据为基础,通过对财务领域关联数据的汇聚及分析,构建多维智能测算模型,实现对财务核心数据智能分析和多角度展现,主要包括盈利分析、绩效分析、资产分析、成本费用分析、负债分析等。

3. 生产运行专题

建设生产运行专题,打造针对生产领域核心数据实时监控平台,将生产运行的日常工作与机组运行情况进行关联管理,实现运行领域问题及时发现、及时处理和动态跟踪,提升发电运行工作效率。涵盖风光水火发电类型,其分析指标包括容量状态、负荷、发电量、上网电量、利用小时数、厂用电率等。

4. 安全监管专题

在发电行业的生产过程中,安全生产一直是最重要的保障条件,在日常安全监督方面,关注涉及生产的"三讲一落实""两措""两检"等安全措施,全面掌握发电相关的生产效益状况,实现对安全方面的科学监督和价值引导。安全监管主题包括安全制度、安全体系、安全运行天数、隐患排查治理、风险辨识与管控、定期工作、应急管理和通报等。

5. 燃料供应专题

建立燃料供应驾驶舱,通过对火力发电过程中燃煤量、燃煤价格、热值差异等一些重要关注的燃料指标进行监控和分析,统筹生产和原材料之间的平衡关系,规划下一阶段燃料用量,实现驾驶舱对节能环保、低碳生产方面的引导作用。主要包括燃煤收耗存、入厂入炉标单和对标分析、热值分析及长协煤合同分析等。

6. 物资采购专题

建立物资管理专题,以构建华银公司采购过程、库存管控、供应商管理、异常监测等方面的分析模型，体现物资所涉及各个环节的事务运转情况，运用同比、环比、同期、数额等分析方法，对物资重点关注的指标进行多维度分析和监控，合理布局下阶段的物资供应链，实现对物资运作方面的推动指导作用，主要分析模块包括采购方式分析、大额出入库金额分析、现有量分析、收发状况分析等。

7. 市场营销专题

建立市场营销专题，以电量、电价等市场营销数据为基础，通过对市场领域关联数据的汇聚分析，实现对市场营销核心数据智能分析和多维度展现，降低发电成本实现利润最大化，促进驾驶舱对节能环保、低碳生产方面的引导作用。涵盖风光水火发电类型，主要分析指标有发电量、上网电量、上网/签约电价、签约/执行电量、利用小时数、负荷、边际利润等。

（三）构建数据指标体系，促进公司精细化管理

随着信息化、数字化的迅速发展，华银公司当前的经营管理模式亟须改变，需要通过建立一套规范完善的数据指标体系，以构建指标数据资产，促进公司实现精细化生产管理，帮助华银公司进行新业务优化调整和支撑高层管理进行决策。

数据指标体系是业务数据标准化的基础，以华银公司统一数据管理需求为牵引，基于通用的企业数据资源规划方法，建立健全涵盖业务运营数据、基础数据、主题数据的数据管理体系。该数据指标体系对华银公司生产经营相关的各项指标进行统一管理、共享及维护，主要实现以下价值。

一是建立业务量化衡量的标准。在衡量业务经营状况的过程中，单一数据指标衡量可能片面化，通过系统指标体系能全面衡量业务发展情况，促进业务有序增长，数据指标体系帮助华银公司建立了一整套规范的数据标准体系，涵盖财务、投资、生产、燃料、物资、项目、合同业务域，涉及320多个重点指标，包括所属主题域，所属一级、二级、三级指标分类，指标类型，中英文名称，业务定义，数据类型，单位，统计规则，认责部门，来源表，指标状态等多个属性，可全面衡量华银公司整体发展情况。

二是建立业务数据分析体系。建立完善的业务数据指标体系，梳理过程及结果指标，通过回溯及下钻快速定位关键数据波动的原因，提高数据分析效率。

三是为决策提供数据依据。数据指标体系的构建按照业务模型、业务标准对属性不同的指标进行分类和分层，形成可量化、可考核的具体指标，同时对指标体系内各层级指标间建立起清晰的关系，能从指标体系出发，聚焦工作重点，及时调整策略，为华银公司决策提供全面且准确的数据支撑。

（四）整合业务数据资源，打破数据共享壁垒

华银公司数据分布在多个系统，各部门查数取数困难，财务部门需要的财务数据经常需要查询多个系统才能得到，而需要的生产、燃料相关数据则需要跨部门沟通后才能取数，数据分析工作开展时效性、便利性较差。

针对华银公司生产、经营、管理各个环节不同业务多元异构数据，制定差异化的接入策略，提供批量、增量、准实时、实时的数据同步能力，以满足不同数据类型的个性化需求。同时，通过对相关业务部门和在用业务系统的调研梳理，按照业务领域对华银公司数据资源进行重新组织和设计，归纳划分一、二级主题域和相应逻辑实体信息。一级主题域分别是人资域、资产域、财务域、生产域、项目域、燃料域、物资域、市场域、安全域和综合域，主题域的建立使统一信息模型更易于设计、理解与查看，也是建设华银公司数据生态、构建数据资产目录的基础。

三、实施效果

（一）数据驱动降本增效，提升经济效益及市场竞争力

华银公司充分利用和挖掘财务、生产、安全、市场等六大主题域现有信息化业务系统的海量数据，实现生产经营管理数据的智能化呈现。通过智慧企业大数据管理平台联动分析度电利润构成，对度电成本、营业成本等进行管控，同时与中电联"地区发电量""地区发电设备累计平均利用小时""省用电量"等核心指标进行横向对比分析，以及与五大发电集团"含税标单"区域对标分析，挖掘降本增效突破点，找出降本空间，争取较有利的成本管理水平。持续开展经济指标滚动预测分析，大力推进业财融合，创新工作方式，做好财务预算与业务计划协调融合，实现公司经济效益逐年提升。通过利用大数据技术对成本预测分析和管控，每年节约人工成本、管理成本约400万元。

（二）建立覆盖六大主题核心业务指标体系，实现动态可视化呈现

通过智慧企业大数据管理平台，将华银公司的战略目标逐级分解到部门、人员、业务环节、数据环节，形成可量化的具体业务指标体系，实现对财务、生产、安全、燃料、物资、市场业务范围共计320个核心指标的可视化展示，提升业务人员、基层企业人员数据填报和统计效率80%。对各业务领域进行多维建模，构建覆盖六大主题业务领域、华银公司层面、全视角的多维指标体系，实现指标多维度灵活统计和指标穿透钻取，建立业务数据模型和主题数据模型，构建数据存储模型，支撑智慧企业辅助决策分

析平台多维度展示，减少数据分析人员工作量，报送和分析周期由原来的 7 天缩短至 2 天。

（三）管理集约化，显著提升公司整体综合绩效

随着云计算、AI、移动互联网等技术的日益成熟，华银公司积极开展智慧企业大数据建设，在生产方面以基层单位为基础，了解基层的业务需求，以从下而上的模式打通生产数据链接。建立生产运行管理驾驶舱，实现机组状态、发电量、厂用电率等指标的分析、统计功能，提示和跟踪各机组运行状态，通过对机组的负荷预测和指挥调度，增发电量亿千瓦时。同时加强了经营管理过程中"两票"、"两措"、日计划、"三讲一落实"等关键点监控，让原本需要大量计算的指标数据，可以一图成像，同时绑定责任主体，实施协同联动。在物资采购方面以充分发挥物资价值为出发点，汇集采购金额、采购计划、供应商等基础数据和历史数据，实现了对发电生产和工程建设的物资计划、采购、运输、出入库、核销等全过程信息化、可溯化，通过对物资库存资金占用分析和供应商价格比对，及时采取区域物资资源调配措施，调整采购策略，每年可节约物资采购和资金占用费用 500 万元。为管理者及时跟踪并掌握华银公司整体运营情况和风险防控提供了有力支撑，在提高决策效率的同时促进公司生产经营管理变革。

华银公司的智慧企业建设，为能源企业转型升级和发展开创了新的管理和商业模式，为践行能源革命和电力体制改革提供了新的视角与思路，也为其他企业创新发展、高质量发展提供了学习和借鉴内容。

智能滑块生产车间建设

南京工艺装备制造有限公司

一、企业概况

南京工艺装备制造有限公司（以下简称南京工艺）创建于1952年，是南京新工投资集团控股子企业、南京市国资委重点企业、国家级高新技术企业，2022年10月被工业和信息化部授予"制造业单项冠军示范企业"，2020年、2022年连续两次入选国务院国资委"科改示范企业"名单。在"科改示范行动"改革中，公司以创新能力提升与市场化改革"双轮驱动"，着力破解国产核心零部件"卡脖子"难题，加速实施核心零部件国产化替代，持续提升创新能力，不断激发创新活力，持续保持行业领先地位。南京工艺主营以滚珠丝杠副、滚动导轨副为代表的滚动功能部件，产品具有高效、低碳、节能、绿色的特点，在"大型、高精、高速"方面独具特色，被广泛应用于高档数控机床、人工智能、3C自动化等领域，是高端数控装备智能制造的核心零部件。近三年，经营业绩、营业收入、利润总额持续增长。参与国家级专项改革以来，南京工艺主要经济指标增长1倍以上，连续10年保持国内滚动功能部件行业龙头地位。

二、主要措施

（一）项目背景

作为高端装备核心零部件制造商，为进一步提升南京工艺智能制造水平，向未来互联网工厂转型升级，南京工艺针对滚动直线导轨副上的滑块标准化程度相对高的特点，着手研究适用于自动化加工的专用工艺，并与中国电信股份有限公司南京分公司（以下简称中国电信南京分公司）和中兴通讯（南京）有限责任公司（以下简称中兴通讯）联合签订了《5G+智能化改造战略合作协议书》，建设南京工艺5G+智能滑块车间。项目通过研究5G数字化技术建设5G信息系统、5G视频监控系统、5G车间数字化和智能化，完成5G工业互联网网络部署与集成应用。

（二）主要目标

通过研究液压自动装夹四轴夹具、一次装夹高效加工工艺，优化自动线CNC（计算机数控）刀路、在线对比检测动态补偿精度，运用5G数字化技术建设5G信息系统、5G视频监控系统、5G LED展示屏、5G车间，完成5G工业互联网网络部署与人工智能应用集成，为国内同行首创。项目采用5G物联网技术，通过AGV搬运机器人运输，采用机械手自动上下料实现滑块无人生产；配置在线测量，实现加工误差通过5G传输实时补偿到系统；通过传感器和数控系统自动进行生产、质量、能耗、设备绩效等数据采集，并通过电子看板显示实时的生产状态，SOMS（安全运维管理系统）平台能远程为管理人员提供准确、及时、有效的各类数据。车间大幅提升滑块产能，提高滑块加工精度的稳定性、一致性，有效降低人工成本，加快推进企业智改数转进程，提高国产滚动功能部件的市场竞争能力，推动行业技术发展。

（三）总体设计

5G+智能滑块车间目前由四台加工中心、一台上下料机器人、两台AGV、一台在线检测比对仪、一套数字化云平台、线边库及输送、装夹等各类自动化配套装置组成，其工艺流程为：AGV将工件配送至车间倍速链，机器人从倍速链取料至加工中心内加工，加工完成后根据所设抽检比例，机器人将滑块从机床内取出送至比对仪进行检测，检测合格的滑块由机器人送至车间倍速链，将报警提示不合格的滑块送至废品传送带。当线边库滑块全部加工完成后唤AGV送料进入下一循环。全流程由数字化云平台进行监控，设备状态、生产进度、产品质量、能源消耗等数据可实时查询。

（四）上下料流程

工件加工由同一台机床完成，机械手需分步完成上下料动作。

1. 缓存上料

机械手待命，根据生产系统信号，机械手运动至给出上料信号的加工单元上料线，通过程序编辑信息确认零件型号，从上料托盘中抓取工件运至清洗装置，清洗完成后放置于对应定位缓存台。机械手运动至对应机床抓手吹气装置对机械手抓手进行吹气。重复以上步骤。

2. 加工中心上下料

机械手待命，根据生产系统信号，机械手运动至给出下料信号的机床位置，将完成加工的工件下料至对应工件吹洗装置进行吹洗。机械手抓取定位缓存台中的工件上料至机床，并给出加工信号。机械手运动至对应机床抓手吹气装置对机械手抓手进行吹气。机械手从工件吹洗装置中抓取工件下料至下料线工装托盘中。重复以上步骤。

3. 人工上下料流程

人工根据不同滑块的型号，在定制程序上设定转换程序序列。人工将整盘工件放入上料线，上料完成后按下确认按键。人工将满料工件卸下，下料完成后按下确认键。

（五）项目建设内容

1. 采用适合滑块自动化加工的液压自动装夹四轴夹具

通过设计自动液压四轴夹具，采用南京工艺专利《一种用于自动化机床的高精度安全尾架》，一次装夹完成所有工序加工，实现了一次装夹的高精度、高效率加工。

2. 优化自动线 CNC 刀路提高加工效率

通过应用 NX 三维软件进行设计、CNC 后处理，将自动线 CNC 加工刀路优化至最短，一键生成主程序，加快刀路优化效率。

3. 对比检测，实时补偿，提高加工效率

将生产中的滑块自动送到快速对比仪进行高精度检测，在线高精度对比，将检测的误差及时反馈到系统中进行实时补偿，从而有效提高生产效率，提高产品质量及质量稳定性。

4. 建设定制化、高优先级、高安全的 5G 网络

通过 5G 网络应用硬件及平台建设，打造面向协同制造的 5G 虚拟企业专网，包括数据存储服务器及系统运行平台等，实现企业经营管理、生产制造、行政办公的高效智能化。

5. 利用 5G 物联网技术，实现无人生产及智能分析

通过 5G 物联网技术，机械手自动上下料，AGV 搬运机器人运输，实现滑块在厂房内两点之间的自动转运，从而实现无人生产。AGV 采用激光导航方式在车间内运行，与车间倍速链对接实现自动上下料，对接精度保证在正负 3 毫米以内。为了提高 AGV 定位与重复定位精度，本项目在传统三边定位计算原理的基础上引入多边定位算法。

通过传感器自动进行生产、质量、能耗、设备绩效等数据采集，并通过 BI（商业智能）看板显示实时的生产状态，为管理人员提供准确、及时、有效的各类数据，从而对各种故障进行及时处理、统计分析；配置在线测量，实现 5G 传输实时补偿提高加工精度，通过对刀仪自动判断刀具磨损、断刀情况，确保系统正常运行。

数控加工中心设备采集包括：设备 IP、机床模式、机床状态、运行时间、当前程序名、主轴负载、主轴转速、主轴倍率、进给轴转速、进给轴倍率、报警类型、报警号等。

6. 提升智能管理水平，提高本质安全度

运用 5G 虚拟企业专网，配置无线监控摄像头，利用 5G 大带宽优势搭建视频智能管理平台，所有摄像监控满足手机和电脑实时观看车间操作过程，提升南京工艺现场智能管理水平，提高本质安全度；机床设备采用 TPM（全员生产维护）在线管理，实现车间设备画像和产线实时交互反映实体装备的全生命周期过程管理；车间设备预测性维护，采集设备运行数据，提前发现设备异常；管控车间内各机床的状态、工作量、工作效率的工作情况。

7. 实现 PLC 及厂内系统无线互联

利用 5G 网络实现生产过程 PLC 之间、PLC 与厂内系统之间的系统数据传输，在保证数据安全和实时性的同时，减少车间内布线成本，快速实现产线产能匹配。

（六）项目算法说明

1. 在线监测算法

由于刀具磨损等因素，机床在加工一段时间后尺寸会出现跳动，传统的机械制造过程常为"人检人改"，滑块智能制造车间引入自动加工实时补偿的闭环算法，实现了无人干预下的全自动加工。

2. 断刀监测算法

在人工上料方式下，卸料时查看滑块即可判断是否断刀。当采用自动化生产方式，必须引入刀具监控功能实现断刀报警，才可实现无人化生产。目前国内外主流的断刀监测方法有激光式与接触式两种，本项目滑块加工中心加工工序多，加工时机床内产生铁屑多、切削液压力大，采用上述方式的准确性和可靠性较低。针对此问题，本项目采用基于主轴实时负载的断刀报警算法。

其算法原理为：主轴驱动模块电源线安装电流、电压采集模块，后台计算主轴实时功率，由于每一把刀具加工时主轴负载不同，将相邻两次换刀信号的时间间隔作为每把刀具的加工和报警设置区间，将低于主轴正常加工功率的值作为断刀报警阈值，当发生断刀时，主轴负载实际为空加工时的运行功率，达到报警值，机床停止，发出声光报警信号，提示人员更换刀具。

3. AGV 导航算法

滑块智能制造车间部署 5G 网络，车间内有加工中心、检测设备、大屏看板等多类设备，环境存在一定复杂性。

AGV 位置坐标的计算：AGV 上的激光扫描仪旋转一周，可测量到 n 个反光板，利用反光板的静态及动态匹配方法，得到匹配到的反光板列表在全局坐标系中的坐标分别为（X_1，Y_1）、（X_2，Y_2），…，（X_n，Y_n），可生成 n 个圆，AGV 小车的位置在上述 n 个圆的交点上，如图 1 所示。

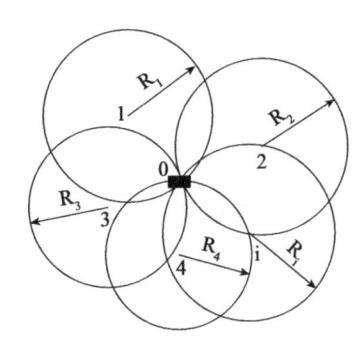

图 1　多反光板的匹配

建立 n 个圆的方程：

$$\begin{cases} (X_1 - X_0)^2 + (Y_1 - Y_0)^2 = R_1^2 \\ (X_2 - X_0)^2 + (Y_2 - Y_0)^2 = R_2^2 \\ \vdots \\ (X_n - X_0)^2 + (Y_n - Y_0)^2 = R_n^2 \end{cases} \tag{1}$$

选取式（1）中任意两个圆方程进行相减，得到（X_0，Y_0）的线性方程，其两两相减可得到 C_n^2 个线性方程，应用最小二乘法求解该方程组，得到 AGV 小车上激光扫描仪在全局坐标中的位置（X_0，Y_0），（X_0，Y_0）与小车参考点 R 在几何关系上相关，根据车体尺寸计算出 AGV 导航参考点位置 R（X_R，Y_R）。

AGV 方向角 a_0 即其前进方向与全局坐标系 X 轴的正向夹角，第 n 块反光板得到的方向角 a_n 为：

$$a_n = \arctan \frac{Y_n - Y_0}{X_n - X_0} - \theta_n \tag{2}$$

a_1，a_2，…，a_n 为第 1，2，…，n 块反光板得到的 AGV 方向角；

θ_1，θ_2，…，θ_n 为检测到第 1，2，…，n 块反光板在 AGV 局部坐标系的方向角。

由式（1）与式（2）得出，AGV 相对于全局坐标系的方向角 a_0 为：

$$a_0 = \frac{1}{n}\sum_{i=1}^{n} a_i \qquad (3)$$

根据式（1）和式（3）可计算出 AGV 当前位置及姿态（X_0，Y_0，a_0）。

三、实施效果

实现滑块车间无人装夹、无人上下料、线上自动精度检测、自动补偿，实现滑块智能生产，操作人员由原需 13 人减少至仅需 3 人，人工成本降低了 77%，单件装夹时间缩短 50%。通过采用比对仪对比检测技术，实现检测的误差实时补偿，在线误差补偿到系统中，提高加工中心加工精度，提高设备利用率及产品质量，产品合格率提升至 99.92%。提升日产出量超过 300 件、年产出量达到 10 万件。每万元产值的能源消耗由 0.17 吨降低至 0.13 吨，在产值大幅提升的同时，降低能源消耗。通过优化工艺流程、滑块型材，将传统的滑块生产流程 16 道工序优化为 9 道工序，工艺流程缩短 30% 以上，解决了加工周期长、刀具消耗大等难题。通过 5G 技术准确控制 AGV 小车，实现滑块毛坯及半成品智能搬运各类数据自动无延迟收集。通过采用液压自动装夹四轴，实现一次装夹保证关键结构流球孔、定位孔的位置精度。通过对刀仪、在线检测系统自动判断刀具磨损、断刀情况，确保系统正常运行。实现自动进行生产、质量、能耗、设备绩效等数据采集，能对各种故障进行及时处理、准确记录、统计分析。

共性固体制剂智能制造车间建设

金陵药业股份有限公司

一、企业概况

金陵药业股份有限公司（以下简称金陵公司），国家级高新技术企业，中国制药领军企业之一，南京市新医药与生命健康产业链龙头企业，南京制造业百强企业。金陵公司成立于1998年9月，同年11月由原南京军区移交南京市，隶属于南京市国资委；1999年8月在深交所上市，南京新工投资集团控股。独家产品"琥珀酸亚铁片（速力菲）"蝉联中国化学制药行业优秀产品品牌榜，荣获"2021江苏省医药行业优秀产品品牌"，于2022年2月通过国家药监局一致性评价，是该产品首家通过一致性评价的企业。金陵公司不断推动产业升级，整合中药材示范种植、医药研发、生产、销售、医疗、康复、养老、护理服务等大健康产业链。拥有1个原料药、3个中西药生产基地和4个药材基地。160个产品进入国家医保药品目录。"脉络宁""速力菲""香菇多糖注射"等多个独家过亿中西药品种群领跑市场。

二、主要措施

金陵公司建设数据中心和专用网络，搭建私有云平台，建立中央控制中心，打造高效、安全的数据存储与共享平台，提升信息系统稳定性，保障软硬件自主可控，打造医药行业数智化标杆，实现降本提质增效，引领省内制药企业数字化转型。围绕药品生产，依托大数据、云计算、数字孪生、AI深度学习、机器视觉、物联网等新一代信息技术，部署并集成ERP、MES、SCADA、QMS、LIMS、人员管控、能源管控、洁净空调管控、智能安防、废弃物管控等系统，建设符合GMP规范的药品生产管理信息化系统，实现从研发、生产到销售全面优化药品质量。车间生产信息化结构以MES为核心，结合ERP形成基础架构，在其上搭建QMS构建质量管理体系。通过MES集成

LIMS、SCADA&PLC，与 ERP 进行交互，通过 QMS 实施来料、过程、出货质量管理。依托数据的采集、分析、交互与传递，形成基于质量管理体系的生产信息生态闭环。

（一）智能装备全面应用

购置智能装备 44 台（套），联网率 100%，实现工业级远程监控。车间布局生产线的自动化、智能化改造，投入 5000 万元，采购物料称重配料系统、无尘投料系统、整粒湿法混合制粒机、全自动化高速包装生产线等 44 台（套）智能制造装备，基本实现物料按工艺流程自动运转，杜绝人与物料间的带菌风险，大大提高了产品稳定性，减轻了人员的劳动强度，减少了人员的浪费。车间智能制造设备联网率 100%，全部接入数据采集设备与监视控制系统 SCADA，实现数据交互、远程调度和故障预测等远程监控功能，支撑车间生产线柔性制造。

（二）生产物料精准配送

物料需求数据准确、透明、及时传递，智能装备防错纠错。车间设计专门的物料流路线，规划每个工位（工序）的取料和补料线路。MES 生产工单关联物料条形码，通过手持智能终端装备条码扫描和数据传输功能，自动识别并判断物料配送需求，智能防呆，实现物料精准配送。SCADA 系统，实时多维度采集物料在工序的流转信息，对接车间 BI 大数据平台和大屏系统，主动预测物料在产线的呆滞 / 缺失风险，为物料精准配送提供可靠的数据支持，强化精准配送能力。

（三）生产过程实时管控

集成 ERP、MES 等信息化系统，实现"人机料法环测"全维度实时管控基于超融合技术构建企业云数据中心，完善生产过程实时管控能力。AI 人脸识别、核心设备数字孪生模型、高精度环境参数传感器等技术和传感设备的深度应用，实现了生产人员、设备状态、车间环境实时管控和调度。集成 ERP 和 MES 系统，构成计划、控制、反馈、调整的完整生产闭环系统。通过接口进行计划、命令的传递和实绩数据的接收，使生产计划、调度指令、实绩信息在整个生产管理体系中透明、实时、顺畅地交互传递。

（四）生产信息跟踪追溯

基于一物一码、视觉检测系统等技术，MES 系统全制造参数追溯每批次原辅料，产品配备独一无二的条形码，有效建立产品质量追溯体系。车间装备智能称量系统、视觉检测系统等智能化质量检测设备，在线自动检测和研判，并通过 SCADA 系统采集测试结果，对接 MES 系统，实时记录存储产品质量信息。MES 系统对药品生产全过程进行各项数据的采集、统计、追踪、预警、分析等，并对接 QMS 和 LIMS 系统，将每次生产的首检和抽检的数据记录存档。若产品质量出现问题，可以通过 MES 追溯到详细而全面的生产参数，便于相关人员查阅，及时分析问题并及时解决问题。

（五）能源消耗智能管控

自动采集能耗数据，动态监测用能状况车间部署能源管控系统和洁净空调自控系统，通过仪器仪表和现场 PLC 控制器，实时采集和存储车间水电气能源消耗数据。基于历史用能数据和生产计划、设备功率、气温等信息建立能源消耗与生产平衡预测模型。依托大数据、云计算技术进行耗能数据和用能质量分析，24 小时动态监测和数字化管理水电气的消耗数据及状态。出现异常能耗状态，系统智能声音、图像和文字告警。集成能源管理系统和 ERP 系统，建立能源数据和生产数据的双向共享机制，编制能源计划并通过水电气的合理使用，实现能源优化利用；在线预测未来时段能耗情况，并提前给出能源优化调度方案，实现能源管理由事后管理向事前管理转变。

（六）安全环保智能管控

智能安防系统 24 小时主动识别危险生产行为并预警运用智能安防系统，建立安环风险管控标准和评估单元，实现风险状态分析、评估和分级管控。运用传感器、摄像头及物联网技术，无死角部署安环信息监控点，实时采集车间现场数据，主动识别不安全生产行为，驱动隐患排查和治理，保证药品生产环境符合洁净生产的要求。使用无尘配料系统和全封闭生产设备，防止粉尘外泄。部署智能火警摄像头，无死角 24 小时监控车间火灾风险，实时报警。监控视频实时存档，发生安全事故时，便于及时溯源归因。原辅料包材和极少量破损半成品，涉及化学药品的，严格按照化学品废弃物处置办法，统一管理。建有危品库，专人值守，并设置高清监控摄像头和热成像摄像头，24 小时监控。对接安防系统，异常情况实时报警。部署废弃物管控系统，采用条码管理技术，对化学废弃物进行称量和在库管控。分批纳入本地环保单位管控系统处置。建设数字化安全教育培训平台，强化人员安全意识，推动安全生产职业道德建设。

（七）车间内外联动协同

MES 对接 ERP，通过追踪物料准备（充足/短缺）、设备状态（空闲/运行/等待/维修）等，集成 MES 与计划、采购、仓储、财务等车间外部信息，实现物料信息的管理全业务环节贯穿与共享，金陵公司业务部门之间及时有效的共享流转和整合；最优利用有限产能，实现产品库存与生产计划、生产排程的有效协同，以及生产任务跟进与优化调度，为企业生产计划和任务的制订提供支撑。

三、实施效果

通过对普固一车间的智能化改造，综合集成 MES、SCADA、QMS 等各类应用平台，实现了全车间数据源统一，保证生产计划、工艺、物料、生产执行、设备参数等数据的相互透明化，实现了生产物料精准配送、生产进度可视化管理、生产过程信息追溯、关键工序智能检测和综合能耗自动分析，赋能安全生产，提高产品质量和经济效益。总体上达到高效、可靠、可控的生产目的，是金陵公司重点打造的医药行业固体车间智能制造新模式示范。

（一）产量产值双提高，关键工序产出水平大幅提高

车间实施智能化建设后，产品总产量由 2.2 亿片增加至 4.2 亿片，同比提高 92.9%，产品总产值从 18810 万元增长至 40688 万元，同比提高 116.31%。以压片工序为例，采用智能双工位旋转式压片机后，生产能力从原 15 万片/小时提高至 35 万~50 万片/小时，产出水平提高 133% 以上。

（二）每万元产值成本降低19.34%，生产效率同比提高43%

MES 系统结合 SCADA 系统和 PLC、传感器等数据采集硬件，大规模采集生产制造数据，并对生产数据进行处理、分析和深度挖掘，把控生产过程，分析生产效率影响因子，为生产决策提供数据支持，大大提高生产管理者生产决策的准确性。智能化实施后，车间每万元产值运营成本降低 19.34%。琥珀酸亚铁片（速力菲）普通片，原固体车间单日平均产能 80 万片，包装所需人工为 35 人次。智能化改造后，单日平均产能增加到 100 万片，所需人工降低到 25 人次，综合效率提高 43%。智能制造示范车间建设前后综合效益情况指标如表 1 所示。

表 1　智能制造示范车间建设前后综合效益情况指标

生产运营成本情况	车间智能化改造前上一年成本费用总额（万元）	3820.18	车间智能化改造后的年度成本费用总额（万元）	6665.68　每万元产值，运营成本降低 19.34%
生产效率情况	车间智能化改造前车间人数（人）	68	车间智能化改造后车间人数（人）	59
	车间智能化改造前上一年产值（万元）	18810	车间智能化改造后年度产值（万元）	30688

续表

产品质量情况	车间智能化改造前上一年不良品率	5.40%（此处为外观视觉检测工序不良品率）	车间智能化改造后年度不良品率	1.60%（此处为外观视觉检测工序不良品率）
	车间智能化改造前上一年产品数量（亿片）	2.2	车间智能化改造后年度产品数量（亿片）	4.2
能源利用情况	车间智能化改造前上一年能源消耗总量（吨标煤）	518.532	车间智能化改造后年度能源消耗总量（吨标煤）	549.13 每万元产值，能耗总量降低51.04%
资源利用情况	车间智能化改造前上一年水、材消耗总量（折合人民币，万元）	225.71	车间智能化改造后年度水、材消耗总量（折合人民币，万元）	391.32 每万元产值，资源利用率提升19.85%

（三）产品外观缺陷发生率降低：3.8%

以包装工序为例，采用智能包装联动生产线后，排片、铝塑包装、装盒、激光喷码、视觉检测、三维捆包、装箱全过程实现智能生产，工艺参数精准控制，有效解决装量不足、空泡眼未装填药物等不合格情况。同时智能检测设备具备三重视觉检测功能，多角度监控产品质量，进一步保障产品质量安全。

（四）绿色制造水平提升，每万元产值能耗降低51.04%

车间采用能源管理系统和洁净生产区净化空调自控系统，实现24小时能耗和环境参数监控，在保障生产环境符合GMP（良好生产规范）规范要求的同时，建立能耗评估模型，实时分析高耗能设备用能状况，异常情况自动诊断并进行声光报警，进一步优化用能结构。综合统计，车间每万元产值能耗降低51.04%、资源利用率提升19.85%，助力实现"双碳"目标。

（五）深化安全生产能力建设，提高风险防范能力

智能车间科学布局、合理分区，最大限度地避免原辅材、包材交叉污染；通过优化工艺路线，使用全封闭设备，从源头上降低或消除粉尘安全风险，实现本质安全；加大投入，持续推进"机械化换人、自动化减人"落地落实，全面提升生产线的科技含量，最大限度降低安全风险；结合智能安防系统，健全以大数据为依托的动态的安全风险辨识和评价机制，完善对突发安全生产事故（件）的监测、预测、预报、预警体系，提升生产现场安全管控能力；依托DMS（文档管理系统）系统深入开展应急宣教、培训工作，加大安全教育培训力度，培养"本质安全型"职工，提升全员安全素养和风险防范能力。

中小城市燃气企业智慧燃气系统建设及应用

汉中市天然气投资发展有限公司

一、企业概况

为推进汉中市天然气城市气化工程建设，遵照陕西省省委、省政府关于各地市成立政府主导、国有资本控股、公益服务性质的天然气公司要求，2009年11月，陕西省天然气股份有限公司与汉中市人民政府共同出资，成立汉中市天然气投资发展有限公司（以下简称汉投公司），注册资本1亿元。汉投公司自2009年成立以来，累计完成固定资产投资4.06亿元，累计输配气9.09亿立方米。截至2022年年底，敷设高中低压管网总计515千米，GIS系统录入管网数据396千米，建成门站4座、CNG（压缩天然气）储配站2座、CNG加气站4座，其他调压计量站17个，累计发展各类用户约8.3万户，直接气化人口32万余人。

二、主要措施

（一）智慧燃气系统建设实践过程

1. 智慧燃气系统建设目的

燃气安全和燃气经营的双向变化，与国家政策的鲜明导向，为燃气行业内部提供了一个新的发展方向，那就是融入数字经济时代，充分利用数字化技术赋能燃气行业，进行智慧燃气建设，更好地发挥科技在安全生产管理方面的支撑引领作用，从本质上提升燃气安全管理水平。

2. 基本现状介绍

近年来，随着生态文明建设工作的持续开展，汉中市各区县域对环境保护工作的重视，汉中市各城镇逐步开展能源结构优化工作，汉投天然气作为一种清洁能源，可成为汉中市城镇居民的主要燃料。汉中市地处秦巴山区,汉投公司特许经营范围包括汉中市辖区内盆地内的平川县域,还包含地处秦岭、巴山山区,利用汉江、嘉陵江支流河谷建设的城镇,但由于城镇分散、用气量小,如采用常规有人值守门站、调压站建设模式,燃气厂站分布分散,位置偏远,在站内24小时设人员值班,增加了生活设施投资,给生产和生活带来极大的不便,人力和运营成本极高,各分公司人员紧张、定员数不足,无法满足经济运行要求,考虑到后期经济效益,项目无法实施,公司急需采用先进技术,提高汉投公司技防安全水平和科技兴安能力,在一次投资的前提下,降低后期成本,完成"气化汉中"实施工作。

随着自动化和通信技术的不断发展,尤其是计算机、SCADA等系统新技术的采用,监控系统的可靠性大大提高。由于通信方式的多样化和低廉的价格,例如通过专用数字电路、4G/5G网络等都可以满足城镇无人、少人值守站的通信要求,为监控系统的实现提供了有力的技术支持和保证。城镇无人、少人值守站的建设可以极大地降低工人的劳动强度,在中心控制室就可以采集所有数据,并可方便地进行数据处理、打印报表、历史数据存储等信息管理,还可以在现场安装摄像头,监视整个厂站的视频情况。通过技术和管理手段,充分利用天然气管网的远程控制技术,在降低运营成本的同时,提高系统安全运行效率,实现远程可视、可控、可管,最终实现无人、少人值守厂站管理数字化、综合安防智能化。

3. 面临的具体管理问题

一是自动化、信息化水平低,人工运行成本高。

二是汉投公司生产人员紧缺,按传统管理模式8个分公司人员缺口在20人以上。

4. 智慧燃气系统建设的必要性、迫切性

借力现代化的管理理念和信息化解决方案,通过智慧燃气系统建设,提高了汉投公司技防安全水平和科技兴安能力,降低了运营成本,解决人员配置与定员缺口之间的矛盾,有效提升了公司信息化、安全生产精细化管理水平。

(二)智慧燃气系统建设及重要节点

汉投公司自2015年起全面开展"智慧燃气"建设,投资约800万元,建成两大板块7个平台的综合生产和客户服务的"智慧燃气"系统。主要包含:一是生产管理板块的数据采集及监控系统、GIS地理信息系统、管网压力监测、视频监控安防系统、数字化燃气智能云平台5大平台;二是客户服务管理板块包括营收系统和用户安检系统两大平台。

（三）智慧燃气系统建设成果

1. 数据采集与监控（SCADA）系统

SCADA 系统由中心调度层（包含服务器机房）、系统服务器、网络通信层、本地控制层组成。该系统是一套完整的调度监控系统；也是实施科技强安，推动先进智能装备在危险工序和环节应用的试点。该系统遵循技术先进、运行可靠、功能丰富、易于扩展、使用方便、易于维护、性能价格比高、成熟实用的原则进行设计和规划。

汉投公司目前已完成 23 座厂站参数采集，包括燃气浓度、压力、温度、流量等，可通过参数限值设定实现超限报警。调控中心可实现远程监控和阀门开关，分公司可通过 WEB 对管辖厂站参数进行实时监视。

2. GIS 系统

GIS 地理信息系统包括管网管理和线路巡检两部分。通过对 8 个分公司现有燃气管线探测数据的整理入库，以城市基础地形为基础实现对燃气管网各种设施的数字化管理，目前总里程 396 千米。

GIS 系统的搭建，为有效、准确的管网资产管理提供了手段，为管网工程施工提供有力的依据，提高了应急抢险、抢修效率，直观、快捷地为决策者提供参考。基于 GIS 巡检系统上线使线路巡查真正实现了全覆盖无死角管理。

3. 营收安检系统

用户营收安检系统上线，安检员打开 App 就可实现用户信息核对、安检作业、用气隐患登记等作业，现场安检信息通过 App 实时上报系统，后台系统将对这些信息进行统一汇总、分类。所有用户的安检信息都可快速追踪查阅，即提高入户安检效率，又避免了应检未检和重复安检的发生，真正做到从发现用气隐患到整改完成的全闭环管理，最大限度地保护了燃气企业的安全责任。系统上线后共管理燃气用户约 5 万户，2022 年安检排查率 100%。

4. 视频监控安防系统

视频监控安防系统建设，包括管理平台系统、存储系统、显示系统、网络系统四大板块。视频监控联网方案采用自下而上的模式，下级平台可以独立管理，又可以自上向下实行统一集中管理。系统由前端子系统、传输系统、监控中心三个部分组成，目前支持二级监控中心的级联。

视频监控系统通过对前端编码设备、后端存储设备、中心传输显示设备、解码设备的集中管理和业务配置，实现对视频图像数据、业务应用数据、系统信息数据的共享需求等综合集中管理。采用 B/S 架构配置、C/S 架构控制结合的方式，实现视频安防设备接入管理、实时监控、录像存储、检索回放、智能分析、解码上墙控制等功能。通过开放的体系架构，全面、丰富的产品支持，满足用户多样的视频监控需求。

平台采用 B/S 架构配置、C/S 架构控制结合的方式，通过前端摄像头接入，实现防区的入侵报警；通过接入紧急报警，实现紧急事件的接收和处理。视频监控安防系统可实现入侵自动弹窗报警功能，极大地提高了值班员的工作效率，降低了人工监控成本。

5. 数字化燃气智能云平台上线

该平台是公司对安全管理、设备运行、工程建设进行信息化管理，平台以安全生产管控、设备设施运行、工程项目全生命周期为核心，基础信息可在各模块中互相关联使用，建立各种类型台账，对各项录入信息进行预置逻辑验证，实时掌握设备动态，提高管理效率。

6. 管网压力、泄漏检测系统

对公司重点管网部位的压力进行数据采集、监控，弥补了 SCADA 系统仅采集厂站数据的不足，管网压力监测已部署 86 台。

系统首页主要是各数据展示，包括设备总台数、报警总数、终端上报数据量、各传感器的占比、终端状态、实时数据、告警信息、当月告警数据、告警因数占比等。有新告警产生时平台声音提醒和短信提醒功能。

7. 南郑门站激光甲烷泄漏监控系统的使用

该系统采用先进的激光气体泄漏检测技术，设备发出一条红外激光束（1653 纳米），通过检测甲烷分子对该激光的吸收从而检测远距离上存在的甲烷气体。该系统类似防爆摄像云台，可以在场站中关键位置灵活布置，对关键位置进行自动扫描检测，最快数据率达 20 次 / 秒。系统具备 5ppm–m（气团浓度 × 气团厚度）的静态检测限，可以分辨微小泄漏，无合作目标遥测距离最远可达 150 米，MTBF 大于 10 万小时。隔爆云台外壳防护等级达到 IP68，内置高清摄像机，实时获取检测目标的现场影像信息。可对工艺区、管线（廊）、高塔、储罐进行有针对性的泄漏监控、影像获取及重点、难点区域的补充覆盖。

为南郑门站提供高性能、高可靠性的甲烷泄漏监控体系，既可独立运行，也可与站控 SCADA 系统结合，数据实时上传至调控中心构成完整的场站安全运行系统。

（四）智慧燃气系统应用后的管理模式介绍

分公司厂站控制室不再安排 24 小时人员值班，采用"中心站监管模式"，由调控中心人员全面负责公司辖区内厂站及管网 SCADA 系统、GIS 系统、视频监控系统及管网压力监测系统日常远程监控，发现问题及时远程紧急处置，并立即通知分公司岗位待岗人员进行现场维修抢修工作。分公司岗位人员负责现场设备设施日常巡查、操作、保养、校检、维修、抢修及异常处理等全部生产运行工作。各分公司必须保证有 2 名人员 24 小时待岗值守，及时接听电话，处理相关问题，每月 25 日前将下月待岗值守人员排班表上报至调控中心，待岗值守人员原则上不能调整，如有特殊情况需调整的及时将调整情况报送调控中心。

各分公司开展厂站巡检、维修及抢修等作业时，及时上报至调控中心，由调控中心根据视频监控系统开展巡检、维修频次核查，并进行工作内容记录；生产运行部各岗位人员根据记录情况，开展巡检、维修质量检查，重点关注维修频次高的站点及设施设备，会同分公司分析原因，必要时进行设备设施更换或技术改造。

在线路巡检方面，汉投公司生产运行体系内涉及线路管理的各岗位人员严格按照公司要求，开展管网巡检工作，由调控中心通过 GIS 系统进行巡查频次及完成率统计，定期通报，并作为各岗位人员绩效考核重要依据。

三、实施效果

（一）智慧燃气系统应用的成效

1. 精简管理模式，节约管理成本

管理模式事先通过严格的模式化规范操作流程，大大地提高了操作的准确度和效率化。

2. 降低用人成本

场站从 24 小时值守巡检，精简为远程 SCADA 系统及红外、视频监控，现场每日进行一次巡检，值班人员在日常巡检维护后同步开展其他工作，极大地提高了工作效率，每个分公司可节约人工 1 人或 2 人，共计节约人工 15 人，极大地缓解了公司定员不足的问题。

3. 自动化程度高，远程分级管控，安全性能提升

调控中心 24 小时远程实时监控运行状态，公司职能部室和分公司可以随时远程监控场站设备运行情况，降低人为原因造成产生的不确定性或不安全因素，提高设备的运行效率和可靠性。

(二)智慧燃气系统应用存在问题和优化措施

存在问题1:智慧燃气系统对设备的性能、质量和日常维护要求非常高,自控设备的零故障率显得尤为重要。

优化措施:一是既要提高资金保障,相关专业人员加强学习培训,在每一次的自控设备日常检查、测试中提前发现问题并及时处理,以保证实际操作的可靠性;二是场站操作运行人员向维护技能型人员转化,打破专业分类、工种分工情况,开展针对设备维护维修综合培训。建立长期有效的培训体系,提高操作人员综合职业素养。建立科学、有效的评估考核,提高工作人员积极性。

存在问题2:调控中心值班人员查看SCADA系统、GIS系统、视频监控系统、管网压力监测系统实时数据、报警信息时,由于各系统均独立运行,各系统数据不能相互打通统一利用实现数据共享、大数据分析。

优化措施:下一步汉投公司计划整合各系统数据,构建一站式统一智慧燃气综合管理平台,打通全部孤岛,实现数据全面共享;搭建统一整合平台,将各系统业务应用和数据进行整合,为最终的智慧燃气提供支持。实现各系统基础数据和动态监控数据在调控中心集中管理,降低调控中心监管难度。

数智化供热系统建设

大连洁净能源集团有限公司

一、企业概况

大连洁净能源集团前身是原大连市热电集团有限公司，是经大连市人民政府批准组建，于 2000 年 1 月 6 日正式成立的多元投资主体的热电联产、集中供热的企业集团，是东北地区最大的热电联产、集中供热企业之一。2022 年 5 月，以大连市热电集团有限公司为核心改组组建了大连洁净能源集团有限公司（以下简称能源集团），是从事洁净能源产业、传统供热产业相关项目投资建设、应用管理及技术开发应用的产业集团，是以发展洁净能源发电侧、消纳侧、装备制造、城市供暖供气相关基础设施建设运营、分布式能源服务供应为主营业务，以洁净能源技术应用研究为培育业务的国有控股公司。

二、主要措施

（一）实施背景

党的二十大报告和"十四五"发展纲要中都提出，要发挥人工智能在产业升级、产品开发、服务创新等方面的技术优势，促进人工智能同一、二、三产业的深度融合，以人工智能技术推动各产业变革。坚持科技领航，大力推进节能、减排、绿色、智能、科学的供热生态发展。能源集团作为大连国企转型发展的排头兵和先行者，致力于打破外单位对集团公司的技术垄断，避免关键数据和保密信息外泄、保护自主知识产权，在数字化转型的道路上迈出了关键的第一步，同时能源集团深入贯彻习近平总书记提出的产学研一体化方针路线，经过严密考察后决定与大连海事大学展开战略合作，不断拓展能源转化通道，多元化赋能企业发展，开启了校企合作打造智慧供热的新纪元！

（二）主要做法

2022年，能源集团与大连海事大学举行了产学研战略合作签约仪式。在签约前，能源集团董事长邵阳向大连海事大学的校领导分析了当前煤炭能源使用现状，介绍了能源集团发展战略和规划，并表示此次校企战略合作受到了大连市政府和相关部门的高度重视，对进一步发挥校企合作优势、实现互利共赢、转化成果落地、助推国企改革和转型升级都具有里程碑意义。大连海事大学孙玉清校长也表示本次合作对能源集团强化数字化转型意识、打牢数字化转型基础及提升企业信息化管控能力都具有重要作用，相信随着校企合作的持续推进，必将助力能源集团管理水平和管理能力的现代化建设。

签约仪式结束后，能源集团与大连海事大学的校企战略合作便正式拉开了帷幕。本次合作的重中之重就是建设能够实现自主编程的智慧型、科学型供热能源管理系统（以下简称智慧供热系统），从产热到供热的各个环节完全实现智慧化操作，打造具有能源集团自主品牌的控制平台。

1. 厂网联动下好源头"数治"先手棋

本次大连海事大学与能源集团联手打造的智慧供热是以控制为中心，兼顾管理功能的能源管理系统，集气象管理、负荷预测、热网监控、客服、收费、预缴费、室温采集、调度管理、生产计划管理、能源管理等各系统于一体的管控一体化综合性服务管理信息平台。平台采用新型工业化物联网模式，具有"三全四实"，即全方位控制、全系统控制、全过程控制和实时采集、实时处理、实时控制，以及实时分析功能的智能供暖体系。

全方位控制。智慧供热系统以数据采集、数据传输、数据控制、数据计算及数据分析为基础，实现电厂集中供热系统的智能化管理。智慧供热系统会根据用户热负荷需求状况、热源生产能力及管网输配能力在线构建热量分配模型，统筹协调能源运行管理，实现供热需求平衡、管网流量分配，热源经济调节与降低能耗的目的。

智慧供热系统会按照每条供热主线与供热支线的供热需求量统筹调配各管线的输配任务，将热源厂输送的热量按照管线的需求分配给每个商业用户及换热站，上游对接热源调度，下游对接用热调度，中间调节管网负荷配给。

智慧供热系统会将管线的压力、温度、流量数据传输到调度平台，平台汇总分析各支线需求量与输送量，智能调整管线供热偏差，平衡各支线之间的供水循环流量，使所有支线都能达到均衡供热的目的，从而防止各支线出现欠供、过供等现象。当热负荷与需求量发生变化时，热网调度会自动将变化后的总需求量提供给智慧供热系统，系统也将智能调节电厂供热负荷。

全系统控制。本次大连海事大学与能源集团联手打造的智慧供热系统包含电厂供暖控制平台和电厂管网控制平台，能源集团智能供热系统最终会将从这三大平台采集到的相关数据汇集到手机、电厂和控制平台三大终端，方便宏观掌握热源系统运行情况、运行质量。

电厂供暖控制平台的电脑端可自由切换不同电厂的流程图界面，在流程图界面中可查询电厂实时运行参数（压力、温度、流量、电机频率、水箱水位、补水量等），并对电厂所有供暖数据及仪表、水泵等重要供暖设备进行监控和数据采集、数据记录、数据储存及数据处理。相比于以往的电厂数据采集方式，本次智慧供热系统的数据采集更加真实准确，流畅性高。同时智能供热系统每半小时会把采集到的供暖数据自动生成能耗报表，导入数据库，完成历史存档。该能耗报表相较于以往电厂的简易报表，不仅仅是供暖数据的累加，还包含电厂能耗的同比和环比，更直观、更立体地使阅读人员清晰地了解电厂的能源消耗。

电厂调度人员还可利用手机端监测并控制供暖系统的所有必要数据，即使在节假日期间，依旧能够准确及时地处理供热过程中出现的相关问题，保证了智能供暖的连续性和持久性。

电厂供暖控制平台可根据室外温度和用户室温自动调节电厂热源的输出功率，最大限度地遏制了无谓的消耗。同时智慧供热系统利用电价峰谷平阶段的价格不同，制定了"谷时蓄热，峰时放热"的策略。由于智能供暖系统的建立再加上正确的蓄热策略的制定，智能供暖系统相较于能源集团以往电厂的水、电、热的消耗，均有大幅度的减少，极大程度地节省了供热成本。

电厂供暖控制平台中设计了多道保护屏障，当运行参数超过设定警戒值时，实时报警，指示灯闪烁，报警铃声同时响起，电厂调度人员可通过电脑端和手机端点击指示灯进入报警界面，铃声消失，报警界面中显示报警的相关分析原因及其他相关明细。当恢复正常时，电厂调度人员可在报警存储数据库中（实时存储）查询电厂历史报警记录。在供暖期间，电厂调度人员可根据现场运行情况，灵活调节各个参数的报警上下限。

电厂供暖控制平台中设计了多道闭环自锁程序，一旦发生异常现象，系统会自动做出判断，排查故障点并对其与整个供暖系统进行"切割"，避免连锁故障的发生。当供暖系统发生严重的、需人工到现场解决的问题时，系统对故障点的隔离，为抢修人员争取了宝贵的时间，等抢修人员进入现场进行抢修时，解除隔离。即使在网络中断的状态下，供暖系统也可以自动切换成电厂本地操作，待网络恢复正常时，再转化成远程本地均可操作，且远程与本地操作互不干涉，系统以最后操作的结果运行。真正做到无人值守。

电厂管网控制平台中设计了多个智能球阀，智能球阀会根据用户侧的室温来调节自身阀门开度，确保了整个供暖系统的全网平衡。从根本上避免了距离热源"远冷进热"的供热不均衡现象的发生。

本次大连海事大学与能源集团联手打造的智慧供热系统以项目为依托，以服务用户为导向，建立了一套完备的供暖智能化管理体系，在企业数字化转型中走在了国企改革的前列，下一步能源集团将充分利用大连海事大学的技术积累，充分把大数据运用到现行供暖体制中，在打造供暖云平台和"互联网＋线上供暖服务"的道路上更进一步，真正实现智能型企业的转型。

全过程控制。全过程控制以"智慧型供热能源管理系统"为基础，融合企业现有信息管理系统，利用企业资源建立有效共享的 ERP 系统，通过信息系统对数据进行充分整理、有效传递，使企业的资源在购、产、供、销、存、人、财、物等方面得到合理的配置与利用，从而实现企业经营效率的提高。

此次智慧供暖系统的投入运行，产生了巨大的经济效益和社会效益，极大降低了供热成本，带动了供暖体系全要素生产率的提升，各类关键生产指标得到了有效的控制，供暖精细化管理水平大幅提升，实现年度经济效益增长新突破，为全市乃至全省供暖企业今后的供暖方式和供暖体系的建立起到了示范和引领作用。

2. 智慧调度激活管网"数治"新动能

本次大连海事大学与能源集团联手打造的智慧供热系统符合我国所倡导的绿色发展理念，是供暖行业发展的大势所趋，随着我国各行业科技发展的突飞猛进，智慧供热产业给人民的生活带来的方便日益明显。因此，开展技术改造升级，运用当前流行的互联网＋、智能云等高科技手段提高供热质量，进行精准供热是当前行业最重要的课题。建设能够实现自主编程的智慧型、科学型供热能源管理系统，打造能源集团自主品牌的系统是重要任务。能源集团在智慧化控制领域率先挺进，对标国际知名供暖企业，与大连海事大学建立的这套智慧供热系统站在更高的起点，以绿色、节能、低碳、智能、科学为主要研究方向，以突破新技术、解决新问题为奋斗目标，以推动供热行业进步为重要使命。这套智慧供热能源系统，利用人工智能、大数据、物联网、智能云、边缘计算等先进技术打造了热力行业智慧供热的范例，在供热系统中的能源优化、生产监控自动化、经营管理智能化等方面都做出了许多新的尝试和探索。本次能源集团与大连海事大学联手打造的智慧供热系统包括换热机组智能控制平台和全网平衡智能控制平台两大板块。

热网管理系统严重落后，监测设备和系统存在内部孤岛效应，缺少统一的综合感知和管理平台，无法形成全网数据的互通，无法感知全网的运行状况等是供暖控制领域需要解决的问题。由于自动化程度低，供热企业很难通过传统方式将供热系统调整在最佳运行状态，还常常会出现供暖质量不稳定的现象。比如，入户端供暖温度不达标，同一住宅楼入户温度不同，温度不均衡、不稳定，引发取暖用户不满而产生投诉。

智慧供热系统中全网平衡智能控制平台的自动化体现在基于物联网平台接入能力和控制能力，实现全网设备运行在线化。通过将供热设备统一接入百度智能云物联网平台，为智慧供热分析提供了丰富的数据支撑。

同时物联网平台提供一站式的协同管理，避免多个上位机互相干涉，并且系统可全自动调控供暖温度，通过供热策略下发到供热设备中，可实现自动调节阀门。另外，基于 GIS 地图，实现对换热站、热网、阀门位置信息的配置管理。

智慧供热系统中全网平衡智能控制平台的智能化体现在基于边缘计算协助，实现全网调度的智能化。每个换热站对接边缘网关，统一数据汇聚，可以将云端经过大数据分析和全网智能调节算法策略下发到边缘侧，完成边缘设备上的推断和计算，随着使用时长和数据的累计，在深度学习算法的支撑下，整套供热系统的调控会越来越精准。

根据换热站反馈，通过算法模型的不断迭代，用户的供热体验得到改善，解决了多户温度过热的问题，且逐步缩小舒适用户室内温度波动性。并且通过数据反馈，从单户温度的最大值、最小值、平均值观察，供热模型能够充分保障单个用户端的供热质量。

智慧供热系统中全网平衡智能控制平台的保质化体现在智能算法依据历史数据自适应优化学习，实现换热站动态气候补偿策略时时调控，按需供热，保证居民供热质量和室温的稳定趋势。分析历史数据发现，智能云通过供热模型解决最重要的节能问题，且配合全自动智能调控策略，逐步解决了用户端温度不达标、波动大的问题，增加了正常用户的数量，最终实现每家每户室温基本达标一致，实现供热质量达标下能耗指标最低的目标。

换热机组作为热电厂与热用户连接的重要纽带，是决定供热效率的关键所在。大连海事大学协同能源集团设计了多道智能化控制程序,以保障最大供热输出频率和换热机组的运行安全。

电动调节阀智能控制程序可根据室外温度、日照强度和风力强度"三位一体",协同控制换热机组电动调节阀的阀门开度,最大限度地遏制了无谓的消耗。同时换热机组智能控制平台会将历史数据导入智能云端,将大数据分析结果进行设备特性拟合,精确预测各换热机组供水温度和阀门开度,使设备可以工作在最佳状态,保证全网有最高的供热效率。

三、实施效果

本次能源集团与大连海事大学联手打造的智慧供热系统用数字化的思维方式来管理、创新和开展供暖工作,以数字化带动工业化,工业化促进数字化,走出了一条科技含量高、经济效益好、能源消耗低、环境污染少的供暖新路线,形成了数据流、信息流、碳追溯流和能源流"四流合一"的一网统管智慧化能源管理体系,同时也取得了巨大的经济效益和社会效益。

（一）经济效益

1. 人工成本

随着智慧供热系统的投入使用,能源集团设计施工的换热机组所在的换热站完全可以实现无人值守,2022年能源集团共计设计完成193个换热站,节省人工成本500万元。

2. 能耗成本

换热机组智能控制平台的应用确保了供热系统安全经济运行,提高了供热质量,降低了供热成本。在管网的运行监控中,基本做到了"双零"模式,即零补水、零热排放的闭环循环模式。整个供暖季193个换热站共约节省800万元。

3. 建设成本

能源集团协同大连海事大学在设计施工换热机组过程中,各个专业组的工程师到现场认真负责、敢于碰硬,领导运筹帷幄,再加上精细化的设计流程、规范化的施工过程,能源集团在设计施工换热机组的实际支出比预算节省200万元。

（二）社会效益

智慧供热系统采用物联网技术可覆盖和感知辖区内供热平台的各个环节,通过人机互助和工艺控制要求实现人机智能共生,为调度人员搭建了高效工作平台和切入窗口,对供热系统用能状况、用能指标等情况进行规范化、数字化和可视化的统计分析，达到了状态诊断、动态预报及安全预警的目的，对供热企业能耗综合评价体系进行研究和探讨，以实现以管带控、以管促控的供热企业管理新模式。基本解决了能源浪费，全网运行不平衡的状况，热用户投诉率大幅降低。同时，以智慧型能源管理为驱动的节能减排也有助于推进我国"双碳"目标的实现。智慧供热系统已经成为能源集团的亮点成果，能源集团聚焦数字化、节能化、智能化发展方向，在推进企业科技和数字化创新的道路上，成为供热行业的领航者和实践者。

基于互联网＋的智慧燃气生产管控一体化平台建设

广西广投燃气有限公司

一、企业概况

广西广投燃气有限公司（以下简称广西广投）成立于2015年10月，是世界500强企业、广西重要国有资本投资公司——广西投资集团有限公司旗下专业经营管理燃气业务和广西能源集团有限公司实现转型升级、高质量发展的重要载体企业，是广西第二大城燃企业。广西广投业务范围涵盖城镇燃气、工业园区及大用户直供、LNG（液化天然气）销售等，截至2022年年底，已建成LNG气化站14座，累计通气点火工业用户258户、商业用户553户、居民用户78898户，年供气量近2亿立方米，累计完成投资3.6亿元，建成管道348千米。"十四五"期间，广西广投将不断开拓市场，扩大终端用户数量并丰富天然气应用领域，逐步推进供气基础设施的建设、增加管网的覆盖区域，将广西广投打造成为"国内知名、区内标杆"的综合天然气运营服务商。

二、主要措施

广西能源集团有限公司（以下简称广西能源集团）天然气板块业务涉及天然气的上、中、下游三大业态，其中上游主要以页岩气项目为主，中游主要以管网公司为主，下游主要以广投燃气公司为核心的城燃。目前上游页岩气项目正在建设期；中游管网公司已建成在用SCADA系统、物资管理系统、应急指挥系统；下游城燃广投燃气公司已建成在用客服系统、物资管理系统。

为了满足广西能源集团天然气板块统一远程集控，由广西广投统筹天然气板块上、中、下游各业务需求，建设广西能源集团天然气板块数字化平台——智慧燃气生产管控一体化平台（以下简称智慧燃气平台）。满足天然气板块上、中、下游各一线生产企业或分输站的生产管理业务操作需求，能够全面及时掌握生产动态数字化，保证生产安全运行，协助生产指挥调度和设备管理；同时又能够满足广西能源集团公司集控全局监督和宏观管理的需求，并使天然气板块管理企业能及时监管各所属一线生产企业或分输站的生产运行状况、命令执行情况、生产安全情况及设备运行情况，并且能够协助天然气板块管理企业管理层进行管理决策、宏观调控及应急指挥。建成了集生产实时动态管理、安全生产设施设备监控管理、燃气管道在线监测管理、应急抢险管理、客户服务于一体的生产集控中心管理平台。

（一）信息汇聚、远程集控、统一调度

广西能源集团天然气板块上游井口、中游分输站管网阀室和下游门站调压站气化站阀井调压柜的生产数据由 RTU（远程终端单元）采集，通过点对点数字电路专线、互联网专线及无线网络上传汇聚到集控中心管理平台。集控中心管理平台建设天然气 SCADA 系统、生产视频监控系统、管网在线监测及预警系统、生产运维管理系统、应急指挥系统、作业审批系统、基于 GIS 可视化系统、管网巡检系统等业务系统，实现广西能源集团天然气板块在上游、中游、下游业务无人化、少人化作业，按"远程集控、无人值班、少人值守"的集约化进行生产管理，提高远程集控、智能运维、智能诊断等水平，强化广西能源集团天然气板块资产资源规划、建设和运营全周期运营管控能力。

（二）优化生产过程控制算法、实现全流程智慧控制

针对不同场站、分输站运行工况分别对控制算法进行优化，实现控制权限分配及全流程智能控制。"智慧燃气"平台涵盖场站、分输站、管网输气、用户用气等各个环节，是以节能降耗、减员增效、精细管理为核心的全流程智慧化管控系统。通过该系统可实现对供气全流程的压力数据、流量数据、管网状态数据、生产设备实时数据等进行实时监控，为企业实现全流程智慧控制。在通信畅通情况下，数据采集与控制系统具有以下控制权限：集控中心集中监视和控制、站控系统控制、就地手动控制与操作。调度中心及场站控制系统权限设置：调度中心和场站对设备的控制信号必须区分开来，且调度中心控制信号和站控系统控制系统需做互锁设计（即场站具有控制权时，调度中心无法控制，反之亦然），调度中心和场站站控系统均具备切换控制权的功能。

（三）生产运营动态科学化管理

"智慧燃气"平台为广西能源集团天然气板块的企业提供生产运营科学化管理，实

现生产运营管理从传统管理过渡到现代管理,并实现了向智能化、科学化的转变。

"智慧燃气"平台建设对所属场站、分输站的 SCADA 系统所拥有的软件采集点、硬件采集点、阀室进行了智能化的改造,采取引进与自主开发相结合,开发建成了基于 GIS 的巡检、生产运维、应急抢险等管理系统,使场站值班人员和集控中心调度人员通过网络终端,掌握各节点的压力、瞬时流量变化情况,分析管网运行状态,及时发现并排除安全隐患,部分实现了对沿线场站和阀室,各管道运行压力、进销气量、分输压力与流量的监控。

"智慧燃气"平台通过对生产运营情况进行综合分析,并根据市场销售规模、发展需求,结合实际生产能力,通过对各节点压力、输量,各管段输气利用率、输气效率、不均衡系数等参数进行模拟计算,对生产任务进行详细分解,编制出年度生产运行方案。然后根据年度生产任务,各个体系系统识别存在的风险和隐患,按照工作内容、时间节点、责任人、目标"四个落实"的原则,对全年生产维修、设备设施维护、隐患治理等工作进行总体安排,从而形成生产设计。

(四)安全生产动态智慧监控管理

"智慧燃气"平台为广西能源集团天然气板块安全生产提供全方位的保障和支持。通过实时监控生产环境、智能化风险识别与评估及协同管理与应急响应的综合应用,全面提升企业的安全防护能力,预防和应对各类安全事故。

1. 实时监控生产环境

"智慧燃气"平台视频在线监控系统实时监控场站、分输站等生产环境。通过安装传感器和监测设备,实时收集生产环境中的视频数据,并将其传输到集控中心工业监控系统。这样,值班管理人员可随时了解生产现场的情况,并及时采取措施应对潜在的安全风险。通过智能分析和预警功能,平台可以自动检测异常情况并及时发出警报,确保生产环境的安全与稳定。

2. 智能化风险识别与评估

"智慧燃气"平台通过引入人工智能和大数据分析技术,可以快速识别和评估潜在的安全风险。例如,通过对历史数据和实时数据的分析,平台可以预测潜在的事故风险,并提供相应的预防措施和安全建议。这样可以帮助企业及时发现和解决潜在的安全问题,降低事故发生的概率。

3. 协同管理与应急响应

"智慧燃气"平台通过协同管理和应急响应机制,提高安全管理的效率和响应速度。平台可以集成各种管理工具和系统，实现信息的共享和流转。例如，通过与巡检系统、生产设备管理系统和作业审批系统的集成，平台可以实现对生产设备和员工行为的实时监控和管理。此外，平台还可以建立应急响应机制，快速响应事故和突发事件，减轻事故的影响和损失。

（五）智慧感知全新的管网完整性管理

"智慧燃气"平台以以 GIS 为基础的生产运营综合管理为核心，对现有相关硬件进行升级改造，利用 GIS 空间数据管理技术，将地形、管网、设备、门站、调压箱/柜、阀井、大用户、营业网点等信息进行统一管理，满足各个业务部门对管网信息的需求。既能全面反映管网的全貌，又能检索查询每个设备的详细信息，从而实现对燃气管网最完整、最彻底的管理。

"智慧燃气"平台燃气管网完整性管理是一种全新的安全管理模式，以保证燃气管网的安全运行为核心目标，通过不断变化的管道因素，对管道运行中面临的风险和隐患进行辨识和技术评价，并制定相应的策略，不断改善影响管道运行的不利因素，从而将管道的运行风险控制在合理的范围之内。

（六）优化应急管理机制，提升应急管理水平，提供科学决策依据

"智慧燃气"平台应急抢险系统实现了广西能源集团天然气板块上、中、下游三位一体的应急支撑体系，实现公司内部的基础信息维护和审核报送等管理工作，事发后可进行信息快速上报，并可进行指令下达，以提高公司级突发事件的处置效率。提供包括燃气管网设施、场站、燃气设施工程建设、安全隐患、燃气事故发生点、抢险抢修中心等能够反映行业基础设施、管理资源状况的静态或动态 GIS 数据的燃气行业"一张图"管理和整合模式。通过物联传感设备，把预防管道燃气泄漏的人工巡检方式转变为 24 小时实时监测的现代化自动智能模式，实现全方位的监测，从而达到完善整个燃气管网泄漏的预警能力，杜绝燃气泄漏事故的发生。综合利用 GIS 技术、通信技术、数据库技术、互联网技术等最新成果，提供燃气泄漏数据即时上传、数据统计分析研判、短信通知等功能的应用服务，以及现场报警、手机短信、自动拨打电话、微信、App 推送等有多种保障的燃气泄漏报警服务。

（七）智慧化客户服务管理

"智慧燃气"平台的智慧客服系统，通过"线上+线下"结合，实现云自助服务，让用户足不出户，享受便捷、安全、舒心的服务。如远程抄表、远程充值、用气申请、

通气报装、安检维修申报、系统派单、全程跟单、信息反馈、延伸服务、售后跟踪、评价考核等。

（八）满足广西广投能源集团一体化管控需求

"智慧燃气"平台提供天然气业态生产经营的数据及天然气业态经营数据，实时展示城镇燃气经营数据，结合燃气客户的分布、销售量等数据，结合天然气进销存的变化情况，以及市场价格波动趋势等因素做智能分析，为广西能源集团管理层提供决策支持。

三、实施效果

信息集成化："智慧燃气"平台实现能源集团天然气板块上、中、下游信息的综合集成，给调度指挥中心一个可视化集成展现与分析决策平台，通过对生产运营全业务、全要素数据的数据建模和融合分析，实现多业务、多层级、多维度、多形态的信息组织、关联分析与趋势预测，为日常生产运营各要素、资源、事件的科学管理及重要事件的高效组织指挥、决策提供重要的信息支撑。

决策支持感知智能化：调控中心各系统通过实时感知管线及附属设施运行情况，预测可能发生危险的种类、风险，并发出相应级别告警，供管理人员制定相应的应急抢救处理方案，提升对管道及附属设施感知能力、反应能力，确保天然气管网安全、高效、平稳运行。当发生爆管、泄漏等不安全事件时，可准确快速定位到事件发生地点，并提供科学、准确的应急预案，配合专家资料库，辅助及时排除故障，将事故影响程度降到最低。

燃气管网设备可视化：实现燃气管网及运行设备设施在平台的 GIS 地图上的可视化查询和管理，为燃气管网设备的规划、设计、改扩建、维修提供准确翔实的管网设备信息。

汇聚、信息发布、提升应急处置能力："智慧燃气"平台能满足企业处置各种突发事件，发挥减灾、救灾的作用，适应应急快速反应机制的建设，确保在发生上述事件情况下，能有效地实现现场图像、信息采集传输与指挥处置的应急通信保障。建设有应急指挥系统涵盖智慧安全帽视频图像采集系统、无线通信设备等。同时，在应急指挥调度端设置会议电视终端、调度电话，在发生紧急情况时，可对现场情况进行监视并制定应急指挥方案，组织有关各方召开会议，及时发布抢险指令。

优化人员配置，降低运行成本："智慧燃气"平台的建设，逐步实现对门站、调压站、管网等远程统一集控，从而减少生产运营人工费用，同时让现有岗位上的人员能承担更多的工作，从而减少不必要的成本，扩大收益，实现减员增效的目标。仅以广西能源集团天然气板块下游燃气公司为例，在调度中心设置4人一组调控值班人员三班两倒（12人）实现对所属企业16个场站（不含2座加气站）远程值班监控，预计16座场站在标准人员满配情况下实现减少监盘值班人员32人（2人/场站），一增多减综合实现减员增效20人，预计可降低企业用工成本约200万元/年。

区内领先、行业一流：广投燃气智慧燃气平台已成为全区天然气生产运营集中调度、监视及控制的省级天然气调控中心。已经达到区内首创，行业领先的水平。"智慧燃气"平台项目已成功列入自治区2023年第二批"千企技改"重点数字化工厂专项技改项目名单。

智慧供应链赋能备件管理提升

上海展通国际物流有限公司

一、企业概况

上海展通国际物流有限公司（以下简称展通）成立于 2010 年 11 月，注册资金 500 万元，是一家以先进供应链管理理念和精准服务定位为市场导向，专注于备件管理服务的智慧供应链公司。依托特有的区外公共型附带寄售维修功能保税仓库及强大的 IT 研发团队，展通能为跨国企业在华售后服务和零备件供应链管理方面提供专业的解决方案以及仓储管理、关务、物流等其他增值类服务。在过去十余年的发展中，展通积累了深厚的技术经验和市场基础，培养并凝聚了一批有实力的技术和管理人才团队。目前已和来自生命科学、医疗、半导体、工业自动化等领域的多家全球顶尖企业建立了长期的战略服务合作关系，是众多在华外企的首选第三方服务供应商。

二、主要措施

不同于传统的物流或进出口报关公司，展通在 2010 年创立之初起，就已经明确将"智慧改变中国供应链"作为自己的使命，并在"可靠·创新·智慧·专业·共赢"价值观的指引下制定企业的发展战略和长远规划。致力于成为中国智慧供应链管理专家的展通，深知外企在供应链环节的痛点，特别是涉及货物进口的及时性，以及对于零备件安全和精细化管理的迫切需求。

展通自主研发的供应链管理系统应用了数字新技术，以推进内部经营管理活动的智能化和创新转型。此系统不仅改进了经营管理模式，而且其影响从局部扩展到多个方面，全面探索和形成了新的管理策略。它主要包含了订单管理平台、海关报关平台、WMS 库存管理平台和物流管理平台四大模块。客户入驻前期，展通会根据客户的业务操作和日常需求，为每一个客户专业化研发数据对接系统和深入开发平台模块以满足不同客户的需要。

不仅如此，展通按照客户需求定制的系统在根本上保障了合作伙伴们数以百万计的备件产品的安全、高效、精准的管理和配送。全年7×24小时的专业服务团队，显著提高了客户企业维修服务的响应速度和客户满意度。依托于提前申报、优先通关等优势，展通独到的一站式定制化的智慧供应链管理服务不仅大大加快了客户零备件进出口的通关时效，提高了企业供应链的稳定性，还可以帮助客户优化其在中国的供应链，极大降低其运营风险。

（一）订单管理平台服务

标准化流程是保证服务水平的有效保障，但是依然面临着人工操作带来的不确定性。供应链企业日常工作中面对源源不断的需求和订单需要处理时，效率高低是供应链企业能否持续发展的关键因素之一，然而过多依赖人工操作所导致的些微差错也会给企业带来不可忽视的蝴蝶效应。多平台提供的信息导致人员操作在不同平台间反复切换，工作量呈倍数增长，巨大的工作量致使出现细微错误的情况一并增加，从而导致订单异常，给企业带来难以预计的损失。员工之间协同操作容易导致上下游信息的遗漏和断层，造成"信息孤岛"。在供应链企业中会影响库存更新、追踪、监控、记录等一系列问题。尤其面对实现数字化和一体化协同运营，是跨境物流企业提升订单管理效率和服务水平最有效的途径。

展通订单管理系统是使用C#语言开发，B/S架构的基于互联网的管理系统。采用标准三层结构，适用多种浏览器。可选证书加密模式，使数据安全性得到全面保障。同时提供开发灵活的EDI（电子数据交换）接口，可快速实现与SAP系统的对接。结合阿里云邮箱服务、展通自研的移动实时通信平台系统，客户可实时准确跟踪订单情况。

展通订单管理服务在"供应链管理平台"上通过订单管理模板为客户提供服务并产生收益。按照国家重点支持的高新技术领域中的划分，应属于第五大类"高技术服务"中第二小类"现代物流"。展通自主开发的订单管理系统采用分布式数据重组方案，通过对客户下达的出库、入库订单进行管理、分配及跟踪，使仓储管理和运输管理有机结合，稳定有效地连接物流管理中各个环节，使订单、仓储、运输成为一个有机整体。其投入使用显著提升了企业物流过程中的准确性，简化了员工的操作步骤，提高了员工的工作效率，增强企业市场竞争力。

（二）海关监管服务

货物运抵至港口并送往仓库的过程中，客户需要将产品信息提供给海关进行申报，获得放行许可，之后进入保税仓库，由于保税业务的特殊性，海关需要实时了解保税库中货物的库存状态，以及进口货物的价格、原产国等信息，需要一套与海关对接的系统。

展通海关监管软件是使用 C# 语言开发，B/S 架构的基于互联网的管理系统。采用标准三层结构，适用于多种浏览器。可选证书加密模式，使数据安全性得到全面保障。海关官员可通过系统对监管敏感的货物进行布控，并且海关监管系统与 WMS 系统（仓库管理系统）有实时关联，一旦 WMS 系统数据达到监控临界点，系统会自动通过邮件、短信进行通知。相较于以往人工通知的迟滞性和不确定性，展通海关监管系统能够保证海关关员对敏感货物的精准且实时的监控。对于客户来说，展通海关监管系统为客户提供海关的数据对接，避免客户对物品类别的误判导致报关时出现的各类问题。该系统使海关、展通及客户得以连接并实时分享最新的数据状态。

展通海关监管软件 V1.0 的开发，有效实现了与海关系统的对接，让展通仓库管理系统中的备件报关数据，保税仓库库存数据实时和海关部门打通，从而便于海关对保税业务的管控，避免线下管控带来的弊端。与此同时，根据海关系统的更新，展通海关监管操作系统也在不断更新升级以适应金关二期的要求。

（三）WMS库存管理平台

进口物品完成申报后，往往主要停留的地方就是仓库。仓库容纳大量货物时会产生不少问题，使货物的状态监管变得复杂，例如物料状态是否完好；因人工操作失误导致货物长期堆积在仓库，滞留货物数量增加导致库存成本变得昂贵，资金周转率低下，另外某些物料因特性原因是存在有效期的，若存放在仓库太久，最终会影响产品的品质。

展通 WMS 系统可通过实时系统监管，对敏感货物进行布控，当数据达到监控临界点时，系统会自动通过邮件、短信等方式进行通知。此系统兼容性强，采用标准三层结构，适用多种浏览器。安全性方面可选证书加密模式，使数据安全性得到全面保障。监管力度亦有保障，海关官员可通过系统对监管敏感的货物进行布控，WMS 系统数据达到监控临界点时，系统会自动通过邮件、短信等方式通知相应人员，灵活监管，使命必达。

除此之外，展通的研发团队开发出移动式的库存管理系统，令仓库的操作人员摆脱固定在办公桌前操作系统的局限性。这样的移动操作使工作人员在仓库现场通过移动设备就可以完成库存的上下架操作。原本存有货物详细信息的条形码不能满足详细信息日益增加的货物阐述，因此展通研发的移动式库存管理系统以二维码进行货物扫描从而获得更准确的商品信息，操作人员的手持移动终端可以在仓库货架中准确寻找到所需货物。伴随操作人员的使用诉求变化，之后不断推出了1.0版本、2.0版本及目前的3.0版本，实现了Android、iOS跨平台应用。此外，由于一些客户的工程师团队比较庞大，且每个工程师手上都会有相应数量的库存，工程师间经常会出现零备件互借。为了让工程师可以快速开展维修工作，展通开发了工程师零备件库存管理系统，从而实现了对客户工程师手上零备件的有效管理，是一个方便工程师管理自己零备件库存的网上客户终端。

（四）物流管理平台

展通物流管理平台开发过程中采用C#语言开发，B/S架构的基于互联网的管理系统；支持802.11n标准，最高传送速率达到300M，能够兼容目前的802.11b和802.11g网络；采用SQL Server2000为后台数据库，其内置的数据库引擎可以控制访问权限并快速处理数据，搜索引擎可以对SQL Server表中的数据进行索引，并执行多种条件的查询，快速返回结果。此管理平台的主要优势在于其时效性强，通过接口对接实现线上数据传输与处理，极大地提高了工作效率，降低了成本，减少了人工操作。通过对运输公司运单状态的跟踪，实时掌控订单物流状态，及时处理异常订单，提高了客户的满意度。此外，这样还能极大确保数据的安全性：系统所有网络传输的数据经过加密和压缩处理，安全性坚如磐石，速度无限超越。该系统应用到"展通供应链服务平台"子系统的"物流服务平台"中，与"展通运输管理软件""展通Fedex运单打印跟踪软件""展通短信管理系统"一同为客户提供高效的技术服务，受到客户的高度肯定。

以上为展通目前主要的操作系统平台，每个平台同时有很多小的操作模块，至今，展通已经申请了34个软件著作权并得到第三方的测试合同报告，同时，以上的四大操作平台在日常业务操作中也得到了众多客户的认可和好评。

（五）实际应用案例简介

1. 定制亚太分拨与防伪码应用管理

本案例客户为生命科学领域的世界领导者，其业务范围广阔，旨在帮助其终端用户加速生命科学的研究、解决在分析领域所遇到的复杂问题与挑战、促进医疗诊断和治疗的发展、提高实验室生产力。

展通的专业IT团队，快速响应并满足了该客户提出的定制化要求。通过展通的系统管理帮助客户实现了供应链的信息化、精细化。针对无批次号和序列号备件的追溯管理，QR Code系统彻底解决了客户过去只能依靠人工查询配对、效率低和错误率高的问题，尤其是在发生货损和索赔时可以快速提供备件的全套进出库信息。得益于定制的唯一码标签，如今客户可以快速抓取任意零备件的源头和流向。多次借还的备件实现一码溯源，查询到逐次借出记录。标签附带的防伪验证与查询功能，更提升了最终用户体验与满意度。

2. 提升客户进出口清关时效

某欧洲智能机器人生产企业，由于之前该公司的整机都存放在国内的普通仓库，其售后零配件甚至都不设立中国区库存；加上国外工厂生产周期较长（用时一个月），口岸清关缓慢（耗时一周以上），导致客户与整个供应链脱节，影响了客户产品在中国市场的销售。

此外，客户之前的非保仓库无论是从仓库人员的操作能力上，还是从服务态度上，都无法匹配最终用户的操作要求，需要提前4小时通知才能出货的限制严重影响了产品在国内的销售和售后服务。和展通建立合作之后，客户拥有了可覆盖整个大中华区供应链服务的整机和零备件仓库，展通为其提供先出库后报关的服务，大幅提高了产品的清关时效，从原本一周以上的清关时间锐减到了1～2个工作日，出库时效也从提前4小时变为了紧急订单10分钟内即可完成。如今，客户依托展通的区外保税仓库，极大地满足了对于紧急订单的要求，且范围覆盖整个亚太地区市场分拨，从而最终提升了其终端客户的满意度，提高了在中国市场上的竞争力。

3. 客户工程师备件高效管理

本案例客户专注于肾脏病治疗领域，不但研究开发、生产及销售血透和腹透产品，同时还提供透析治疗服务，是慢性肾脏衰竭疾病治疗产品和服务的全球供应商。

客户在国内的售后业务中配备了很多工程师，每位工程师身边都有常用的零备件库存，根据维修业务的开展，每天都会有各种零备件的消耗及补充，而工程师之间经常会有零备件互相借调的情况，因而导致年底库存盘点时工程师持有库存缺失时常发生。在详细调查了解了客户的这个痛点之后，展通为该客户专门研发了一套工程师库存管理系统，对工程师持有的零备件库存进行智慧化的日常管理，例如，工程师实时备货库存查询，备货消耗记录查询，备货补充记录查询。通过与客户 SAP 系统对接，充分利用云服务器，实现系统间的底层数据对接。目前展通有20多家客户都在使用该管理系统，涵盖的工程师团队已达数千人，显著提高了工程师流动库存的盘库准确率，减少了人力物力损失。自应用这样的管理系统以来，终端用户使用体验及反馈非常好。

三、实施效果

（一）订单管理平台服务

展通订单管理平台服务目前已取得六项软件著作权，展通的主要客户如赛默飞世尔科技、费森尤斯、布鲁克等都与该系统进行对接。该系统作为公司的核心产品之一，能够为客户提供完整的数据对接服务，2020年实现服务收入2703.84万元。其中布鲁克项目数据交换软件V1.0和赛默飞世尔科技授权服务商仓储系统V1.0通过上海市计算机软件评测重点实验室的测试通过。

（二）海关监管服务

展通海关监管服务目前已取得三项软件著作权，该系统作为展通的核心产品之一，与海关系统始终保持一致，为客户提供海关系统的数据对接，并通过技术识别及解析分析，减少出错的概率，与客户的系统数据保持一致，提供数据对接、清关、报税等全流程服务，2020年实现服务收入1459.06万元。

（三）WMS库存管理平台

展通WMS库存管理平台使仓库人员可以通过此款软件自动记录客户零备件上架及发货过程中的库区及货架信息，出库时可以根据设定的出库规则，系统自动告知出库备件所对应的库区及货架信息，完成快递运单的自动生成，最大限度地减少收发货流程中的人为干预环节，大幅度提高整个收发货流程的时效性及准确率。

（四）物流管理平台

仓库发货需要人工填写运单，不仅耗费时间且容易出错，展通为此定制开发的物流服务平台模块，便于和运输服务商进行对接，提升快速下单的功能，并根据客户发送快递包裹的数量和变化趋势来预测客户不同时期的发货量，以做出相应安排，提高工作效率。同时，以上四大操作系统在日常业务操作中也得到了客户的认可和好评，根据2022年1月展通客户满意度调查表与系统用户反馈报告，客户满意度高达97%，库存准确率接近100%。

数字化助力国际工程供应链精细化管理

北京城建集团有限责任公司

一、企业概况

北京城建集团有限责任公司（以下简称北京城建）是北京市建筑业的龙头企业，具有房屋建筑工程、公路工程总承包特级资质，拥有城建工程、城建地产、城建设计、城建园林、城建置业、城建资本、城建文旅、城建国际、城建服务九大产业，从前期投资规划至后期服务运营，打造出上下游联动的完整产业链，致力于转型提升为"国际知名的城市建设综合服务商"。

北京城建是"中国企业 500 强"之一，"ENR 全球及国际工程大承包商"之一，荣获"中国最具影响力企业""北京最具影响力十大企业""全国优秀施工企业""全国思想政治工作先进单位""全国建设系统企业文化建设先进企业"等荣誉称号。现有总资产超过 3300 亿元，营业收入超过 1400 亿元；拥有全资、控股子公司 25 家，包括 A 股上市公司 1 家、H 股上市公司 2 家。

北京城建优质高效建造了北京大兴国际机场、中国共产党历史展览馆、国家体育场、国家大剧院等国家和北京市重点工程，167 次荣获"中国建筑业鲁班奖""国家优质工程奖"和"詹天佑大奖"，更以国匠品质建造了国家速滑馆、国家高山滑雪中心、北京冬奥村、延庆冬奥村及山地新闻中心等 30 余项北京冬奥会场馆及配套工程，为北京成功举办"一届真正无与伦比的冬奥会"做出了重要贡献，也使北京城建成为全球唯一一家既建造过夏季奥运会主场馆，又建造了冬季奥运会核心场馆的工程总承包商。

为稳步实施"走出去"战略，进一步开拓国际市场，北京城建于 2010 年 3 月 26 日成立国际工程总承包部，2015 年更名为国际事业部（以下简称国际部）。国际部作为北京城建国际业务的发展平台，承担了北京城建在国际业务领域的"引领、组织、协调、创新"的职能和定位，开展多元化业务。经过十余载的不懈努力，国际部在总体规模与经营成果方面不断取得进步和突破，在 5 大市场、30 多个国别形成市场布局。2022 北京城建在全球大承包商排名位列第 13 名，国际大承包商排名位列第 98 名。

二、主要措施

十余年来，国际工程项目在传统供应链管理向现代化供应链管理创新的道路上不断探索，借助总承包商在供应链管理的核心地位优势，与业主、设计单位、承包单位、供应商之间达成协作机制，打通供应链的上下游，建立全链条数字化资源管理体系，逐步打造供应链资源整合能力、一体化服务能力、精细化履约能力和价值创造能力，助力施工生产全过程进行集成化管理。

（一）国际工程供应链管理的难点

物资种类多，成本高。国际工程所需的物资繁杂多样，需花费大量采购与物流成本；物资差异大，难度大。国际工程类型多样，标准和规范不统一，不同国家技术要求不一；供应周期长，程序复杂。国际工程采购程序十分复杂，主要包括提报计划、选择供应商、招标洽谈、签订合同、生产运输、集港装箱、报关发运、到港清关、开箱检验、领用出库等，如图 1 所示，烦琐的程序需要花费大量的时间和精力，可能还会造成发运延误，从采购到运抵项目现场往往需要几个月时间。

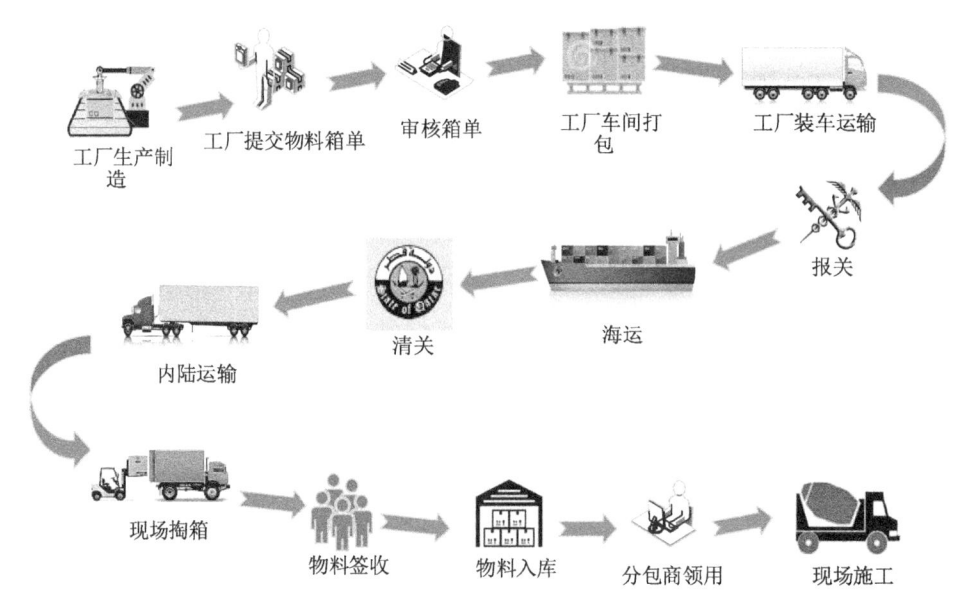

图 1　国际工程供应链管理全流程

运输时间长，风险高。国际工程具有路途遥远的特点，往往会在 1 个月以上，运输费用明显增加，通常要经过海运，运输过程比较复杂，从工厂到港口、出关，经过海运、入关、到达港口、到项目地点，物资要经过多种运输方式、多次转运、长时间运输，物资损坏风险高。"整采零发"，导致全链条物料混乱。国际工程由于物资数量众多、种类繁杂，受包装、舱位、箱体等因素影响，经常会采用分批次、分箱体、分船体进行"整采零发"的发运模式，即物料采购时为整件采购，发运时拆分成几部分进行发运，导致采购量、交付量、运输量、现场收货量及出库量的数量单位不同，而无法快速准确核对，造成订单交付情况不清晰、数量混乱的问题。没有成熟产品，缺少成熟经验借鉴。针对国际工程供应链管理的信息化产品，缺少可借鉴的经验和成熟的管理系统，多以企业根据自身业务特点探索自建为主。

（二）供应链管理数字化应用系统

针对国际工程供应链管理特点，运用云计算、物联网、大数据、5G 等新一代信息技术，2020 年 11 月北京城建国际部联合北京天镜通途信息科技有限公司（以下简称北京天镜），开发具有自主知识产权的条码系统，结合二维码、手机 App、5G 手持数据采集器、移动便携随身打印机、车载移动稳压电源等多种先进设备，对加工订货、工厂生产、物流运输、现场管理等过程进行全方位、立体化管理，做到物资管理过程透明、各项物资操作有据可查。

1. 条码系统应用目标

在物料价格越来越透明的大市场环境下，国际工程项目对"量"的合理精准管理至关重要，条码系统围绕整个供应链条的"量"进行系统的构建，为国际工程项目的降本增效提供切实支撑，助力国际工程项目对供应链的精细化管理。

2. 条码系统主要功能

条码系统作为国际部核心业务系统的信息采集和物料状态跟踪工具，通过与核心业务系统对接，加强核心业务系统对项目供应链保障和实际成本管理的能力。主要功能包括：条码规则管理、订单交货管理、物流运输管理、现场物资管理。

条码规则管理：设置条码应用的基础信息，作为条码系统后续所有业务开展的基础，由国际部系统管理员进行操作。

订单交货管理：接收来自核心业务系统的合同采购发运信息，对物资的装箱进行管理，由物资供应商（工厂端）进行操作。

物流运输管理：对物资的在途运输进行管理，实现货运代理装箱及重要在途动态提报，由承接运输任务的货运代理公司（物流端）进行操作。

现场物资管理：用于项目地物料签收、领料出库等现场物资管理，由项目部物资管理部门（城建端）进行操作。

3. 供应链管理应用场景

条码系统获取到核心业务系统的合同采购发运信息后，由本批次发运供货工厂登录条码系统，在线提交《包装明细》，打印物流包装箱件条码、零件条码，完成贴码后装车运输。

在工厂仓库交接至货运代理，货运代理完成收货操作。货运代理交货至集装箱码头，然后进行集装箱装箱操作并发运。

物资到达项目现场，由项目现场物资管理人员完成箱件入库。当接收到核心业务系统传递的领料申请后，进行物料出库操作，并将出库结果返回至核心业务系统。

条码系统在应用过程中重点实现了将物料拆分成零件进行包装、运输及出入库的业务场景，如图 2 所示，助力供应链精益化管理。

（三）供应链管理数字化应用

1. 软硬件环境准备

条码系统的应用需要准备智能手机、5G 手持数据采集器、移动便携随身打印机、车载移动稳压电源等多种满足复杂环境不同使用场景的硬件、设备。条码系统的应用通过手机 App 程序进行操作，按照使用人员的不同，分成工厂端、物流端、城建端手机 App。

2. 订单交货管理

（1）交货批次规划。

核心业务系统将采购订单推送至条码系统，工厂按照生产工艺进行套件维护，将物料拆分成零件，并按照订单要求进行生产。工厂根据订单生产的物料数量、尺寸、重量及考虑包装箱尺寸、码放空间、运输车辆等因素规划交货批次，提交每个交货批次的物料明细和数量、备货时间、出厂时间、到达港口时间等信息给北京城建进行审核，审核通过后按照交货计划进行备货装箱。北京城建将交货计划同步给货运代理机构，协调各方开始准备报关所需资料。

（2）生成条码、执行包装、物资装箱。

工厂按照交货计划，由条码系统生成零件条码，打印条码、粘贴条码于此次交货批次的物料包装上。工厂将贴好零件条码的物资进行扫码装箱，人工核对实际装箱结果，

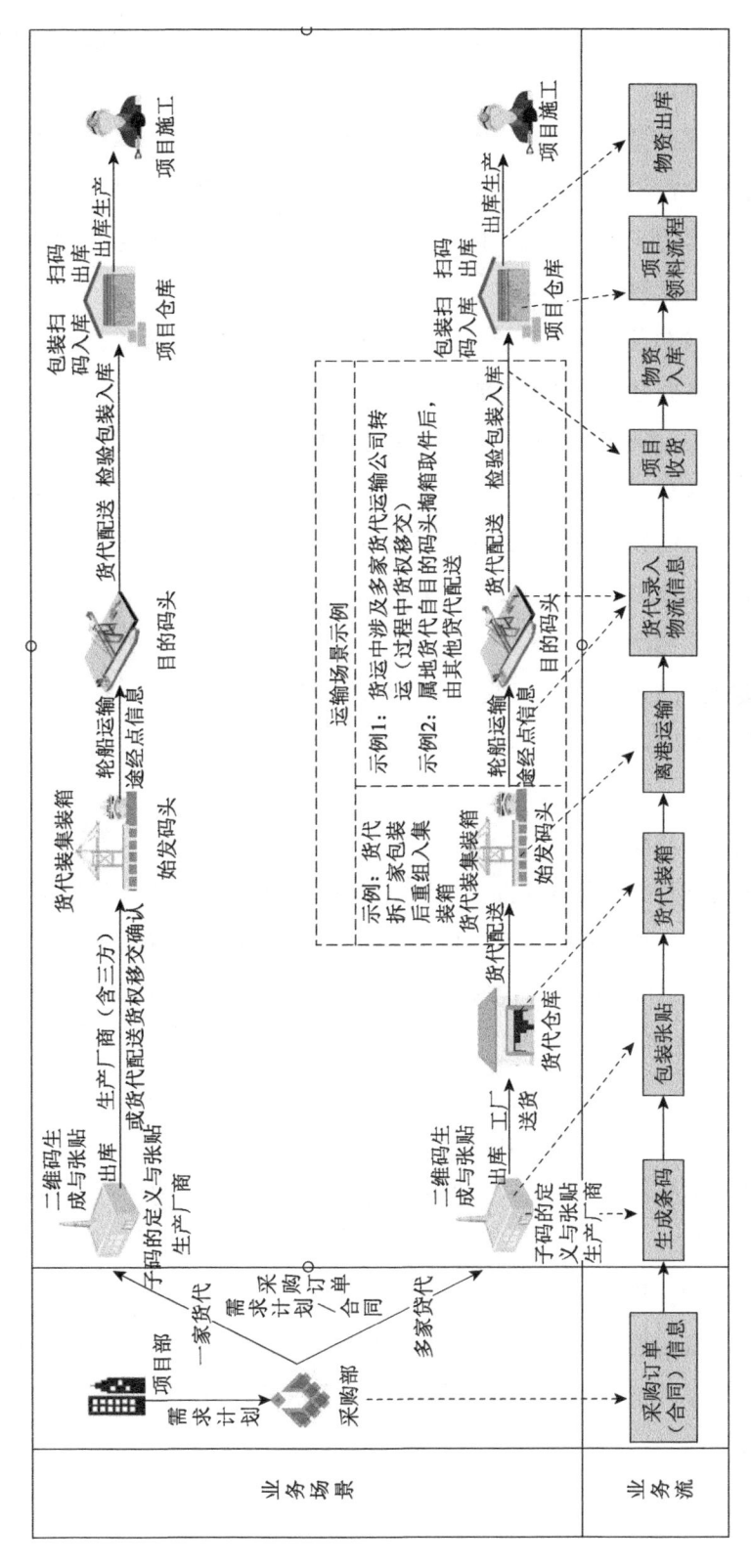

图 2 国际工程供应链管理应用场景

确认无误后，条码系统生成箱件条码，打印条码、粘贴条码于包装箱上，并输出《装箱明细表》给北京城建。

通过引入"零件条码"创新思路来实现零件级的管理，解决了供货商拆分成零件进行物料交付而导致的采购、供货商交付、项目现场出入库全链条物料数量不清晰的问题。

零件条码包含工厂名称、物料名称、品牌、规格型号、净重、长宽高、体积、数量、单价等采购信息和商品信息。

箱件条码包含包装编号、包装方式、包装件数、长宽高、体积、净重、毛重、物料名称、品牌、规格型号、数量等包装信息和商品信息。

条码系统通过"零件条码""箱件条码"的使用，实现物料从采购到项目现场出库全链条的物料流转过程管理。"零件条码""箱件条码"源自供货商备货环节赋码产生，是整个条码系统数据的源头。使得供应链管理可以做到账、码、物相符，为公司层及项目部决策提供真实、可靠的数据支持。

（3）审阅装箱明细。

北京城建收到装箱明细后，业务人员核对装箱明细数据，包括装箱明细总金额和采购订单金额的核对，如图2所示，审阅后的装箱明细作为实际发运和办理相关手续的依据。

（4）物资装车集港。

工厂按照交货计划和装箱明细，扫描箱件条码将包装箱装车，发运至港口。工厂将全部箱件装车完毕，提交货运公司信息、车辆信息、司机信息等运输信息给北京城建。北京城建将运输信息同步给货运代理公司，货运代理公司准备在港口接收物资。

3. 物流运输管理

（1）集港收货。

运输车辆抵达港口后，货运代理公司扫描箱件条码进行卸货，直至该车物资清单卸车完毕，即确认该车物资全部到达，货运代理公司收到全部物资。

（2）装集装箱。

货运代理公司扫描箱件条码将包装箱装进集装箱，装一件扫一件，直至全部箱件装箱完毕，输出《集装箱明细》给北京城建。集装箱明细包括集装箱号、集装箱型、集装箱船封号、箱件号、商品名称、供应商名称、订单编号等众多信息。

（3）发运跟踪。

货运代理公司依据实际物流情况，在条码系统实时更新批次、货运代理公司、项目名称、船名、报关号、申报海关时间、海关放行时间、开船时间、发运港口、抵达港口、到达中转港时间、离开中转港时间、到达目的港时间、提单号、申报海关时间、运单号、港口到项目地时间等信息。北京城建和项目部可以及时掌握到从报关发运、到达中转、到达目的港、清关发运等运输环节的预计时间和实际时间，从而为项目进度安排和物资接收提前做好准备。

4.现场物资管理

（1）开箱点验、收货入库。

当运输车辆从到达港口抵达项目现场，将集装箱从车辆上卸下，项目部库管人员进行开箱点验，打开集装箱将包装箱搬出，扫描包装箱上的箱件条码，按照装箱明细核对箱内的物料种类、品牌、规格型号和数量等，检查发运和收到的物资有无差错。项目部库管人员扫描物料包装上的零件条码进行收货，扫一件入库一件，直至该集装箱内箱件全部入库完毕。

（2）物资领料、物料出库。

项目部施工人员在核心业务系统提交《物资领料申请单》，审批通过后传给条码系统，条码系统依据物料组合关系自动解析其所包含的零件物料明细，并作为备注信息补充到条码系统中的物资领料申请单内，作为条码系统出库依据。项目部库管人员依据《物资领料申请单》，扫描零件条码进行物料出库操作，同时核心业务系统减少库存，完成物料申领出库。

（3）物料退库。

项目部施工人员如需对物料进行退库，需将物料及领料申请单原始单据交由项目部库管人员，项目部库管人员扫描物料零件条码进行退库操作，同时核心业务系统增加库存，完成物料退库。

（4）库房盘点。

项目部库管人员通过扫描物料的零件条码进行库房盘点，生成项目物资盘点表。通过方便快捷的扫码盘点，提高清点效率和准确率，减少人为错误，确保项目实时掌握物资供应动态，为仓库管理和现场施工安排提供数字化支撑。

三、实施效果

2022年以刚果（金）金沙萨中部非洲国家文化艺术中心项目为试点，完成全年31批次货物发运，通过在工厂源头赋码、贴码、扫码装车、集港扫码收货，实时将装车物资明细、已集港物资明细等数据回传至核心业务系统，确保项目一线实时掌握物资供应动态，为仓库收货、现场施工安排提供数字化支撑。

（一）管理水平

借助条码技术实现供应链全流程数字化管理，为采购交付质量把关、为现场施工"造血"，加强企业和项目管理者对供应链的动态感知，提升现场管理效率，助力项目施工进度，降低物资采购及现场运营成本，为项目精益化管理提供保障。

应用条码系统打破"信息孤岛"，提高全链条沟通效率，盘活采购部、供应商、承运商、现场部的活力，做到信息及时更新、一致共享，从而提升整体的运营效率，提升整体的竞争力。

（二）经济效益

通过采购、设计、施工一体化和数字化的管理，减少现场重复提料、盘活库存、减少材料浪费；合理规划发运批次，减少发运箱量，降低运输成本；控制库存资金占用，加速资金周转；减少多方管理人员成本，实现项目成本可控。

据统计，刚果（金）金沙萨中部非洲国家文化艺术中心项目 2022 年全年发运钢筋、设备、精装建材三类物资，计划发运量为 7300 万元，计划发运 35 批次，计划物资运费 2700 万元；实际发运量为 7143 万元，实际发运 31 批次，实际物资运费 2521 万元。相比计划发运量降低 2.15%，相比计划发运批次降低 11.43%，相比计划运输费用降低 6.63%，总体采购成本降低约 3.36%，实现同年单个国际工程项目供应链管理阶段创造经济效益 336 万元。

（三）社会效益

通过高质量完成物资供应，保证项目顺利进行，建造精品工程，打造"中国建造"品牌。北京城建国际工程屡次获得"长城杯""鲁班奖"等奖项，国际排名逐年升高，获得海外业主及政府的一致好评和信任。

（四）生态效益

通过供应链数字化应用，合理安排发运，规划精准的打包方式和装箱方式，最大限度利用包装空间，减少包装、木箱等使用量，减少发运次数、集装箱用量和运输次数，实现绿色可持续发展。

综上所述，自 2019 年北京城建国际部持续推动供应链变革，紧紧围绕"效率"与"效益"，通过数字化供应链平台建设，做到"供得对、供得快、供得好、供得值、供得清、供得廉",实现供应链的"一举六得"。条码系统作为国际部供应链管理的工具和管理抓手,能有效实现物流、信息流、资金流三者的现代化统一管理,推进物流标准化管理,提高供应链上下游整体效率和成本控制。条码系统既能通过一物一码有效精准识别建材产品、储运包装,又能通过扫码实现上下游企业间信息传递的无缝对接及准确记录,促进供应链的全链条信息共享,实现数据自动采集与分析及追溯跟踪,从而有效降低物流成本,提升供应链上各个合作伙伴的沟通效率。

基于 AR 技术的钻探现场数字化与智能化建设

中国石油集团渤海钻探工程有限公司第二录井分公司

一、企业概况

中国石油集团渤海钻探工程有限公司第二录井分公司（以下简称企业）于 1996 年 4 月成立，企业总部位于河北省任丘市，主要从事油气勘探开发工程中的地质录井、综合录井、气测录井、岩石热解录井、定量荧光录井、水平井录井综合导向、井位测量、解释评价、分析化验、地质设计、综合研究、远程传输、录井数据中心等技术服务，具有录井工程技术服务完整业务链，是集录井设备研发、制造和技术服务于一体的专业化、国际化石油工程技术服务企业。企业现有职工 801 人，拥有各类施工队伍 300 余支，设备资产总量 1018 台，年施工能力 2000 口井。国内施工遍布河北、四川、陕西、内蒙古等各油气区域，国际市场主要分布在委内瑞拉、印度尼西亚、伊拉克、伊朗等十余个国家。

二、主要措施

（一）营造"虚实结合"智慧作业现场

传统的钻探现场信息化建设以电脑和手机为主要载体，但一线员工在必须双手作业的复杂工作环境中，无法同时操作手持设备，使脱离大多数基层员工的传统信息化建设成为"空中楼阁"。为此，企业以 AR 眼镜为载体构建"虚实结合"的智慧作业现场，使员工目镜上的虚拟全息影像与管理人员、技术专家、信息系统及其他物联网装备联网，大幅提升了作业人员信息集成应用能力。将 AR 远程交互、数字镜像、物联感知、智能运维等功能与各项传统管理活动深度融合，确保在油气勘探开发提质增效的信息化变革中获得优势地位。

1. 应用先进的硬件载体

企业为现场配发了微软 Hololens2 AR 眼镜作为移动终端,使员工摆脱了传统屏幕、键鼠的物理束缚。佩戴 AR 眼镜后,员工整个视野范围成为无限视角的全息显示器。AR 眼镜的红外传感器实时跟踪员工的眼球动作、手势动作,使员工触摸到"悬空"的虚拟影像。通过集成视觉增强系统使虚拟影像受到专家控制、与井场装备互联,并呈现出智能引导的效果,为钻探工程现场作业提供必要的数字化与智能化支持。

2. 搭建顺畅的网络环境

部署兼容多通信终端的云服务器通信平台,采用根据网络环境动态调节清晰度的传输协议,使 AR 眼镜实现与电脑、手机、平板间顺畅的音视频通信。对于网络条件较好的作业现场,采用宽带和 5G 无线网卡使 AR 眼镜联网。对于网络条件较差的作业现场,租用卫星信号保障远程连线,并通过部署室外无线网桥,为井场工程参数传感器搭建起物联网。以上措施,为钻探现场 AR 眼镜和专家电脑、手机、平板间,建立了顺畅的远程及局域网通信环境

3. 推广适用的软件系统

基于 AR 眼镜红外摄像头、深度传感器、惯性测量单元等先进感知元件,开发了现场与专家实时交互的全息通信模块、数字化模型远程同步的数字镜像模块、实时接收,并显示全息数据的物联感知模块,以及识别物体并显示关联信息的智能运维模块,使员工更为高效、准确、完整地完成作业任务。

通过应用先进的硬件载体、搭建顺畅的网络环境、推广适用的软件系统,为"虚实结合"智慧作业现场运行奠定了基础。广大现场作业员工获得了强大的一体化信息应用平台,使 AR 技术切实提高钻探现场数字化与智能化管理水平。

(二)实现远程交互式临境指挥

企业动用现场作业队伍已近 1600 支,现场员工技术能力与钻井提质增效的矛盾日益突出,具有丰富现场经验的工程师数量严重不足,无法满足分布高度分散的钻探现场指挥需求。传统通过电话进行远程指挥的方式,远程专家难以对现场复杂工况进行综合判断,沟通效率较低。现场支持能力的不足,导致部分偏远钻探现场质量事故频发,影响了企业声誉和市场竞争力。为此,企业为重点区块钻探现场部署 AR 眼镜,为专家远程临境指挥创造了条件。

将集成视觉增强系统用于钻探现场远程协助后,现场员工遇到难以解决的问题时,佩戴 AR 眼镜即时请求生产指挥人员远程协助。指挥人员收到请求后,唤醒手机/电脑

查看现场第一人称视角实况,通过语音指挥现场员工注视自己所关注的区域。指挥人员确定问题点源后,圈点手机或电脑屏幕上的目标区域,现场员工视野内的物体周围将同步出现虚拟圈点标记,且虚拟标记不会随员工头部转动而偏离目标,有效避免了单纯电话沟通可能导致的理解偏差。除虚拟标记外,基地专家将电脑中的文档资料或电脑屏幕上的操作实况"拖"至现场员工目镜上共享的方式,极大增强了员工临场操作的协助效果。

2021年年初,西南油气田区域水平井施工区域因构造复杂,给水平井导向施工带来了极大困难。基地专家团队应用集成视觉增强系统对现场导向施工进行远程互动,指导现场员工准确判识岩性,卡准水平井地质层位和着陆点。通过远程桌面功能,将后方专家实时分析过程也同步置入现场员工的视野内,实现专家端资料分析成果的共享与互动,对现场地质导向作业形成了清晰、高效的指导效果。

(三)推行云端数字化巡井模式

近年来,企业市场范围逐步扩大,所属基层单位作业队施工范围也越发分散,激增的队伍数量与日趋精简的人员配置形成难以调和的矛盾。后方专家乘车穿梭于各作业现场的"救火式"现场管理模式,已不能适应市场发展的需要。为此,企业将综合录井仪作为钻探现场的"信息中枢"并进行数字化模拟,通过三维建模复制了"双胞胎"式的虚拟录井现场及作业人员,并通过集成视觉增强系统云端服务器使虚拟现场与真实现场形成同步镜像,为专家云端全景巡井奠定了技术基础。

推行基于集成视觉增强系统的云端数字化巡井后,佩戴AR眼镜的基地专家选择在线综合录井仪作业队后,在看到虚拟综合录井仪的同时,专家可行动、可互动的"数字化身"也即刻出现在录井现场AR眼镜佩戴者身边。"数字化身"的动作及位移位置,经AR眼镜同步后与其本人完全一致。实时录屏的现场综合录井仪屏幕动态界面也投影在虚拟录井现场计算机屏幕上,使管理人员更加清晰、直观地了解钻探现场作业的有效信息。专家瞬时"抵达"作业现场的高效巡井方式,使现场作业人员与后方专家的远程会面能产生自然、真实的交互效果,为远程实景数字化巡井提供了有效手段。

集成视觉增强系统已部署至冀中、页岩气、长庆等8个区块的重点钻探现场的钻探过程中,生产指挥人员对部署有AR眼镜作业现场的巡井工作平均时长,由原来6小时减少至0.5小时。更加真实的现场互动也使钻探现场的即时生产问题得到最快速的解决,一线人员与后方专家可在同一场景内实时共享手势、标记、文档等虚拟标记实现沉浸式互动,实现与真人巡井同等的交互效果,大幅提升了管理效率。

（四）打造"人工智能+"运维体系

随着钻井新技术的发展，现场新型设备技术水平不断提高，作业现场部分关键设备组成越发复杂、精密，对现场员工的专业素质提出极高要求。钻探现场多分布于偏远地区，设备维修专家难以实时抵达维修现场，因设备故障导致的钻井等停事件逐年增加。针对现场疲于奔命式的设备保障现状，企业将环境识别—匹配算法与AR技术相结合，通过AR眼镜自动识别设备拆机状态，并将系统自动搜索的维修策略以虚拟标识形式叠加在真实设备对应位置上，"诱导"员工完成复杂运维操作。

将集成视觉增强系统用于钻探现场设备运维管理后，实现了设备的智能化运维引导。现场遇到设备故障时，员工凝视故障设备即可激活系统智能引导模块。AR眼镜在识别眼球凝视指令后，立即扫描、识别故障设备的轮廓特征，并在员工视野内显示该设备对应的仪表、按钮、拆机螺丝等位置，减少理解错误和误操作风险。现场员工只需在虚拟菜单中点选设备故障现象选项，AR眼镜的物体识别与匹配算法将参照设备维修保养知识库，逐步在员工视野中"点亮"需要操作的设备位置，辅以虚拟扳手、螺丝刀的旋转动画以及精细配件的三维爆炸图，协助现场员工完成设备运维的智能引导。

集成视觉增强系统的应用，使员工不再需要掌握数万字的发电机、色谱仪等维修手册，只需跟随人工智能的引导不断完成"下一步"操作，直至设备运维工作完成。在配发AR眼镜的多个作业现场出现的发电机过载保护、色谱基线漂移等问题，全部由现场员工通过AR眼镜智能引导自行排除故障或专家远程指导解决，有效降低了专家上井频次。AR智能运维系统的应用提高了现场员工生产效率，使钻探现场作业出错率同比降低50%、作业效率提高12%。

（五）构建物联感知"无人"值守机制

钻探现场数十种关键传感器采集的各项工程参数信息在综合录井仪、司钻房和钻井队长室内屏幕上集中显示，井场动态信息高度依赖坐岗人员及时反应。随着安全、井控、设备要求的日益提升，数据监测人员经常需要离开室内坐岗工位进行室外作业，存在井场工程参数漏报的风险。针对井场工程参数的实时显示需求，企业将井场工程参数传感器与AR眼镜进行了对接，将数据监测人员坐岗范围扩大至整个井场，为钻探现场建立起全范围的数据监察能力。

集成视觉增强系统的应用，为现场作业人员提供了工程参数全息显示器。现场作业人员佩戴AR眼镜后，井深、钻时等20余项钻井工程参数，在作业人员视角两侧排列显示。现场员工在室外巡检、维修等双手作业的同时，时刻掌握原本仅在室内显示的各项参数，在异常参数提示时，更加迅速地到达井场异常传感器位置判断钻井风险，增强了工程预告的及时性与现场作业的灵活性。

集成视觉增强系统应用前，钻探现场数据工程师与岩屑采集工2人必须同时在岗。系统应用后，钻探现场仅需岩屑采集工1人坐岗，实现了数据工程师的"无人"值守，通过岗位简编举措减少岗位用工41人。智能化钻探现场获得建设方观摩，为企业赢得了市场声誉，实现了减员增效的效果。

（六）应用智慧仓储管理技术

企业传统的物资出入库档案管理与实际的物资入库、出库发放存在信息差。物资的日常入库及发放过程需要管理人员反复往返于各个货架，物料确认与审核耗时较长、效率较低。物资库存与实际领用未得到有效关联，难以避免物料的过量领用，也无法实现企业运营成本的精细化控制。为此，企业将现有的物资库存管理系统与集成视觉增强系统数据库进行联网对接，为物资的"无感"管理奠定了基础。

将集成视觉增强系统用于物资管理后，管理人员无须再登记纸质记录，而是通过AR眼镜扫描物料条码，完成物料出入库的快捷登记。管理人员佩戴AR眼镜后，通过对物料条码的识别，匹配对应的物料信息后自动上传至物资库存管理系统数据库。物料放置在货架上后，管理人员点击虚拟按键自动记录物料位置，完成物资的入库登记流程。在物资发放时，管理人员通过AR眼镜查看仓储信息和需求清单，实现智能视觉分拣与仓储管理。佩戴AR眼镜的管理人员语音搜索所需物资名称，即可通过目镜上标识的虚拟导航箭头，引导到达物资存储方位。集成视觉增强系统使仓储信息实时同步于员工眼前，实现物资的智能跟踪与拣选。

采用集成视觉增强系统后，企业为所属6家项目部物资管理部门配发了AR眼镜，每日钻探现场产生的备件、工具、消耗料等近百个物料需求清单，在基地物资管理员的目镜上以虚拟菜单形式显示。物资出库时，管理人员凝视物料条码，即刻完成钻探现场物料需求清单的自动销项，实现了出库台账与库存台账的自动关联与统计。通过AR眼镜连续扫码及物料的自动登记方式，使传统资源共享、库存优化及储备工作的"信息孤岛"问题迎刃而解，为物资综合管理提供了有效技术支撑，大大提高了物资管理效率。

三、实施效果

（一）提高了AR技术综合应用效果

基于AR技术的钻探现场数字化与智能化建设，解放了一线操作人员的双手，横向扩大了信息化管理的适用人群和覆盖范围，并以此为基础，融合集成视觉增强系统纵向贯通了各项核心业务流程，实现不同职能部门、不同管理层级履职的精细化管理。包括所属6个项目部及1个海外项目部，在全方位应用AR技术后取得极佳的现场管理效果，有效解决了钻探企业施工区域分散和人员素质偏低等普遍性问题，实现由低效传统管理模式向高效信息化管理模式的本质变化。

（二）提升了数字化与智能化管理水平

基于AR技术的钻探现场数字化与智能化体系下的钻探现场信息化管理规模增加了35%，使传统游离于信息化管理体系外的钻探现场得到标准化、规范化管理。通过AR专家远程协助，有效减少了生产、井控及装备故障等停时间；通过AR智能引导，规范了装备维护保养，有效延长了装备的使用寿命和利用率；通过AR仓储，提高了生产物资出入库效率，有效提高了市场竞争能力。以上所产生的显著的、直接的和间接的经济效益，有效提高了企业数字化与智能化管理水平。

（三）增强了市场竞争力

基于AR技术的钻探现场数字化与智能化建设，有效提升了企业生产、技术、装备和物资管理效率，提高了决策层对钻探现场特别是偏远地区施工现场的综合管理效能。企业管理效率和管控能力的提高，使企业各市场的生产保障能力和市场服务能力得到提升，为扩大市场占有率创造了必要条件。在经过三个阶段的部署后，所属7个项目部已全部实现生产资源的动态化管理与配置优化，提高了人员技术水平和装备使用效率。近年来，在四川页岩气及巴彦河套市场作业的钻探现场，通过集成视觉增强系统得到基地专家及时、有效的技术支持和远程管理，在未增配管理人员的情况下，生产队伍规模同比提高110%，同比增收2.7亿元，有效增强了关键市场竞争力。

（四）提高了管理综合效益

2019年以来，企业基地专家组通过远程交互临境指挥和云端数字化巡检大幅提升了现场管理的覆盖面与时效性，减少生产及保障用车1344次，节省差旅及用车成本支出1262万元。通过建设物联感知无人值守现场，减少钻探数据专职工程师141名，减少人力成本支出 2692 万元。通过实施人工智能运维，主要设备待修率和生产等停率同比降低 17%，设备运维费用减少 710 万元。通过提高仓储效率使物资利用率同比提升 4.5%，在生产规模提升的前提下，全年耗用物资费用减少 1473 万元。以上所产生的直接及间接经济效益，使企业在近年压力空前的经营环境下，进一步压缩了生产运营成本，促进了组织结构的优化和信息管理技术水平的升级，有效提高了企业管理综合效益。

数字化转型背景下的交通工程项目建设管理

湖南交科天颐科技有限公司

一、企业概况

湖南交科天颐科技有限公司（以下简称天颐公司）成立于2018年12月，注册资金1000万元。天颐公司主要从事交通信息化、企业信息化、智慧城市、行业软件研发、科技成果转化等领域项目的咨询、规划、建设、投资与运营服务。以数据中台为基础，构建"轻咨询+信息化"的整体解决方案（DT-EPC），为客户提供一揽子数字化转型产品、工具和服务，致力于成为一流的行业数字化转型全过程技术服务企业。公司拥有CMMI5、ITSS3等20余项资质认证，取得了50余项软著，具备从事信息系统规划设计、系统开发、系统集成、项目运营、大数据治理与挖掘、软件测评及安全服务的全过程能力。天颐公司自成立以来，承接项目合同额超1.5亿元，实现营收7700余万元。

二、主要措施

（一）案例概述

天颐公司与佛山市交通科技公司（项目甲方）于2020年10月签订技术服务合同——《佛山智慧路桥综合信息化项目管理系统项目》，合同约定天颐公司为项目甲方提供一套企业级多项目数字化交通工程项目管理系统。

系统业务功能包括公路工程建设期，在投资、质量、进度、安全（四控）、征拆等方面的项目数字化管理及施工现场智能化管控。

（二）行业现状及存在问题

近20年，在工程建设领域应用信息化系统提升项目管理水平已成为大势所趋，各类工程管理软件层出不穷，广泛应用于项目管理的方方面面，工程管理的信息化管理水平得到了较大提升。

"十四五"以来，国家、行业提出了工程项目需实现管理数字化、生产智能化转型的政策要求，但当前工程项目的信息化水平远远不能满足工程管理数字化、智能化转型的要求，主要存在以下问题。

（1）系统分散、重复建设，大幅增加建设使用成本。

（2）厂商技术架构不统一，数据无法共享；数据无标准、质量差，难以融合形成数据资产。

（3）数据填报为主，系统没有立足业务场景，无法达到管控项目效果，应用效果差。

（4）新技术应用不足，创新性不明显。

（三）数字化项目管理

1. 总体思路

依据数字化转型思想，以数据中台为底座，统一数据标准和技术架构，以工程建设全过程业务场景为基础，构建工程建设项目数字化管控系统，包括数字化准备、数字化实施（数字化项目管理、智能化施工管理）、数字化交付三部分的项目管理。

总体业务架构：围绕"四控（投资、质量、进度、安全）+绿色""人机料法环"构建数字化项目管理体系、智能化生产管理体系。

2. 数字化项目管控系统介绍

（1）数字化准备。

统一工程台账编码体系建设：编制统一工程台账编制办法，建设项目业务数据体系，以分项工程为系统最小管控单元，对计量、质量、进度信息进行统一编码，工程编码成为各业务关联的"纽带"，实现从而实现计量、质量、进度管理的数据共享、业务互通。

数据与资料管理：采集、录入工程各类技术文件、设计图纸、投资概算、工程定额数据作为项目建设阶段各类业务功能的基础数据。

（2）数字化实施。

融合项目（投资、质量、安全、进度、环保）管理要素的数字化及施工（人、机、料、法、环）生产要素的智能化，实现工程管理由传统施工向智能建造转型。

管理数字化。建立"一棵树"工程台账体系，以工程项目管理"四控（投资、质量、进度、安全）"为业务实现目标，各个业务模块间数据共享、业务互通，实现"质量控制进度，进度控制投资"的管理模式。

（3）质量、投资、进度一体化管控。

利用数字化准备阶段的统一工程台账体系，分项工程（工序）为系统最小业务单元，实现质量、投资、进度管控的业务闭环。

业务痛点：工序质检、工程计量、进度统计，独立执行未形成闭环，工程款计量与工程质量无关联。

解决方案：监理人员旁站利用手机 App 采集现场工程报验数据（数据、照片、视频），照片附带时间和地理位置水印，不可篡改。相关质检信息成为工程款计量支付的强制前置条件。

应用效果：形成工程报验—进度统计—中间交工—费用计量的业务闭环，项目管理方以费用计量为杠杆，严控现场作业的标准化、规范化，提升工程质量管理水平。

（4）安全控制。

打卡式巡检（App）、关联9大安全活动的经费管理、线上一会三卡、重大风险源实时监控等业务实现项目施工过程的安全管控。

业务痛点：安全人员巡检发现问题及其整改情况缺乏监督。

解决方案：采用手机 App 进行打卡式安全巡检，辅以日期和定位水印确保业务执行到位，同时发起问题整改流程。

应用效果：数字化管理系统对安全巡检的执行情况及到位率起到了良好的监管作用，形成了问题发现—指令下达—问题整改—信息回馈的业务管理闭环。

（5）劳务实名制管理。

劳务人员从合同签订，进退场、考勤、工资发放的全流程实名制信息化管理。

业务痛点：通过与银行流水对接实现工资发放的实名制，但劳务人员个人签收工资成为管理盲点。

解决方案：劳务人员利用手机 App，完成人脸识别确认身份，确定工资签收。

应用效果：实现了从工资发放到签收的实名制，并全过程留痕。有效降低了劳资纠纷的风险。

（6）材料管理。

材料合同、采购计划、材料入库、运输出库、支付结算全流程的信息化管理，业务核心点在于实现实际消耗量与材料设计用量的数据比对，发起材料消耗预警，有效提升项目成本管控水平。

业务痛点：工程施工材料的实际用量往往远超设计用量，对于材料的入库、消耗等过程数据缺乏监管。

解决方案：利用信息化手段实现材料的全过程业务管理，实时采集各施工工程部位材料消耗量，与设计用量进行对比，并推送预警消息。

应用效果：对于施工现场的材料不合理消耗、浪费起到了监管作用，有效地为施工单位节约了材料成本，软件系统成为项目管理人员良好的成本管理工具。

（7）试验管理。

包括试验室、人员、设备、委托试验单位等基本信息管理，以及样品试件管理、试验检测、不合格品管理、试验数据统计等，系统对接物联网试验设备系统和电子签章系统实现作业流程的线上化，确保试验数据真实。

业务痛点：试验资料属于重要的工程质量管理文件，数据的真实性和不可篡改性是确保工程质量验收的关键。

解决方案：利用物联网试验设备实时获取试验真实数据，并通过流程审批过程中的电子签章，确保数据的不可篡改。

应用效果：确保了实验数据的真实性，同时通过智能化设备实时采集数据，提升了试验作业的工作效率，得到了项目管理单位的好评。

3. 施工智能化

现场各类智能化生产、质检、安全设备，通过传感器自动采集数据，设置预警阈值，与项目管理数字化中的质检、计量、安全、试验等业务流程融合，构造数字化、智能化业务管理闭环。

（1）拌和站智能生产。

应用物联网传感器+5G数据传输技术，实时获取每盘用料数据进行多维度分析，预设阈值实现水泥用量自动预警，智能化手段提升了混凝土质量管控水平，加强施工配比的误差监管。

业务痛点：水泥用量监控是混凝土质量监管的核心，传统生产过程无法做到对水泥用量的实时数据采集、及时发起预警。

解决方案：拌和站用料口加装传感器，实时采集每一盘混凝土的水泥用量信息，根据水泥强度信息设置预警阈值，动态实时预警。

应用效果：智能化监控手段，确保了水泥混凝土的质量，有效提升了工程质量监管水平。

(2)物联网实验室。

基于"物联网+"的试验设备,实时采集各类试验数据、自动计算生成试验报表。

业务痛点:试验对象调包,数据篡改现象时有发生,导致试验数据严重失真。

解决方案:制作试验试块时植入RFID芯片,试验过程中,系统实时同步芯片信息,确保试验过程中试块不被调包。

应用效果:相较于普遍使用的视频监控,RFID芯片防调包技术更具优势,确保了试块和试验数据的真实性。

(3)智能视频监控。

高清视频结合AI技术实现未戴安全帽(绳)、烟火检测等不安全行为的实时预警,视频监控与应急广播系统的联动,提升了现场响应速度。

业务痛点:传统的视频监控方式,需人员全天值守,效率低下,应用效果不佳。

解决方案:AI技术和高清视频的结合,对于现场作业不安全行为动态判断、实时识别,同步发起预警—整改流程。

应用效果:通过AI技术的应用,降低了项目管理人员的工作强度,多系统联动提升了应急响应速度。

(4)智能传感。

隧道、高边坡、钢围堰等施工区域应用5G通信及物联网智能传感器实现生产、质量、安全监控数据的实时采集、及时预警。

业务痛点:作业环境安全风险高,环境复杂,缺乏高效的作业监管手段,安全、质量事故频发。

解决方案:各类传感器实时采集、传输现场实时数据,系统设置分析模型,判定现场安全、质量风险,及时发布预警信息。

应用效果:通过智能化手段对高危作业区域实现动态、实时监控、预警,在降低作业风险、预防重大事故、减少人员伤亡方面发挥积极的作用。

(5)路面智能施工。

应用北斗仪的3D无人测量技术、结合北斗高精度定位系统,实现路面摊铺的智能化,节约了人力成本施工工期缩短,提高了工程质量和进度。

业务痛点:传统路面施工作业强度高,环境恶劣,施工作业质量不稳定。

解决方案:应用北斗高精度定位技术结合无桩化施工、路面智能摊铺设备,实现公路路面施工的智能化。

应用效果：智能化施工减少现场人员需求，优化作业工序，提升施工效率，同时工程质量得到良好保证。

4. 数字化交付

（1）工程档案电子化。

系统应用电子签章技术，实现工程技术文档从编制、审批，到归档的全过程数字化管理。

业务痛点：工程竣工档案大多采用人工编制，存在资料后补、数据失真的情况。

解决方案：施工过程中通过电子档案系统对资料进行归集、审批、归档操作，同时在线上审批流程中采用电子签章技术。

应用效果：保证资料的实时性和数据的真实性，电子档案的标准化、结构化数据有利于档案利用，同时档案的电子化大大节约了传统纸质文件的编制、保存费用。

（2）数字化模型交付。

项目管理系统与 BIM+GIS 平台、VR 场景增强技术结合，实现施工现场可视化，除满足项目管理方的动态、实时、远程监管外，同时 BIM 建模技术提供工程单位、分部、分项工程的 3D 全过程模型，提供交竣工验收阶段的模型数字化交付服务。

5. 新技术应用亮点

时空校验：采集的现场照片、视频等数据，具备时间戳和经纬度信息，并形成水印，确保信息真实且不被篡改。

电子签章：对接电子签章平台，实现工程管理业务在线快速审批，提升工作效率，节约行政办公成本。

二维码/电子标签：广泛应用二维码和电子标签技术，实现生产过程溯源。

物联网及传感器：智能化数据采集设备应用于主要施工环节，杜绝数据造假，提升施工质量管理水平。

AI 视频/图像分析：通过高清视频采集数据，AI 算法实现对现场不安全、不规范作业行为的实时监控、分析、预警。

大数据分析挖掘：采集项目多维度数据，建立工程预算成本控制、质量安全控制模型，为企业、项目领导层的科学决策提供数据支撑。

三、数字化应用效益

2020 年 11 月，天颐公司佛山项目组进场，项目产品团队与研发团队通力合作，经过一年的项目建设，软件系统于 2021 年 12 月完成初验，进入正式运行阶段。截至 2023 年 8 月，系统已稳定运行 20 个月，服务于佛山塘西北沿线、季华西路、广佛新干线、佛山新均榄路等城市快速路项目。

系统在佛山路桥集团的公路工程项目管理、施工现场管理方面发挥了良好的管理、经济、社会效益，得到了业主单位及项目参建单位的一致好评。

（一）管理效益

（1）业务管理完成数字化，通过现场智能化检控、业务线上审批等手段，提升工作效率，项目整体管理水平大幅度提升。

（2）项目的概预算、成本控制的管理颗粒度细化到工程 WBS（工作分解结构）末级节点（分项工程或工序），项目投资和施工成本实现了精细化管控。

（3）现场的质量、安全、环保管理是传统施工的短板，通过在现场部署大量智能化物联网设备及传感器，实现了作业生产（以隧道、桥梁为主）场景的实时感知，在预防质量、安全事故方面发挥了良好的作用，极大地提升了项目现场管理水平。

（4）为行业监管部门及施工企业沉淀项目管理、生产数据资产，同时可与养护、运营阶段的数字化管理实现无缝衔接，赋能项目养护运营管理。

（5）海量的数据采集、多维度的数据挖掘分析，助力项目决策管理部门的科学管理决策。

（二）经济效益

（1）信息化、数字化系统的统一规划、建设，相比于分散建设，整体大幅度降低信息化建设、运维成本。

（2）通过人工、材料、设备等成本数据的精细化管控，节约项目总体投资和建设成本。

（3）通过数字化转型，优化建设管理流程，降低项目建设管理成本。

（4）沉淀项目数据资产，挖掘数据经济价值。为项目运维和其他项目建设提供数据分析和支撑，实现投建营预算更精准、更科学，降低整体建造成本。

（三）社会效益

（1）提升项目整体质量，助力建设百年品质工程。

（2）降低项目整体安全风险，避免重大安全事故发生。

（3）规范项目管理，减少劳务及供应商纠纷。

（4）项目投资建设成本透明管理，树立风清气正形象。

部分企业介绍

基于生成式 AI 的电力"四全媒体"智慧数据库

英大传媒投资集团有限公司

海量数据资源,实现"四全媒体"展示

入库260万条新闻出版品牌资源,包含各时期企业负责人高清图片、电力资讯图片;包含两报七刊成品稿件、电网头条发布的新媒体稿件,以及各地区省市公司素材稿件;包含全部英大传媒出版的图书排版文件、成品pdf、封面及书内描图资源等。

智慧全链应用,从加工入库到检索生产全流程智能化功能

基于生成式AI、图像识别、机器学习、大数据等技术,实现数据智能加工入库、垃圾数据智能清洗、智能检索、智能推荐、以图找图、智能专题、AI提纲、AI写稿等功能。基于电力数据开展模型训练,探索人工智能大模型在电力新闻出版品牌等领域的应用场景。

标准先行，在行业媒体中首次建立全套新闻出版数据标准

参照国家电网有限公司统一数据模型的设计原则及思路，立足英大传媒实际，完成十五项新闻出版数据标准建立工作。包含《标准体系表》《报纸元数据》《图片元数据》《视频元数据》《稿件元数据》等。

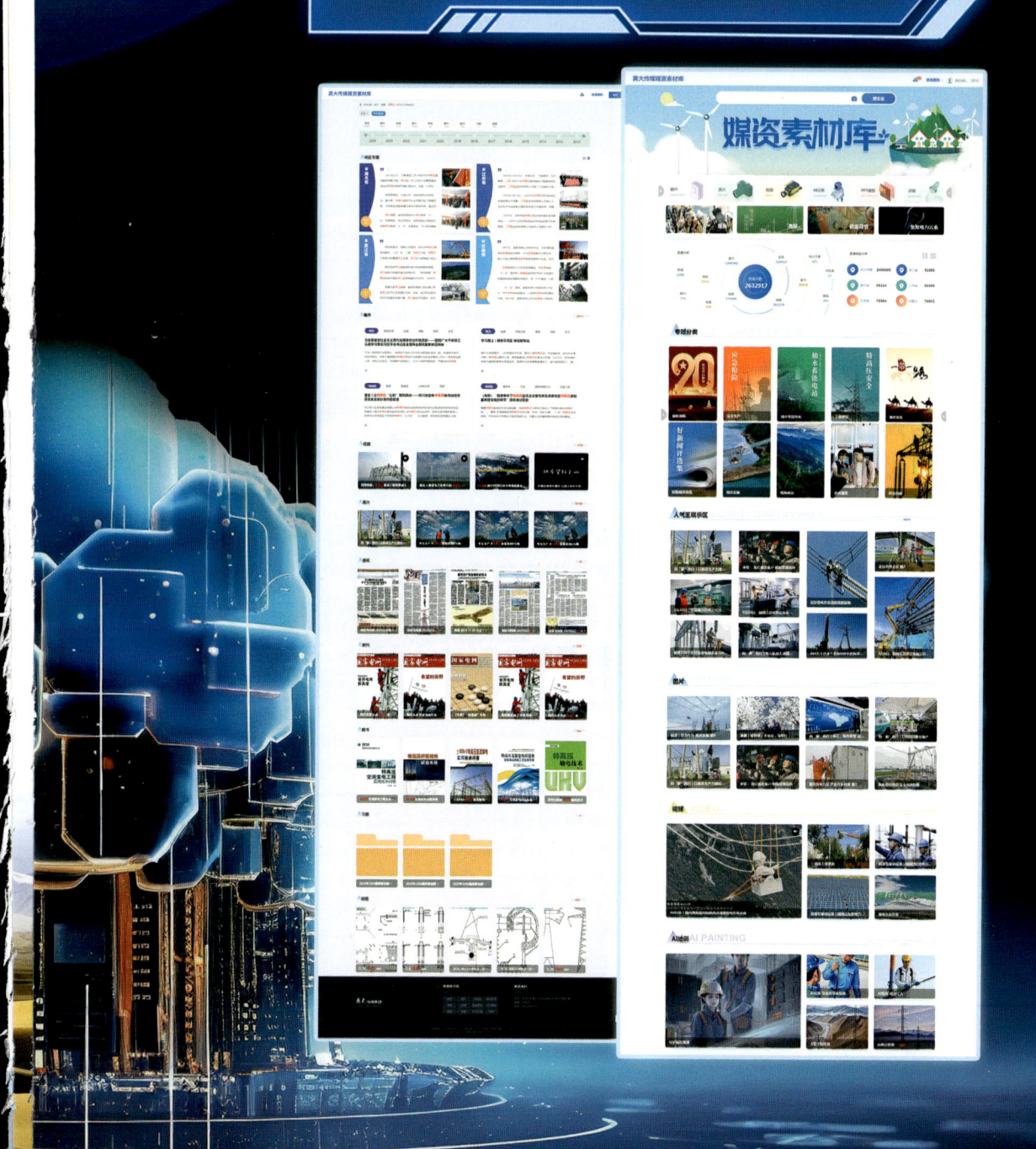

中国企业联合会智慧企业工作委员会
Intelligent Enterprise Working Committee of CEC